诸葛亮兵法

全鉴

〔三国〕诸葛亮◎著
东篱子◎解译

中国纺织出版社

内容提要

诸葛亮是三国时期杰出的政治家、思想家、军事家。司马懿与他多次交兵，赞叹他是“天下奇才”。本书包括将苑、便宜十六策、兵要十则、诸葛亮传四大部分，为了便于读者轻松阅读，本书开设了注释、译文、故事链接等板块，力求成为生动、通俗、无障碍的版本，使读者更好地领略一代军事奇才的智慧。

图书在版编目（CIP）数据

诸葛亮兵法全鉴 /（三国）诸葛亮著；东篱子解译．—北京：中国纺织出版社有限公司，2020.11（2023.11 重印）

ISBN 978-7-5180-8002-1

Ⅰ．①诸… Ⅱ．①渚… ②东… Ⅲ．①兵法—中国—三国时代—通俗读物 Ⅳ．① E892.35-49

中国版本图书馆 CIP 数据核字（2020）第 198370 号

责任编辑：段子君　　责任校对：高　涵　　责任印制：储志伟

中国纺织出版社有限公司出版发行

地址：北京市朝阳区百子湾东里 A407 号楼　邮政编码：100124

销售电话：010-67004422　传真：010-87155801

http://www.c-textilep.com

中国纺织出版社天猫旗舰店

官方微博 http://weibo.com/2119887771

德富泰（唐山）印务有限公司印刷　各地新华书店经销

2020 年 11 月第 1 版　2023 年 11 月第 2 次印刷

开本：710 × 1000　1/16　印张：20

字数：246 千字　定价：39.80 元

凡购本书，如有缺页、倒页、脱页，由本社图书营销中心调换

前言

诸葛亮（181—234），字孔明，号卧龙，是琅琊郡阳都县（今山东临沂市沂南县）人。三国时期蜀汉丞相，杰出的政治家、军事家、文学家。他是汉元帝时期司隶校尉诸葛丰的后代。父亲诸葛圭，汉朝末年担任太山郡的郡丞。诸葛亮幼年父母双亡，跟从叔父诸葛玄一起生活。诸葛玄死后，他就开始了“躬耕南阳”的田园生活。他喜欢吟赋《梁父吟》，自比管仲、乐毅。博陵的崔州平、颍川的徐庶都说他确实有非同一般的才华。

自从刘备慕名“三顾茅庐”将诸葛亮请出山后，诸葛亮便开始了长达二十余年的戎马生涯。诸葛亮娴熟韬略，多谋善断，他的传奇故事诸如空城计、火烧赤壁、三气周瑜、七擒孟获等，在《三国演义》中以及戏曲舞台上是闪耀智慧的明星。他治军严谨，赏罚分明，一视同仁，所以在北伐期间的那一次马谡狂傲自大“街亭失守”之后，他不徇私情，忍痛挥泪斩了马谡，他自己也以“识人不清”自引其咎而自请贬降三级。他善于思考，长于巧思，所以在那纷乱的时代，革新成功可同时发射十箭的“连弩”，设计制作“木牛”“流马”等作战与运输器械，堪称当代绝技。他善于推演兵法，当年关羽“大意失荆州”兵败被杀后，刘备报仇心切，不听赵云、诸葛亮等人的苦劝，执意为关羽报仇。结果由于叫阵东吴不应，懊恼之下犯了兵家大忌，被陆逊火烧七百里连营，溃不成军。好在诸葛亮料事如神，告知随军军师在无法劝阻刘备的情况下，若有闪失就退兵到鱼腹浦，因他在那里事先摆下“八阵图”，才保刘备逃回白帝城。

诸葛亮作为一代军事奇才，他不仅熟知兵法，而且上知天文，下晓地理，所以人们常说“神机妙算诸葛亮”。刘备称他：“君才十倍曹丕，必能安国，终定大事。”就连号称老谋深算的司马懿，也心悦诚服地赞叹他是“天下奇才”。刘备临死托孤，嘱咐儿子刘禅“汝与丞相从事，事之如父”，刘后主尊封其为“武乡侯”。因为诸葛亮一生为刘备父子打造蜀汉天下鞠躬尽瘁，故死后赐封谥号“忠武侯”。后世大诗人杜甫曾有诗“功盖三分国，名成八阵图”，更加证实了他是中国传统文化中智者与忠臣的完美化身，而他身经百战积累的兵法要领以及治国治军思想，成为旷世精华，被世人广为传颂。

诸葛亮一生戎马生涯，几乎没有闲暇时间进行写作，所以关于他的著述，在《三国志》中载有《诸葛氏集目录》，共 24 篇，104112 字，是后人所编，以清人张澍辑本《诸葛忠武侯文集》较为完备，其中主要著作有：《前出师表》《诫子书》《隆中对》等。

这部《诸葛亮兵法全鉴》参照以上诸多著作，编著包含了将苑、便宜十六策、兵要十则、诸葛亮传，共计四部分。本书从各个方面阐述了为将之道，身为将帅所应具备的优良素质，治国治军的一些原则和方法，集中体现了诸葛亮对治理国家和整治军队的思想主张。而在当今看来，他的战略思想不仅是驰骋古战场的利器与韬略，也是现代社会运用在政治、经营管理、领导能力、为人处世方面的绝学。

本书收集了诸葛亮兵法策略思想，可以让读者对其有更直观、深刻的了解。为了便于读者轻松阅读，本书开设了注释、译文、故事链接等版块，选配了相关的历史故事，很好地还原了历史场景，使人从中提炼出成功与失败的反思，站位与布局的重要性，以便更好地参照现实，贯通一代军事奇才的智慧，为成功之路寻找正确的出口。

解译者

2020 年 1 月

目录

卷一　将苑

卷二　便宜十六策

卷三　兵要十则

卷四　附录

卷一　将苑

《将苑》是中国古代流传至今的一部军事著作，又称《诸葛亮兵法》《武侯将苑》《武侯新书》等。这部文献在宋代被称为《将苑》，明代改称《心书》，清代又改称《将苑》。虽然几经易名，在现存版本中，内容略有差别，但基本保持了一致。全文共由五十篇内容组成，分别从为将之道、用兵之道、治军用后之道等方面系统加以论证，使将领在军队中的地位、作用以及领兵作战时应该注意的问题显而易见，颇受助益。

第一篇　兵权

【原文】

夫兵权者[1]，是三军之司命[2]，主将之威势[3]。将能执兵之权，操兵之要势[4]而临群下，譬如猛虎[5]，加之羽翼而翱翔四海[6]，随所遇而施之。若将失权，不操其势，亦如鱼龙脱于江湖[7]，欲求游洋之势[8]，奔涛戏浪[9]，何可得也。

【注释】

①夫：用于句首，语气助词，此处表示将发议论。兵权：掌管和指挥军队的权力。

②三军：春秋时，军队分为中军、上军、下军（也称中军、左军、右军），后泛指军队。司：掌管、统领之意。

③主将之威势：军中将帅建立威信权势的关键。之：相当于“的”，属于结构助词。

④操兵之要势：统领军队的威望权势。操：控制、掌握。要势：权贵的势力，常指居要位有权势者。

⑤譬如（pì rú）：比如，例如。

⑥翱翔（áo xiáng）：在空中飞翔。

⑦亦如：也好像。脱于江湖：意为脱离于江湖之水。

⑧游洋之势：海洋中畅游的态势。势：态势，此处指在江湖之中自由自在畅快游弋。

⑨奔涛戏浪：形容在浪涛中奔腾嬉戏、穿梭自如。

【译文】

所谓兵权，就是将帅统率三军的权力，它是将帅建立威望权势的关键所在。将帅掌握了兵权，就拥有了统领军队的威望权势，因此就能凌驾于众人之上了。这就好像一只猛虎，另外又长出了双翼一般，不仅有威势，而且还能翱翔四海，遇到任何情况都能灵活应变，占据主动施行权。反之，将帅如果失去了兵权，就没有了指挥军队的权力。这也就好比鱼、龙离开了江湖之水，若再想求得在海洋中畅游的态势，在浪涛中奔腾嬉戏，也都是不可能的了。

【故事链接】

孙武练兵，有令必行

军队将士能否做到有令必行、有禁必止，与领兵者平时的治理和训练密切相关。也就是诸葛亮在《兵权》中所说的“夫兵权者，是三军之司命，主将之威势”，而这种权力与威严正是统兵成败的关键。

孙武是我国春秋时期著名的军事家，被后世尊称为“兵圣”，他的《孙子兵法》是世界上最早的军事著作，被誉为是“兵学圣典”。诸葛亮曾评价他，说：“孙武所以能制胜于天下者，用法明也。”

孙武熟读兵法，后经伍子胥推荐，投靠了吴王阖闾。吴王看完孙武的《孙子兵法》十三篇后，十分佩服他的军事才能，但想当面验证一下孙武的能力。孙武信心十足，但提出了重要的一条，就是必须授予自己兵权。

吴王答应了，并在皇宫中挑选了180名宫女，交给孙武演练。孙武虽然明知训练宫女是吴王有意刁难，但他还是镇定自若地将宫女分为左右两队，指定吴王最宠爱的两位宠姬为队长。孙武号令训练开始之前，严肃地警告她们，军令如山，无论是谁，不服从命令就要受到军法处置。可宫女们一盘散沙似的，根本没当回事儿。孙武再次高声说道："现在训练开始，你们都知道前心、后背、左手和右手吗？"众人娇滴滴地回答："知道！"孙武又说："我喊前，则向前心看齐；喊左，则向左手看齐；喊右，则向右手看齐；喊后，则向后背转。听明白了吗？"众人又说："明白了！"

随后孙武令人摆好斧钺，并告之如有违令者斩首示众，然后又三令五申地重复训练要领。但这些宫女平时散漫惯了，哪见过这么严肃的阵势呢？本该向右手看齐，偏有几个向左看了；本该向左手看齐，偏又转到后边去了。现场一片混乱，宫女们在台下笑得花枝招展，吴王在台上笑得前俯后仰。孙武见状，说道："约束不明，申令不熟，这是为将者的过错。"于是又重申了刚才的要求，再一次整顿队伍，击鼓训练，谁知以那两个为首的队长笑得更厉害了。这次孙武厉声喝问执法官："不听军令者，该当何罪？"执法官高声回应道："依照军令，当斩首示众！"孙武说："战场之上，不能将所有违令士兵斩首，此次乃为官者带头犯错，故而队长当斩！"于是下令，将两个队长斩首，以此作为警诫。

吴王在台上看孙武真要将心爱的宠姬斩首，急忙传令道："切不可斩杀本王宠姬，否则本王将食不甘味了！"谁知孙武毫不留情地说："臣既然受命为将，将在军中，君命有所不受！"孙武坚决执行斩杀，并重新任命队长，继续练兵。宫女们一看孙子连吴王最宠爱的妃子都敢杀，全都吓得面无血色，明白了军令如山的威严，生怕不听口令也被斩首，所以当孙武再次击鼓发令时，宫女们个个行动迅速、合乎规矩，阵形十分齐整。仅一个时辰，孙武便向吴王报告："士兵已经训练整齐，现在即使让她们赴汤蹈火，也必将前仆后继了。请大王检阅！"而此时的吴王因为失去爱姬，悲痛不已，哪还有心情下来检阅呢？

事后孙武亲自拜见吴王说："令行禁止，赏罚分明，这是兵家之要，是为将治军的通则。只有这样，他们才会听从号令，才能克敌制胜。"吴王阖闾听后觉得言之有理，也就不再生气了，立即拜孙武为将军。而孙武也不负众望，在他的严格训练下，吴国军队战斗力火速提升，接连获胜，为吴国的强大奠定了基础。

第二篇　逐恶

【原文】

夫军国之弊[1]，有五害焉：一曰结党相连[2]，毁谮贤良[3]；二曰侈其衣服[4]，异其冠带；三曰虚夸妖术[5]，诡言神道；四曰专察是非，私以动众；五曰伺候得失，阴结敌人。此所谓奸伪悖德之人[6]，可远而不可亲也[7]。

【注释】

①弊（bì）：弊病、弊端、害处，与“利好”相对。

②结党：这里用为贬义词，指结成党羽，牟取私利。

③毁谮（zèn）：意思是诬蔑、诽谤。

④侈其衣服：在穿着打扮上追求奢侈之风。

⑤妖术：怪异邪恶的法术。这里指说一些虚夸不实的言辞，哗众取宠、妖言惑众。

⑥奸伪悖德：奸诈虚伪，违背人文道德。

⑦远：远离。亲：亲近。

【译文】

至于那治军安国的弊端，主要有五种危害必须加以防范，这五种危害分别为：一是私结朋党，相互串通意图不轨，喜欢诬蔑诽谤有才德的贤良之人；二是在穿着打扮上追求奢侈之风，总是喜欢穿戴与众不同的帽子和束带；三是虚荣心重，喜欢哗众取宠，总是不切实际地夸大其词，制造谣言，欺诈视听、妖言惑众；四是专门监察他人，搬弄是非，为了自己的私利而兴师动众；五是非常在意自己的个人得失，暗中与敌人勾结以图私利。这就是我们平时所说的虚伪奸诈、德行败坏的小人，对他们只能远离而不可亲近啊！

【故事链接】

驱逐害群之马

形形色色的人构成复杂的人间凡尘，所以这一生能遇到什么样的人，谁也无法预料。所以，遇到良善的，不以自喜；遇到奸谄恶毒的，不以己悲。谁都希望人生顺遂，谁都期盼这一生都能与良善之人为伍，谁不希望生活在“谈笑有鸿儒，往来无白丁”的崇高境界之中呢？然而这种生活空间不是天造地设而成的，而是需要你善于甄别、敢于果断处之。

相传远古时候，轩辕黄帝要到具茨（cí）山去寻找一位名叫大隗（wěi）的圣贤之人，向他请教治理天下的良策。当时与黄帝同行的还有张若等七位贤人，但是由于这位高人隐居在常人不易到达的人间仙境，所以他们很快就迷失了方向。正在他们着急无助的时候，发现旷野一隅有一个放牧群马的小孩儿，于是上前询问。张若问道：“你知道具茨山在哪里吗？”牧童说：“知道。”又问：“你知道圣贤大隗住在哪里吗？”那牧童说：“当然知道。”黄帝见这小孩儿镇定自若、器宇不凡，连忙问道：“既然什么都知道，那我问问你，如何治理天下呢？”只见那牧童一脸轻松地说：“这有何难？治理天下，就像在这野外遨游一样，只管心清目明向前而行，不要被外物

所惑便可。”说完便飞身上马想要离去。黄帝如坠迷雾，于是追问说：“你言辞含糊，究竟该怎样治理天下呢？”牧童呵呵一笑说：“治理天下，与我放马有何不同呢？只要把危害马群的劣马驱逐出去就可以了。”黄帝听罢茅塞顿开，连向牧童离去的方向躬身，再三拜谢，称牧童为天师，然后才一步三回头地驱车离去。

这则“黄帝问道”的小故事，不仅使黄帝恍然大悟，对于活在当下的我们不也如醍醐灌顶吗？

在现实生活中，人们由于不能善于识别害群之马，不能及时将害群之马驱逐出去，造成的祸患难免会令人触目惊心。正所谓：时间是试金石。这世上所有最好的感情，都是经得住时间考验的。所有的好，都不是嘴上说出来的，而是实际做出来的。

正如足智多谋的蜀国丞相诸葛亮所说的“夫军国之弊，有五害焉：一曰结党相连，毁谮贤良……此所谓奸伪悖德之人，可远而不可亲也”。那么，既然无法改变他人的劣根，就要学会远离虚伪奸诈、德行败坏的不义之人。因为余生还长，我们从来不缺锦上添花之人，而雪中送炭者一人难求！珍惜眼前人吧，学会“逐恶”，将让你受用一生。切记：是非在己，毁誉由人，亲贤远恶，得失不论。

第三篇　知人性

【原文】

夫知人之性，莫难察焉①。善恶既殊②，情貌不一，有温良而为诈者③，有外恭而内欺者④，有外勇而内怯者⑤，有尽力而不忠者。然知人之道有七焉：一曰间之以是非而观其志，二曰穷之以辞辩而观其变，三曰咨之以计谋而观其识⑥，四曰告之以祸难而观其勇，五曰醉之以酒而观其性，六曰临之以利而观其廉⑦，七曰期之以事而观其信。

【注释】

①夫：用于句首的发语词。察：体察，了解。

②殊：不同。

③温良：温和善良。诈：虚伪，狡诈。

④外恭：外表情态恭谦。内欺：心怀欺骗。

⑤内怯：内心怯懦。

⑥咨：商议，询问。

⑦临：靠近；到，面临。利：利益，好处。廉：廉洁，清廉。

【译文】

至于真正知晓一个人的本性，这世上没有比这更困难的事情了。既然每个人的善恶程度不同，那么其本性与外表也是不一致的。有的人外表温

和善良，内心却行为奸诈；有的人外表看上去恭谦有礼，内心却没有诚信；有的人外表看上去很勇敢，但实际上内心怯懦；有的人看上去为你尽心尽力，实际上却另有图谋。然而，了解一个人的本性还是有七条办法可循的：第一种办法是询问他关于事物对与错的看法，以此来考察他的志向、立场；第二种办法是用极其激烈的言辞故意激怒他，以此来观察他对此有什么情态变化；第三种办法是就某个计划向他咨询，并征求他的意见，以此来考察他的学识深浅；第四种办法是告诉他即将面临的灾难祸害，以此来考察他的胆识、勇气；第五种办法是利用共同饮酒的机会使他大醉，以此来观察他真实的本性与修养；第六种办法是使他靠近利益并对他进行引诱，以此来考察他是否清廉无私；第七种办法是给他一段时间去办某件事情，以此来考察他是否诚实守信而值得托付。

【故事链接】

知人善任，方能百战不殆

诸葛亮曾说：“夫知人之性，莫难察焉。”不错，这世上没有比看透人性更困难的事情了。虽然“人之初，性本善”，但经过社会大染缸拆分、晕染，或者是在生活环境影响下逐步改变，使每个人的善恶程度大有不同，所以个人所表现出来的本性与处事方式就会差异悬殊。而人类构成社会，在其发展过程中，就难免取决于领导者与被领导者之间的关系了。

东汉史学家班彪在所写《王命论》中也曾提到了“知人善任”的观点，他认为应该善于认识人的品德和才能，然后给予最合理的使用，才能更有利于王者平定天下。

无论古今，作为领导者未必是全才，不一定非要事事亲力亲为，最重要的是能够“知人善任”，了解自己手下人的品性与才华，然后根据个人所长各尽其职，发挥最大的作用。

有道是：一心可以宰万物。

在知人善任方面，曹操深明其道。张辽是曹操手下的得力干将，但由于张辽归顺曹操之前，曾经追随丁原、何进、董卓，后来又归顺了吕布。对于他多次易主之事，一直追随曹操身经百战的元老级大将李典、乐进对他略有微词，甚至有些瞧不起他。尽管张辽自从被曹操纳为麾下之后，从刀劈单于到一箭射伤黄盖，再到大破乌桓，直到镇守合肥，屡建战功，深得曹操器重，但他们还是心里不服气。

这一年，东吴孙权率领十万大军围攻合肥。曹操耳闻当时共守合肥的大将张辽、李典和乐进三人“素皆不睦”，所以曹操派信使飞马传信给他们，并对战略防御和进攻作出了周密的部署：“若孙权至，张、李二将出战；乐进

守城，护军不得与战。”因为曹操知道张辽善于洞察敌情、勇武善战，而且忠心耿耿，能够恪尽职守，是一位难得的将帅之才，很适合指挥作战；李典虽然也是智勇双全的一员猛将，但相比张辽还是稍有不足；至于乐进，他看上去很勇敢，但生性怯懦，过于谨慎，不适合决策，只能留在城中镇守。因此曹操命令他二人要听从张辽的指挥，共同抗敌。

大敌当前，这三位将军在曹操的指示下，决定放弃个人恩怨，通力合作。但曹操在信中并没有明确如何迎战孙权，具体攻守策略也没有在信中提出来。这下可难坏了众位将官，纷纷将目光投向张辽。此刻，张辽泰然自若，经过一番审时度势，考虑到曹操带走大部分人马远征汉中，而此刻合肥城中定是兵少且缺乏后援的现状，经过缜密分析敌情，决定在合肥城还没有被东吴将士完成合围之前，果断率先出击，因为只有“折其盛势，以安众心”，才能守住城池。于是，张辽一马当先，率领八百将士冲进东吴十万大军之中，势如破竹，一直冲杀到孙权的帅旗之下。孙权被他的勇猛惊得一身冷汗，仓皇撤退，东吴将士更是吓得闻风丧胆。张辽率兵乘胜追击，若不是东吴将士拼命保护孙权，就能活捉孙权了。结果这一场战役，张辽与李典在逍遥津以八百将士大破孙权十万军兵，大获全胜，创下了著名的“以少胜多”的战役，从此“张辽止啼”成为流传千古的传奇。李典、乐进等合肥众将士也都对张辽的英明决策与骁勇善战叹服不已。

知此知彼，决策方能游刃有余；深知人性，才能运筹帷幄之中，决胜千里之外。试想，如果没有曹操的“先知人性”而后“果断用之”的英明决定，又哪有合肥之战以少胜多的首战告捷呢？

第四篇 将材

【原文】

夫将材有九①：道之以德，齐之以礼②，而知其饥寒，察其劳苦，此之谓仁将；事无苟免③，不为利挠，有死之荣，无生之辱，此之谓义将；贵而不骄，胜而不恃④，贤而能下，刚而能忍，此之谓礼将；奇变莫测，动应多端，转祸为福，临危制胜，此之谓智将；进有厚赏，退有严刑，赏不逾时，刑不择贵，此之谓信将；足轻戎马，气盖千夫⑤，善固疆场，长于剑戟⑥，此之谓步将；登高履险⑦，驰射如飞，进则先行，退则后殿，此之谓骑将；气凌三军，志轻强虏，怯于小战⑧，勇于大敌，此之谓猛将；见贤若不及⑨，从谏如顺流⑩，宽而能刚，勇而多计，此之谓大将。

【注释】

①将材：泛指成为将帅的人才。

②齐：规范，使……达到，跟什么一般平。

③苟免：意思是苟且求生而免于伤害。

④胜而不恃：打了胜仗不居功自傲。

⑤气盖千夫：气概豪壮，斗志昂扬，能胜过千人。

⑥剑戟：剑和戟，都是古代兵器。

⑦登高履险：形容攀登高山，越过险阻，如履平地。

⑧怯于小战：对于小规模战争也总是小心谨慎地对待。怯：小心谨慎的样子。

⑨见贤若不及：见到品德高尚、能力出众的贤士，总是虚心请教，仿佛自己赶不上人家。

⑩谏：谏言，古指规劝君主、尊长或朋友，使之改正错误。

【译文】

能够成为将帅之才的人，根据不同的才干，可分为九种类型：一是用自己的德行教育部下，用礼法规范部下的行为举止，而且亲自了解他们是否饥寒交迫，体察、关心他们的辛劳悲苦，这样的将帅可以称为仁将；二是做事从不只为自己苟且求生而丧失节操，从不被利益所诱惑，宁愿为荣誉献身，也不屈辱求生，这样的将帅可以称为义将；三是身居高位但不盛气凌人，功绩卓著但不以此骄傲自大，具有出众的贤德而不清高，个性刚直而又能忍辱负重、包容他人，这样的将帅可以称为礼将；四是两军交战时运用战术高深莫测，能够随机应变，身处逆境能转祸为福，面临危险能够逢凶化吉、转败为胜，这样的将帅可以称为智将；五是忠诚信实，对奋勇直前的有功之人加以重赏，对临阵退缩的有过之人加以重罚，力求赏罚分明，应该奖赏时绝不拖延，应该惩罚时不分地位贵贱高下，这样的将帅可以称为信将；六是身手矫捷，冲锋陷阵驰马如风，气概豪壮，斗志昂扬能胜过千人，善于坚守阵地而力争固若金汤，擅长刀枪剑戟且勇武无敌，这样的将帅可以称为步将；七是攀登高山、越过险阻如履平地，驰马射箭身轻如燕，进攻时身先士卒，锐不可挡，撤退时总杀敌殿后，这样的将帅可以称为骑将；八是英雄气概凌驾于三军之上，壮志豪情足以轻蔑强大的敌人，对于小规模战争也总是小心谨慎，面对强大的敌人则是临危不惧愈战愈勇，这样的将帅可以称为猛将；九是见到品德高尚、能力出众的贤士，总是虚心请教、自谦技不如人，能够听从别人提出的意见，广开言路从善如流，待人宽厚而不失刚直，勇敢果断而又富于计谋，这样的将帅可以称为大将。

【故事链接】

韩信，一位杰出的将帅之才

能够成为将帅之才的人，非泛泛之人垂手而得，而是需要日积月累的自我修养方可成器。诸葛亮在如何才称得上是将才的问题中，提出了为将之人应有的九条品质修养，进而指出了成为优秀将领所必须具备的“仁、义、礼、智、信”等道德品质以及胸怀才干。总之，要想成为一名勇冠三军、气魄恢宏的将领，就要做到德才兼备，做到才能气概凌驾于三军之上，壮志豪情足以轻蔑强大的敌人。

正所谓：两军相逢勇者胜。这里所说的“勇”并非逞一时之快的鲁莽之勇，而是与智谋共进的“智勇双全”。勇而果决，也是作为大将所必要的基本素质。所以说，无论是在古代战场还是在当今的商场，决胜往往在于运筹帷幄，有勇有谋。

韩信是西汉开国功臣，是中国历史上杰出的军事家，号称“汉初三杰”之一。他熟谙兵法，自称用兵打仗“多多益善”。诸如“明修栈道，暗渡陈仓”“四面楚歌，背水为营”等用兵之道，曾被历代兵家推崇效仿。作为军事家，韩信是中国战争史上最善于灵活用兵的将领；作为战略家，他的言论成为楚汉战争胜利的根本方略；作为统帅，他一人之下，万人之上，率军出征身先士卒，攻无不胜；作为军事理论家，他与张良研讨兵书，并著有兵法三篇(今已失传)。

有一次，汉高祖派遣韩信、张耳率兵攻打代王陈馀。韩信首先派出密探得知对方并没有采取有效的防御措施，于是他召集手下副将，并且吩咐说："赵军见我率队出击，一定会倾巢而出全力迎战，到时候你们就乘机快马冲入敌军营地，拔掉他们的旗帜，换上我们大汉军旗。他们追击失败后一定会快速返回营地，当他们看到营地旗帜已被换掉，定会大乱，然后我们就迅速前后夹击，赵军必败无疑！"同时命令副将传令下去："今天打败赵军之后庆功宴饮！"将士们半信半疑，甚至认为韩信太狂妄了！

第二天拂晓，韩信率领将士浩浩荡荡冲出了井陉口。赵军迅速打开营门，倾巢而出，奋力迎击。经过一番激战，韩信和张耳趁势佯装力不能敌而仓皇败逃，并且旗鼓乱散一地，一路丢盔卸甲逃回河边的阵营。守营士兵赶紧打开营门让韩信他们进去。还没来得及关好营门，赵军已经破门而入。结果，原本败逃的汉军转而勇猛无敌，个个拼命厮杀，赵军根本无法取胜，只得撤退。

与此同时，韩信派出的另外两千名骑兵早已杀入赵军后方营地，摧毁了所有赵军旗帜，插上汉军大旗。等到赵军败退回到营地一看，惊得目瞪口呆，顿时乱作一团。在韩信前后夹击中，赵军大败，最终陈馀在水上被杀，汉军活捉了赵王歇。

韩信就是这样一个出奇制胜的传奇人物，不愧被后人奉为"兵仙""战神"，就连汉高祖刘邦都赞不绝口地评说："战必胜，攻必取，吾不如韩信。"

第五篇　将器

【原文】

将之器[1]，其用大小不同。若乃察其奸[2]，伺其祸[3]，为众所服，此十夫之将；夙兴夜寐[4]，言词密察，此百夫之将；直而有虑，勇而能斗，此千夫之将；外貌桓桓[5]，中情烈烈，知人勤劳，悉人饥寒，此万夫之将；进贤进能，日慎一日，诚信宽大，娴于理乱，此十万人之将；仁爱洽于下[6]，信义服邻国，上知天文，中察人事，下识地理，四海之内视如室家，此天下之将。

【注释】

①将之器：指将帅的德才气度。器：指人的气质、度量、才干。

②若：如果，倘若。

③伺（sì）：观察，探察。祸：危害、祸端。

④夙兴夜寐（sù xīng yè mèi）：早起晚睡，形容非常勤劳。

⑤外貌桓桓（huán）：本意为威武的样子，引申为高大、宽广、坦然的样子。

⑥洽：融洽。

【译文】

将帅的气质、度量与常人有所不同，其才干、作用有大小之分。如果

能察觉到他人的阴险奸诈，探察到事物潜藏在其中的危害、祸端而且能被部下所信服，这种将领可称作十夫之将，可以统领十人的队伍；如果能够早起晚睡，整日为公事操劳，言辞谨慎，处事缜密周全，能够体察、倾听部下的心声，这种将领可称作百夫之将，可以统领百人的队伍；如果为人耿直又深谋远虑，勇猛善战，这样的将领可称作千夫之将，可以统领千人的队伍；如果外表威武严肃，内心蕴藏着丰富而真挚的感情，个性光明磊落，既能够了解他人的勤劳辛苦，又能关心部下的饥寒状况，这种将领可称作万夫之将，可以统领万人的军队；如果能够举荐贤才、引进能人，能够日复一日谦虚谨慎、坚持积德修业，不断充实自己，为人忠诚、可信、宽容、大度，能够娴熟整顿闲散、治理乱世，这样的将领可称作十万人之将，可以统领十万人的部队；如果能以仁爱之心与部下相处融洽，又能以恪守信义使邻国信服不已，上可知晓天文，于人世之间能够善处人际关系，下可通晓形势地理，治国如同治家，放眼四海之内，都看作相亲相爱的一家人，这样的将领便是天下之将，可以统领天下军队。

【故事链接】

李广从容脱险

西汉景帝时期，“飞将军”李广担任上郡太守，当时匈奴边境依然不安稳，时常有匈奴入侵。

有一天，皇上派一名宦官带领数十名随从过来跟李广学习排兵布阵等军事要领，准备随时抗击匈奴。宦官一行人在半路途中恰巧遇到三个匈奴人，结果交战过程中，宦官被匈奴人射伤，仓皇逃到李广城中。李广随即

带上一百名骑兵前去追击匈奴人。追了数十里，李广命令他的骑兵左右散开，两路包抄。不大一会儿，他亲自射死了两个，活捉了一个。这时，李广猛然间发现远处有几千名匈奴骑兵正向这边奔驰而来。不过当他们看到李广以后，又突然调转马头跑上山去摆开阵势。李广的百名骑兵一看到对方人多势众，顿时惊恐万分，刚想回马逃跑，李广大声喝道："休要惊慌！我们现在已离开本营数十里，倘若惊慌逃跑，匈奴定会追击射杀我们。然而我们若是留下来，他们反而怀疑我们是诱敌深入的先锋，必定不敢攻击我们。"于是李广带领骑兵继续向前进发，到了离匈奴阵地还有大约二里的地方停下来，说："全体下马，卸下马鞍！"骑兵们异口同声地说："将军不可！我们与匈奴兵马悬殊，又近在咫尺。如果匈奴突然进犯，如何是好！"李广说："非也！那些匈奴原以为我们会逃跑，可我们不但没逃，反而解下马鞍驻扎在此，他们就会更

加相信我们是诱敌之兵而不敢进犯。”果然，匈奴骑兵始终不敢前来攻击。

过了一会儿，匈奴将领派人前来探看虚实。李广见状立即飞身上马一箭射死匈奴，然后迅速打马回营，解下马鞍，让士兵们也都放开马饮水喂料，随便躺卧，看上去毫无防备之心，实则是在养精蓄锐。在这种情况下，匈奴军不知道李广葫芦里到底装的是啥药，况且他们对李广百战百胜的威名早就如雷贯耳，眼下很怕李广已经事先埋下伏兵，然后趁夜偷袭他们。于是，越想越怕，只好匆匆撤兵了。就这样，一夜平安无事。天刚放亮，李广就立即带领部下火速回到城中大本营。

李广自“以良家子从军击胡”始，为将四十余年，素以胆识过人、英勇善战著称，赢得“飞将军”的盛名。汉文帝曾嘉许他“令当高祖世，万户侯岂足道哉”？他在两军交战中常常以少胜多，险中取胜，令匈奴闻名丧胆，故而“避之数岁”。他身先士卒，体恤部下，得到将士衷心爱戴，人人“咸乐为之死”，因而他最终成为久负盛名的一代名将。虽然他终身未得封爵，始终“官不过九卿”，但他的统兵作战才华有目共睹。

第六篇 将弊

【原文】

夫为将之道，有八弊焉①，一曰贪而无厌②，二曰妒贤嫉能③，三曰信谗好佞④，四曰料彼不自料⑤，五曰犹豫不自决，六曰荒淫于酒色，七曰奸诈而自怯⑥，八曰狡言而不以礼。

【注释】

①弊：弊端，弊病。

②贪而无厌：指极其贪婪，永远不知道满足。

③妒贤嫉能：因别人好而忌恨。对品德、才能比自己强的人心怀怨恨。

④信谗好佞（nìng）：听信谗言，亲近善于巧言谄媚的小人。佞：善辩，巧言谄媚。

⑤料彼不自料：只知道预料敌情，却不能正确认识自己的实力。

⑥自怯：自我胆怯懦弱。

【译文】

身为将帅的用兵之道，通常有八种弊病必须加以注意：一是贪图钱财、物质的欲望永远不知满足；二是对贤德有才能的人极其妒忌；三是听信谗言，亲近能说会道、善于巧言谄媚的小人；四是只知道预料敌情，却不能正确认识自己的实力；五是遇事犹犹豫豫，自己不能独立决定；六是沉迷于酒色、荒废事业而不能自拔；七是为人虚伪奸诈而且胆怯懦弱；八是强词狡辩而且傲慢无礼，不按礼法准则办事。

【故事链接】

妒贤嫉能，错失天下

诸葛亮在《将弊》这一篇中，对于将帅应该如何规避影响前途的要素进行了总结，指出了“八弊”，这与孙膑兵法中所提出的十五种“将弊”有异曲同工之妙。因此，作为统领三军的将帅，一定要戒财戒色，不可妒贤嫉能、不能听信谗言、不可强词夺理轻佻傲慢，要知己知彼、遇事果敢、为人忠诚、信守诺言。否则，触犯任何一条，恐怕都将自毁前途，甚至终将失败。

项羽是楚国名将项燕的孙子，是秦末农民起义军的领袖。秦朝灭亡后，项羽自立为西楚霸王。

项羽虽然从小就勇猛好武，但不爱读书，后来成为一个有勇无谋的武夫，荒谬地认为能以武力争霸天下，却忽略了借助贤能才德坐拥天下的重要性。自从项羽领兵起义抗秦以来，虽然先后有范增、陈平、英布、韩信等具有一定贤德之人慕名投靠在他的麾下，但由于他不能知人善用，渐渐地，这些人因为不得志而愤然离去。

范增在秦末农民战争中是项羽帐下主要谋士，曾被项羽尊为“亚父”。公元前206年，项羽攻入关中以后，范增审时度势，看出刘邦善于用人、深得军心，势力扩张神速，必是项羽的劲敌，所以当即劝说项羽反手消灭刘邦。但项羽自恃官宦世家、名将之后，而刘邦不过是一个市井小民而已，终究成不了大气候，更谈不上威胁之辞，就没有采纳范增的建议。后来，范增谋划“鸿门宴”意欲杀死刘邦，在宴会期间多次示意项羽杀刘邦，但项羽轻敌意识泛滥，始终没有按计划行事。无奈之下，范增又指使项庄舞剑，想借机行刺沛公，但此计被刘邦的谋臣识破，所以刘邦的属下项伯也拔剑起舞，挡住了项庄。张良看出其中端倪，急忙到军门外找来武将樊哙前来救驾。樊哙强行进帐，项羽被他的勇武所震撼，竟然恍惚之间使刘邦伺机而逃。当时项羽将刘邦留赠的白璧玉斗放在桌上，只见范增一怒之下将玉斗摔在地上，哀叹道：“吾王不听劝谏，夺楚王天下的人，一定是刘邦！”

果然，后来项羽率兵进入咸阳后，大肆屠戮，杀秦王子婴，火烧秦王宫，搜集宝物美女准备回江东。这时有人劝项羽在关中定都成就王霸之业，但项羽见眼前

到处破瓦残垣，怒斥谏言之人，甚至听见有人背后说他性情残暴，就格杀勿论。

后来项羽得知刘邦听从谋士张良等人献计已经定都关中，虽然他非常愤怒，但木已成舟。由于项羽总是自以为是，不听从谋士建议，不懂笼络人心，甚至妒贤嫉能，最后中了陈平的离间计，迫使范增含恨辞官归乡，不幸途中病死，因此埋下了自寻灭亡的隐患，最终演变成“霸王别姬”“乌江自刎”的惨剧。

汉高祖刘邦彻底击败项羽以后，建立了属于自己的大汉王朝。有一天，刘邦大宴群臣，席间，刘邦问列侯诸将：“为什么我能取得天下，而项羽却失去了天下？”大臣高起、王陵抢先答道：“陛下能与士卒同甘共苦、礼贤下士，而项羽刚愎自用、妒贤嫉能，功臣惨遭杀害，猜疑有智谋的贤人，所以失掉了天下。”高祖说：“你们只知其一，不知其二。如果说运筹帷幄之中，决胜于千里之外，我比不上张子房；镇守国家，安抚百姓，供给粮饷，不断绝粮道，我比不上萧何；统率百万大军，能够百战百胜，我比不上韩信。这三个人都是人中的俊杰，如今都在辅佐我，这就是我能得天下的原因所在。而项羽虽然有一位贤才范增，却不知给予信任，这就是他失败的原因啊！”

第七篇　将志

【原文】

兵者凶器，将者危任，是以器刚则缺，任重则危。故善将者[1]，不恃强[2]，不怙势[3]，宠之而不喜，辱之而不惧，见利不贪，见美不淫[4]，以身殉国[5]，壹意而已。

【注释】

①善：善于，良好的。

②恃：依赖，凭仗。

③怙（hù）：本意是指依仗、凭借。

④见美不淫：见到美色时不会心生邪念而被迷惑。淫：心乱，迷惑。

⑤以身殉国：为了效忠国家而牺牲自己的生命。以：用。身：生命。殉：为达到某种目的而牺牲自己的生命。

【译文】

兵器是一种凶器，身为将领肩负一种高危而重大的责任，这是因为兵器刚硬，就会容易缺损，将领任务重大，就会有危险。因此，善于做将帅的人，不倚仗自己部队的强大，不凭仗威势，当他受到君主的宠信时不得意忘形，当他受到别人的诽谤侮辱时也不惧怕退缩，看到利益时不起贪念，见到美色时不生淫邪之心，至于为了效忠国家而牺牲自己的生命，只管一心一意就可以了。

【故事链接】

出兵不可恃强而战

三国时期点亮历史，映射出诸多智慧，出现了很多诸如“夷陵之战”这样著名的战役，留下了一连串的站位反思。

公元 219 年，孙权向刘备索要荆州，但刘备不肯奉还，所以两军开战，结果关羽大意失荆州，终被擒杀。自此，吴、蜀两国结下深仇大恨。公元 221 年，刘备于益州称帝，年号为章武。随后刘备整顿军队，势要夺回荆州，为关羽报仇。当时诸葛亮以及众位大臣极力劝说，但刘备报仇心意已决，准备倾动全国人马寻仇，大有势在必得的雄心壮志。

东吴孙权听说刘备要来讨伐，探知来势汹汹，急忙派遣使者前去求和，但刘备怒火正旺，坚决不允。吴南郡太守诸葛瑾随后又给刘备传信劝说，希望恢复“孙刘联盟”，然而此刻任何劝说都只能引起刘备的更大反感与怒火。猛将张飞得知刘备要兴兵伐吴，为二哥关羽报仇，于是也准备率兵万人，从阆中出发与刘备会师，但在出发前，因为醉酒后处罚部下过重而引起仇恨，不幸被部下张达等人谋杀。

再说这边刘备亲率蜀汉大军数万人，对吴国发动了大规模的战争。一开始，先驱部队势如破竹，一路上过关斩将直入吴国地界二三百里，直逼吴国国都。此时的孙权焦急万分，因为像周瑜、黄盖等骁勇善战的大将除了衰老就是已经死亡，所以他一时间手足无措。多亏一位老臣推荐镇西将军陆逊为大都督，统率韩当、徐盛、孙桓等部，数万人开赴前线，抵御蜀国数万大军，同时又派人去向魏国曹丕称臣修好，以避免两面受敌。

陆逊到前线后，发现刘备兵势强大，居高守险，锐气正盛，但求胜心切，所以他命令吴军果断实施战略撤退，将数百里长的山地留给了蜀军，暂时避开锋芒，然后再伺机破敌。此时的刘备大军，由于长时间奔波，将士们都已经疲惫不堪，见吴军不敢出来应战，正好可以暂做休息，养精蓄锐。于是刘备下令，在数百里山地林间空旷处安营扎寨，当时有谋士提醒刘备在这种地势下安营是兵家大忌，万万不可，可是刘备不听。

结果陆逊经过正确分析军情，大胆后退诱敌，后发制人，巧用火攻，终于火烧七百里连营，一举击败来势汹汹的蜀军，创造了由防御转入反攻的光辉战绩。至于刘备惨遭失败亡命潜逃，这样的失败也不是偶然的。他"以怒兴师"，恃强冒进，不知审时度势，改变战略部署，犯了兵家大忌。如此自食"覆军损将"的恶果，结果是必然的。

刘备显然不是合格的将才，所以他这一场"夷陵之战"，成为更多为将者彻头彻尾的警醒之战！

第八篇　将善

【原文】

将有五善四欲。五善者[1]，所谓善知敌之形势，善知进退之道，善知国之虚实，善知天时人事，善知山川险阻。四欲者[2]，所谓战欲奇[3]，谋欲密，众欲静，心欲一。

【注释】

①善：善于，擅长。

②欲：要。

③奇：出奇制胜。

【译文】

身为将帅，要具有“五善四欲”的基本素质。所谓的五善，就是要善于了解分析敌人的兵力部署，善于正确判断进攻和撤退的时机，善于了解交战方的国力虚实，善于知晓顺应天时与人情世态而去创造有利的时机，善于利用山川地

形的崎岖险阻排兵布阵。所谓的四欲，就是指作战时能够出奇制胜，谋划要周密，人多事繁之时要保持沉静稳重，使全军上下能够团结一心，合力抗战。

【故事链接】

出奇制胜

本篇兵法中着重提出了身为将帅应该具备的基本素养："五善四欲"，只有这样才能指挥起来游刃有余、攻无不克。倘若不能准确分析敌情、预测天气变化、适时勘探好地形地貌等因素，就不能占据有利地形，更不能提前做好周密的战略部署，如若不能占据天时、地利、人和，又何谈容易取胜呢？

曹操准备挥军统治南方。眼看曹操就要进军江陵，孙权急忙派鲁肃到夏口探听虚实。鲁肃抵达后，听说曹操大军已向荆州进发，形势十分危急。这时刘备被曹操追击，正在向南撤退。于是鲁肃直接去见刘备，并授意刘备投靠东吴孙权，实则是想"孙刘联合"，扩充东吴实力，以便抗击曹操的进犯。刘备听后当然高兴。诸葛亮对刘备说："形势危急，我请求前去与孙将军商议。"于是他就和鲁肃一起去见孙权。诸葛亮在柴桑见到孙权，对孙权陈述了如今孙刘联合抗曹是唯一的退兵之计。

周瑜奉命归来以后，与孙权共同分析曹操目前形势，也觉得孙刘联合抗曹势在必行。同年十二月，孙刘两军逆水而上，行至赤壁，与正在渡江的曹军相遇。曹军当时因为水土不服，又遭瘟疫流行，而新编水军之间南北差异较大，难以磨合，士气明显不足。况且正是严寒之际，战马缺乏草料，所以初战就被周瑜水军打败。曹操不得不把水军战船靠到北岸，将舰船首尾连接起来操练水军，等待良机。此时，周瑜则把战船停靠南岸赤壁一侧，隔长江与曹军对峙。

长期对峙也不是办法，进攻又很难取胜。这时周瑜与诸葛亮不谋而合，准备火攻，于是周瑜与黄盖商定用十艘蒙冲斗舰，装满干柴，把油浇灌在里面，外面用帐幕包起来，上面插上旗帜，在战船的尾部系上准备逃生的小船。为了能接近敌船，周瑜与黄盖定下“苦肉计”，将黄盖打得皮开肉绽，然后黄盖派人先送信给曹操，并假称因为“受辱”而要投降。曹操虽半信半疑，但又爱惜黄盖是一位将才，只好默认，静观其变。

当时东南风刮得很急，黄盖让十艘战船在最前面领航，行到江心时忽然命令所有船迅速挂起风帆全速前进。曹操军中将士都以为黄盖真来投降了。没想到，在距离曹军二里多远的时候，各船同时点火，火借风势迅速像箭一般冲过来，将曹军北面的船全部烧毁，大火蔓延到岸上的军营。顿时烟雾和火焰交织，弥漫整片天空，曹操的人马烧死淹死者不计其数，哭喊声惊天动地。这时，周瑜等率领精锐部队擂起战鼓大举进攻。曹操见势不妙，仓皇带领败兵向华容县的陆路方向逃跑，可是一路上泥潭重重，天又刮着大风，曹操残兵败将，好不容易才得以通过。这一仗，就是典型的运用了气候优势，成全了刘备、周瑜大军水陆同时夹击的计划，致使曹操的军队死亡大半，狼狈败归。

第九篇　将刚

【原文】

善将者，其刚不可折，其柔不可卷，故以弱制强，以柔制刚。纯柔纯弱，其势必削①，纯刚纯强，其势必亡；不柔不刚，合道之常②。

【注释】

①削：削减，削弱。

②常：常态，正常规律。

【译文】

一位具有良好素质的将领，他的性格刚强、刚烈，但不固执己见，他温良、柔和但不会随意屈服，所以常能以弱胜强，以柔克刚。单纯一味的柔和、软弱，就会使自己的力量被削弱，而纯粹的刚烈、逞强，势必会导致刚愎自用而走向灭亡。所以，既不单纯柔弱，也不要单纯刚烈，只有刚柔并济才是最理想的性格特点，才合乎常态。

【故事链接】

示弱诱敌，一举获胜

诸葛亮在《将刚》一文中论述了将领的修养，从而阐明“刚柔相济”

的功用。文中从正反两方面进行了论述，说明“纯柔”和“纯刚”都不可行，必须刚柔相济，这也是历代成功的政治家、军事家所倡导的“恩威并重、宽猛相济”的处世原则。作为一个善于统领的将帅，该柔则柔，该刚则刚，才能使部下感知到情感的温度；行军打仗，将领能够适时故意示弱以诱敌深入，必将大获全胜。

西汉中期名将霍去病，十七岁就随卫青出征与匈奴交战，而且第一次出征就大获全胜。当时他率领八百骑兵孤军深入大漠，大破匈奴，杀敌两千余人，斩杀匈奴单于的祖父，霍去病因此一战封侯，成为“冠军侯”。

霍去病从此纵横沙漠，使匈奴叫苦连连。因为捷报频传，汉武帝大喜，决定大肆赏赐，给他建造奢华屋舍。但霍去病坚决不受，并且说出了“匈奴未灭，何以家为”的豪言壮语。汉武帝赞许他是军事天才，劝他多多研学孙吴兵法，他轻轻一笑说：“为将须随时运谋，何必定拘古法呢？”

元狩二年（公元前121年），汉武帝任命霍去病为骠骑将军，率领骑兵一万，出陇西与匈奴交战，此战主要是为了夺回河西地区。霍去病领命后与公孙敖兵分两路进发北地，张骞与郎中令李广从另外两路进发。由于路线不熟，再加上地处荒郊野岭，很快相互之间失去了联系。但霍去病并没有因此而停滞不前，而是继续向前挺进，决定进入祁连山后利用山脉的地理优势，与匈奴决战。

当时匈奴屡次进犯，却屡次挫败，但又不死心放弃肥沃的河西地区，所以时常在边境伺机而动。这一天，匈奴忽然看见一队汉军兵马正向山谷前进，人数不多，正好可以取胜，于是匈奴酋涂王率兵紧紧追击。汉将赵破奴见状，慌忙向祁连山谷且战且退，匈奴则紧追不舍，很快就追到了山谷谷口。有副将提醒匈奴酋涂王小心谷内有伏兵，赶紧退出山谷为妙！可是酋涂王求胜心切，环顾一下四周，没发现异常，于是下令继续追击，长驱直入山谷之中，却不知因此进入了霍去病的埋伏圈。

霍去病一看时机成熟，令旗一挥，谷外一支队伍迅速堵住谷口，其余人马立即从另外三面包抄过来。酋涂王这才知道中计，可是已经无路可退，最后全军覆没。

霍去病之所以能大获全胜，应该说是巧用典型的“示弱诱敌”之计，就是以“弱”迷惑对方，再以强大的力量加以攻击，最终“以弱制强”。

第十篇　将骄吝

【原文】

将不可骄，骄则失礼，失礼则人离①，人离则众叛。将不可吝②，吝则赏不行，赏不行则士不致命③，士不致命则军无功，无功则国虚，国虚则寇实矣。孔子曰："如有周公之才之美，使骄且吝，其余不足观也已④。"

【注释】

①离：背离，离心离德之意。

②吝：吝啬。

③致命：献出生命，拼死效命。

④也已：语气助词，表感叹。

【译文】

身为将帅千万不能骄傲自大，如果骄傲自大，就会有礼法不周的地方，如果有失礼之处就会使人心背离，人心背离就会导致众叛亲离。身为将领，也不能小气吝啬，如果吝啬，必然不愿奖赏部下，而奖赏不及时施行，部下就不肯在战斗中拼死效命；士卒在战斗中不肯拼死效命，那么军队就不会取得功绩；军队不能建功立业，那么国家的实力就会因此虚弱下去；国家实力下降，就会显出敌人实力强大了。因此孔子说："如果一个人具有周公那样的才能与美德，但他却骄傲又吝啬，那么即使能做出一定的贡献，也不值得人们去敬仰与称道了。"

【故事链接】

骄兵必败

骄傲是人类最大的敌人。从古至今，因为骄傲自大造成不可挽回的损失，可以说是数不胜数。

西楚霸王项羽就是这样一个典型的人物。他虽然骁勇善战，霸气十足，但是他骄傲自大的性格的确害他不浅。另外，他对下属十分吝啬，也使他失信颇多。

韩信曾私下评价项羽说：“西楚霸王可谓是武艺高强，叱咤风云，有万夫不当之勇。项羽对人恭敬慈爱，言语和气，见到有人生病受苦，他能为之痛哭流涕，能将自己的食物分给他人。可是在行军打仗中，如果有谁为他出生入死立下功勋时，本应该重重加官进爵、大加犒赏，可他却宁可把印绶攥到损坏，也不舍得授人，这正是妇人之仁也！”

当初楚怀王与诸将约定，谁先攻入咸阳就封谁为王。结果刘邦率先进入咸阳，但项羽却倚仗自己兵多将广，强势背信弃义，不让刘邦在咸阳立足，而是硬封刘邦为汉中王。刘邦自知寡不敌众，所以忍辱负重，采纳了谋士张良的计策，奔向分封之地，并将所经过的栈道烧毁，自断回返之路，让项羽误以为刘邦此去没有返回关中称王之意，也为自己专心储备力量免去了后顾之忧。此后，刘邦开始攻打三秦之地扩大自己的实力。在交战过程中，凡是能够主动投降献城的将领，一律封官封侯，他将缴获的钱财物资多数分给将士，只留少部分作为王宫所需。正因为如此，天下豪杰纷纷慕名而来，一心为刘邦效力，一些小诸侯们也甘愿投靠刘邦。一时间，刘邦的队伍越来越庞大。

然而项羽恰恰与刘邦相反，他骄傲自大，自恃勇武无比，没人敢反叛，甚至忽略别人的功劳，却牢记别人一点点过错。三军将士若有立功者应该得到奖赏的，却不提不问。他自以为是、妒贤嫉能，使贤才得不到重用，最终弃他而去，就算是任用有才干之人，也是以项氏族人为主。所以致使众叛亲离，只有为数不多的人甘愿为他出生入死，不然怎会有“四面楚歌”就能彻底击溃楚国将士之心的场景呢！

项羽如此不善于为将的狂傲性格，使他辛苦建立起来的霸业逐渐被削弱，不能重用范增等贤士，迫走陈平，以至于后来中了陈平献给刘邦的“反间计”，逼走范增，使自己成了孤家寡人。

细思极恐，正是项羽自己亲手造成了“国虚则寇实矣”的局势，最终垓下一战，“无颜见江东父老”，乌江自刎而死。

有道是“哀兵必胜，骄兵必败”，而“刚而自矜”也是为人处世的重大缺陷，更是身为将帅者之大忌！在现实生活中，我们应当以史为鉴，举一反三，触类旁通，要善于管理自己的情绪，杜绝骄傲自大的性格扎根发芽，防患于未然。倘若自察发现“骄吝”冒出头来，一定要敢于刀口向内，以壮士断腕的勇气弃之，方可无憾一生。

第十一篇　将强

【原文】

将有五强八恶。高节可以厉俗，孝弟可以扬名[1]，信义可以交友，泛爱可以容众，力行可以建功，此将之五强也。谋不能料是非，礼不能任贤良，政不能正刑法，富不能济穷厄[2]，智不能备未形，虑不能防微密[3]，达不能举所知，败不能无怨谤[4]，此之谓八恶也。

【注释】

①孝弟：亦作“孝悌（tì）”，儒家的一种伦理思想。孝：指对父母回报的爱；悌：指兄弟姊妹的友爱。

②济：接济，救助。穷厄（è）：指陷于困境。穷：失意。厄：困窘。

③防微密：防微杜渐。

④怨谤：埋怨诽谤。

【译文】

身为将帅既要具有五种高贵品德，还要克服八种恶习。五强是指五种必须的德性。高风亮节可以勉励世俗，友爱兄弟姊妹、孝敬父母可以显扬名声，信义忠诚可以结交挚友，深思熟虑可以容忍他人，身体力行可以建功立业，这就是为将者应该遵循的五种高贵品德的界限了。虽然足智多谋却不能明辨是非，不能礼贤下士，不能任用贤良之人，施政时不能严明法令，无法引导社会风俗；虽然富有却不能慷慨施惠于人，不肯去救济穷困；虽然聪明有才智却不能防患于未然，不能深思远虑而去防微杜渐；虽然已经飞黄腾达却不能推荐自己所熟悉的贤能之士，遭受挫败时不能做到毫无怨言、无所诽谤，以上这些就是需要克服的八种恶习。

【故事链接】

治国之要，务在举贤

三国时期的著名军事家、蜀汉丞相诸葛亮告诫世人说：身为将帅要具有五种高贵品德，还要克服八种恶习。简言之，为将者必须注重高节、孝悌、信义、泛爱、力行，还要注意修养料是非、任贤良、正刑法、济穷厄、备未形、防微密、举所知、无怨谤这八种必修的戒律。

诸葛亮曾以“神机妙算”闻名，可以说是耳熟能详了，他的聪明才智与高尚的道德修养深为后人所敬仰。南阳水镜先生对诸葛亮等人的评价是：“伏龙、凤雏得一、可安天下；子初、孝直若亡一人、则汉室难兴。”这里的“伏龙”就是诸葛亮，“凤雏”指的是庞统。

当年，刘备先后听从水镜先生和徐庶的推荐，得知诸葛亮号称“卧龙”，堪称有经天纬地之才，所以刘备不辞“三顾茅庐”的辛苦，才请出诸葛亮。而诸葛亮也不负主公所托，先后辅佐刘备南征北战多年，几乎每次都能帮助刘备化险为夷。刘备死后，诸葛亮又继续辅佐少主刘禅。他自出山以来，一心为蜀国操劳，事必躬亲，无怨无悔。诸葛亮不但自己鞠躬尽瘁，而且还注意发现人才，及时举荐任用。因此，他常说：“治国之要，务在举贤。”

庞统的治世才华人所共知，只是因为放浪不羁的性格而不愿为官，故而一直流落民间。诸葛亮为人宽厚仁慈，从来不妒贤嫉能，反而总是极力举荐贤才。于是他向刘备谏言说："庞统，人称'凤雏'，只可惜一直怀才不遇而流落民间。愚以为是英雄就当有用武之地，希望主公能够招募庞统到麾下任用。有了凤雏便如虎添翼，匡扶汉室指日可待啊！"刘备听后说："就依先生所言。"于是以礼相请，但刘备见他放浪不羁的样子恐难胜任，就暂时任命庞统为耒阳令。谁知庞统到任后，觉得县令不过是一个闲职罢了，根本无法施展才能，于是整天无所事事，终因没有政绩而被罢官。

诸葛亮爱惜人才，急忙向刘备进言说："庞统有经世大材，不可小用啊！"经过百般劝说后，刘备才同意留下他。直到后来听从庞统计策顺利攻取益州，继而又献连环计击败曹军、夺得汉中，刘备才惊呼庞统真乃"非百里之才"！后来刘备任命庞统为治中，与诸葛亮并列为军师中郎将。不难看出，这与诸葛亮能够举贤荐能是密不可分的。

法正就是水镜先生所提到的"孝直"，善于奇谋，深受刘备信任和敬重。当时法正负责统御外军，同时也是朝中谋士。虽然才华毕露，但由于性格暴躁，在治理蜀地过程中有仇必报，因此擅自杀了很多诋毁他的人。有人对诸葛亮说："法正太过于飞扬跋扈，先生应该禀告主公，予以处罚，以儆效尤！"诸葛亮却慢条斯理地说："主公在公安，北有曹操大军，东有孙权威逼。自从法正辅佐主公之后，犹如增添两翼翱翔在天空，不再受人所困。现在何必因区区琐事而影响大局？"于是对此事不再追究。虽然此事有点纵容之嫌，但从深处着眼，不乏为爱惜贤才之举。

诸葛亮治理蜀地，崇尚严刑峻法；排兵布阵，讲究严谨周密，为刘备甄选人才总是从大局出发，从不考虑个人得失，真正将《将器》中所说的"五强八恶"修炼到了炉火纯青的地步。

第十二篇　出师

【原文】

古者国有危难，君简贤能而任之①，斋三日，入太庙②，南面而立，将北面，太师进钺于君③。君持钺柄以授将，曰："从此至军，将军其裁之。"复命曰："见其虚则进，见其实则退。勿以身贵而贱人，勿以独见而违众，勿恃功能而失忠信。士未坐勿坐，士未食勿食，同寒暑，等劳逸，齐甘苦，均危患，如此则士必尽命，敌必可亡。"将受词，凿凶门，引军而出，君送之，跪而推毂，曰④："进退惟时，军中事不由君命，皆由将出。"若此，则无天于上，无地于下，无敌于前，无主于后。是以智者为之虑，勇者为之斗，故能战胜于外，功成于内，扬名于后世，福流于子孙矣。

【注释】

①简：选择。

②斋：斋戒。指古人在祭祀前沐浴更衣、整洁身心，以示虔诚。太庙：中国古代通常指皇帝的宗庙。

③钺（yuè）：一种古代的兵器，形似斧。

④毂（gǔ）：泛指车、车轮。

【译文】

从古至今，国家有危难的时候，国君都会选拔贤德有才能之人担任将帅，以解救国家危难。出征前，君王要斋戒三日，然后进入太庙告祭列祖列宗，国君面南而站立，将帅则在北面站立，太师缓步走上前，双手捧着象征权力的钺呈献给国君。然后国君双手接过钺，手持钺柄授给将帅，说："从现在开始你到军队中去，军中一切事物都由将军你裁决指挥。"接着，国君又命令说："作战时，发现敌军阵势空虚就进击，发现敌人实力强固就撤退。不要因为自己身居高位就看轻别人，不要因为自己意见独特就违背众多部下的意见，不要倚仗自己功绩显赫就失去为人忠信本分的品质。部下还没有坐下来休息，就不要自己先坐下，部下还没有吃饭时，身为将帅也不要首先进食，应该与部下寒暑共度，同等劳逸，同甘共苦，平均危患。如果做到了这一切，那么手下的将士必会竭尽全力效命疆场，敌人也一定会被彻底消灭。"将帅听完国君的训命后，宣誓效忠，然后亲自开凿凶门，率领军队从此门出发。国君把出征的军队送到北门，向将帅乘用的车马躬拜并推着战车的轮子说："将在外，进攻与撤退的时候不用听从君王命令，军队中的一切行动都由将军你决定"。这样一来，将帅出征在外就具有了绝对的权威，可以上不受制于天，下不受制于地，前不受制于敌，后不受制于君主。因为军中有智者为之献策，有勇武之人为之效命沙场，所以才能在疆场上取得胜利，在朝廷中获得功名而扬名于后世，千古流芳，福泽恩及子孙。

【故事链接】

同甘共苦美名扬

诸葛亮在《出师》这一篇中，讲到了"将在外，君命有所不受"的特权，其主要观点是对于将帅如何统率三军的细节提出了诚挚的忠告。就是身为将领，要体恤士卒，能够与士卒同甘共苦，才能深得军心，才会有全军上下同心协力共同抗敌、甘愿竭尽全力效命沙场的回报，自然也就成全了将领建功立业的美名，从而功成名就而扬名于后世，福泽恩及子孙。

说到三军将士同仇敌忾、奋勇杀敌，这与《孙子兵法》“谋攻”篇中所提到的“上下同欲者胜”同出一辙。也就是说，要想取得战斗胜利，就要上下同心，这样的军队才有凝聚力。而想要做到这一点也并不容易，首先将领一定要关心下属，能够与士兵同甘共苦，才能获得士兵的爱戴，士兵才能乐于为其效命。

吴起是战国初期军事家、政治家、改革家，堪称兵家代表人物。他一生历仕鲁、魏、楚三国，通晓兵家、法家、儒家三家思想，喜好用兵，一心想成就大名，后来弃儒学兵，在内政改革、军事兵法方面都有极高的成就。

公元前魏文侯时期，吴

起担任军中主将，曾率兵攻克秦国河西地区诸多城邑，迫使秦军一直撤退到洛水才罢休。出兵作战期间，吴起始终都是跟最下等的士兵穿一样的衣服，吃一样的饭食，可以说，吃穿住行等各方面从来不搞特殊化，甚至在行军打仗的时候，他也与其他士兵一样，亲自背着自己的那份粮食，与士兵同行。

有一次，有一个士兵腿上生了一个毒疮，当时行军途中缺医少药，眼看这个士兵的腿流着脓水深度溃烂，再不及时处理，很可能就危及生命。吴起看到士兵痛苦不堪的样子十分心疼，于是让那个士兵躺下来垫高病腿，吴起跪着帮他吮吸脓液，然后找来干净的布条，采来草药帮他包扎。这名士兵感动得痛哭流涕。后来这个士兵的母亲知道后，竟放声大哭起来。有人不解地问她："你儿子是个无名小卒，将军却亲自替他吸吮脓液保住了性命，难道你不感到高兴吗？为何还放声大哭呢？"那位母亲回答说："你哪里知道呢？吴将军曾经替我丈夫吸吮毒疮，我丈夫在战场上勇往直前，战死疆场。如今吴将军又给我儿子吸吮毒疮，我不知道他又会在什么时候战死沙场啊！"

吴起不仅在战场上爱护士兵，后来担任西河郡守期间，也是爱民如子。他虚心向子夏学习儒家思想，改革魏国兵制，并创立了五卒制，又为抵御秦国的进攻修筑了吴城，可见他在内政改革以及兵法研究方面成果非同一般，所以一直被后代传扬。

第十三篇　择材

【原文】

夫师之行也，有好斗乐战，独取强敌者，聚为一徒，名曰报国之士；有气盖三军，材力勇捷者，聚为一徒，名曰突陈之士①；有轻足善步，走如奔马者，聚为一徒，名曰搴旗之士②；有骑射如飞，发无不中者，聚为一徒，名曰争锋之士；有射必中，中必死者，聚为一徒，名曰飞驰之士；有善发强弩③，远而必中者，聚为一徒，名曰摧锋之士。此六军之善士，各因其能而用之也。

【注释】

①陈：通“阵”，战阵。

②搴旗（qiān qí）：是指拔取敌方旗帜。语出《吴子·料敌》。

③强弩（qiáng nǔ）：强劲的弓，一种改造后的弩机，威力更大，射程更远。

【译文】

军队在出发之前，将帅在编排队列时，可将那些武艺高强、斗志昂扬、喜欢对敌厮杀、愿意独立与强敌较量的士兵，都聚集编在同一个行列里，命名为尽忠报国之士；有的士兵气概恢宏、勇冠三军、智勇双全、身手敏捷、可将这些人都集编在同一个行列里，命名为突击战阵之士；有脚步轻捷、善于步行，疾走起来如同飞驰骏马的人，就把他们集编在一起，命名为夺旗勇士；有骑马射箭疾驰如飞、百发百中的人，可将他们集编在同一个行列里，命名为争锋勇士；有每射必中、射中必死这样箭术高超的弓箭手，就把他们集编在一起，命名为飞驰勇士奇袭队；有擅长发射强弩，即使射程较远也能百发百中的一流射手，就把他们集编在同一个行列里，命名为摧锋之士。具有以上这六种能力的士兵，都是军队中才能卓著的优秀士兵，应该使他们能够充分发挥自己的特长，做到人尽其才，才尽其用。

【故事链接】

贵在人尽其才

"官渡之战"是东汉末年著名的"三大战役"之一，是中国历史上著名的以弱胜强的战役之一。

公元 199 年，袁绍挑选精兵十万准备向南攻打许都，于是，曹操集中仅有的数万兵力迎战袁绍，官渡之战就此拉开了序幕。

当时曹操手下的谋士都认为袁军强大不可敌，但曹操却满怀信心地说："袁绍志大才疏、胆略不足、刻薄寡恩、刚愎自用，不足惧也！"正如曹操所料，战争刚刚开始，满腹经纶的沮授就献了一个良策：建议拉开持久战，以消耗曹操粮草就能取胜！但骄傲自大、急于求胜的袁绍认为自己精兵强将无数，足以一举歼灭曹军，直取许昌，所以他怒斥沮授是"慢我军心"，随即将他囚禁于军中。但忠心耿耿的沮授还是能以大局为重，当他夜观天象，发现"忽见太白逆行，侵犯牛、斗之分"时，立即冒死向袁绍进谏："乌巢乃是屯粮之所，不可不防备，应该速派精兵猛将在山路巡哨，以免被

曹操偷袭粮道！”可惜袁绍不仅没有采纳谏言，反而将他大骂了一顿，还诛杀了监押沮授的士兵。

当两军在官渡相持了近两个月后，谋士许攸获取了曹操军粮告急的重要情报，于是向袁绍献计说：“曹操驻军官渡，许昌必空虚。倘若此刻星夜偷袭许昌，必可得之，进而曹操可擒获。天赐良机，机不可失啊！”

然而这个骄傲、多疑而又愚蠢的袁绍，不仅没有采纳谋臣许攸的妙计，反而大骂许攸是愚人之见！许攸一怒之下，带着袁绍的军事机密投奔了曹操。随后呈上了袁绍乌巢粮仓的地图及守备情况。曹操当机立断，决定夜袭乌巢，烧毁了袁绍大军的储备粮仓，结果袁绍大败。后来许攸因不得重用而投降曹操后，向曹操说出他曾向袁绍所献计策，曹操听后大惊，叹道：“若袁绍用子言，吾事败矣！”

袁绍原本也有很多足智多谋、骁勇善战的文臣武将，比如艺高胆大、能独当一面的猛将张郃、高览等，但袁绍不用他们来守卫乌巢粮仓，却让嗜酒如命的淳于琼守卫这个极其重要的岗位。比如，田丰、沮授这些有谋略的忠义之士，却都没得到充分任用；许攸献计非但不采纳，反而怒斥奚落。像他这样不懂择才之人，难免会众叛亲离，而失败也是必然的。

那么，曹操为什么能大获全胜呢？很显然，正是曹操知人善任，善于人尽其才。

第十四篇 智用

【原文】

夫为将之道，必顺天①、因时、依人以立胜也。故天作时不作而人作，是谓逆时；时作天不作而人作，是谓逆天；天作时作而人不作，是谓逆人。智者不逆天，亦不逆时，亦不逆人也。

【注释】

①必：必须，务必。顺：顺应。

【译文】

所谓为将之道，就是将帅出征必须要顺应气候、掌握时机、依据人力因素，才能获得胜利。所以在天公作美时顺应了天气，也具备了相应的战斗力，但时机不成熟，这种情况下出兵是逆时；有了成熟的战机，也具备了相应的战斗力，但天公不作美而欠缺天气助力，这样的条件下出兵是逆天；在顺应了气候，也抓住了有力战机，但是不具备相应的战斗力，这样的条件下出兵是逆人。所以说，明智的将帅领兵作战既不逆天，也不逆时，当然也不逆人了。

【故事链接】

胜在天时、地利、人和

诸葛亮在《智用》一篇中主要论述了身为将帅，在行军打仗中，若想取胜所必须具备的重要因素："顺天、因时、依人"，也就是我们常听到的"天时、地利、人和"。关于这三要素的协调运用，要数三国时期的"赤壁之战"最为典型了。

曹操是我国历史上一位杰出的政治家、军事家，也是被称为一代枭雄的魏武帝。他一生征战无数，最终统一了北方。但他成为皇帝不是一蹴而就的，也是经历过多次惨败才获得成功的。

曹操屡屡出战得胜后，想乘势一举吞并江东，孙权可就坐不住金銮殿了，他急忙找来诸位谋士商议对策，大家七嘴八舌，觉得东吴兵少将寡，没有曹操队伍庞大，认为主动求和为上策。只有鲁肃认为曹操野心勃勃，投降求和，将来未必有好日子过，所以他提出来不能求和，应该联合刘备共同抗曹。而刘备这边的军师诸葛亮经过考量目前局势，觉得借助孙权东吴天险地势以及联合东吴兵力，才能化险为夷。不久鲁肃前来刘备军中探望，有意无意地说明了心中想法，谁知正合诸葛亮当下之意，于是，诸葛亮便随鲁肃到江东与孙权详谈此事，最终结成联盟。

孙权命都督周瑜率兵三万与刘备的两万人马会合。此时曹操自江陵东下，直达赤壁与孙、刘联军对战。由于曹操士卒多是北方人而不习惯坐船，致使初战不利，只好两军隔江对峙。曹操正在焦急时分，有人给他出主意，将所有舰船首尾连接起来会更平稳，于是曹操下令照办，果真人马在船上行走如履平地。

当时有谋士提醒曹操说："将战船连接在一起固然平稳，可是如果敌军发起火攻便难以逃生，请主公三思！"曹操胸有成竹地说："凡用火攻，必须借助顺势风力，如今正值严冬，不刮东风与南风，而我军驻扎在西北，若此时使用火攻，只能自取灭亡，我又何惧之有？"说完哈哈大笑。

可他哪里知道，诸葛亮早已夜观天象，掐算出明日必有强劲的东南风。于是，周瑜与黄盖定下一番"苦肉计"之后，黄盖强忍疼痛前去"诈降"，他带领蒙冲战船十艘，装上干荻和枯柴并浇上油，外面裹上帷幕，上边插上旌旗，预先备好快艇，系在船尾，向曹营驶去。曹操还在梦想着又得一位勇武战将之时，岂料黄盖已经命人挂帆点火，直奔曹营冲去。结果，曹操战船顷刻间火光四起、化为灰烬，曹军人马死伤不计其数，数十万大军几乎全军覆没。

周瑜等率领轻装精锐战士紧随在后，鼓声震天，厮杀一片。曹操见势不妙，率军从华容道仓皇逃跑，偏又道路异常泥泞，狂风大作。

这一仗，东吴占尽天时、地利、人和，曹操必然惨败。所以说，所谓天时是一种自然规律，而地利、人和在于人为缔造，这三者结合起来才是真正的成功之道。

第十五篇　不陈

【原文】

古之善理者不师，善师者不陈①，善陈者不战，善战者不败，善败者不亡。昔者，圣人之治理也，安其居，乐其业，至老不相攻伐，可谓善理者不师也。若舜修典刑②，咎繇作士师③，人不干令，刑无可施，可谓善师者不陈。若尧伐有苗，舜舞干羽而苗民格，可谓善陈者不战。若齐桓南服强楚④，北服山戎，可谓善战者不败。若楚昭遭祸⑤，奔秦求救，卒能返国，可谓善败者不亡矣。

【注释】

①陈：通“阵”。

②舜：舜帝，中华民族共同始祖之一，父系氏族社会后期东夷部落首领，“三皇五帝”之一。

③咎繇（jiù yáo）：一般指皋陶。舜之贤臣。上古时期东夷部落首领，伟大的政治家、思想家、教育家，上古四圣（尧、舜、禹、皋陶）之一，后世尊为“中国司法始祖”。

④齐桓：指齐桓公，本名小白，春秋五霸之首，与晋文公并称“齐桓晋文”，是姜姓齐国第十五位国君。

⑤楚昭：楚昭王，春秋时期楚国国君。

【译文】

古代善于治理国家、懂得治国之道的君主从来不依赖军队，具有军事才能、善于用兵的将帅从不依靠排兵布阵取胜，善于排兵布阵的将帅从不依靠交战取胜，善于指挥战斗的将帅则能永远立于不败之地，善于总结失败教训、挽回残局的人则不会被敌人所消灭。从前，英明的君主治理天下，主要是让百姓生活安定，勤于工作，人们安居乐业，直到年老也不相互争斗杀伐，这就是上面所说的“善理者不师”。上古时代，就像舜帝那样修缮刑典法治，并让皋陶担任掌管刑法的官员，从而百姓无人冒犯法令，因此，也就不用对任何人施加刑法，这就是“善于治理军队的人不用排兵布阵”的含义。诸如尧征伐有苗族的时候，舜手持舞蹈用的干盾、羽扇摆出阵势，无须动用武力就征服了有苗族人，这就是“善于排兵布阵之人无须两军交战就可获胜”的例子。诸如齐桓公向南征服强大的楚国，向北讨伐山戎之时，英勇善战，所向无敌，这就是“善战者不败”的含义。诸如楚昭王时期楚国遭到吴国的侵犯，楚昭王立刻逃到秦国求救，最后又能从秦国返回成为楚国君王，这就是“善于挽回残局的人则不会被敌人所消灭”的事例了。

【故事链接】

不战而屈人之兵

诸葛亮提出了领兵作战的最高指挥艺术：“善理者不师，善师者不陈，善陈者不战，善战者不败，善败者不亡。”那么，将这种境界汇总成一句话，类似于“不战而屈人之兵”。可以说，这也是历朝历代军事家所不断追

求的治国领兵之最佳境界了。

历史上能做到这一境界的政治家、军事家为数不多，但管仲不费一兵一卒征服鲁国的事例，总是令人记忆犹新。

有一天，齐桓公忧心忡忡地对管仲说：“现在鲁国发展迅速，国家越来越强大，孤王担心鲁国很快就超过我齐国，这该如何是好？可有什么办法抑制鲁国？”

管仲胸有成竹地说：“只要从明天开始，大王和众大臣只穿鲁国纺织的绢布衣裳就行了。”齐桓公虽然听后半信半疑，但看到管仲信心十足的样子，决定听从管仲的建议。于是齐桓公号令所有王公贵族都要带头儿穿戴鲁国缟衣，同时管仲还下令禁止齐国人擅自织缟，所有纺织品都要从鲁国买进。这样一来，鲁缟就变得供不应求了，管仲就此到处张贴公告：“鲁国人为齐国贩来一千匹缟，就可以获得三百金；贩来一万匹，可以得到五千金”。鲁国人一见织缟有利可图，都织起缟来。顿时，鲁国上下掀起了织缟的热潮。

谁知一年后，管仲突然下令停止从鲁国购买任何纺织品。这个消息一经发出，如同晴天霹雳！鲁国人堆积如山的鲁缟无法换来半文钱，然而，由于鲁国人都忙于织缟，致使农田荒芜，军队和百姓家中都没有余粮，全国上下叫苦连天。

鲁庄公在无可奈何的情况下，只好派人到齐国去采购粮食。管仲此时将粮价提高，鲁国的国库资财就此一落千丈。鲁国受此打击后，国力一蹶不振，就此屈服于齐国。管仲这种“不战而屈人之兵”的妙计，令齐桓公赞叹不已，忍不住问管仲如此妙计如何得来。

管仲笑道：“与其说微臣生此妙计，倒不如说是贪欲导致鲁国人屈服于我们。当一个人被眼前利益所蒙蔽诱惑的时候，又怎能看到更深远的利害关系呢？”

第十六篇　将诫

【原文】

书曰："狎侮君子[①]，罔以尽人心[②]；狎侮小人，罔以尽人力。"固行兵之要，务揽英雄之心，严赏罚之科，总文武之道，操刚柔之术，说礼乐而敦诗书[③]，先仁义而后智勇；静如潜鱼，动若奔獭[④]，丧其所连，折其所强，耀以旌旗，戒以金鼓，退若山移，进如风雨，击崩若摧，合战如虎；迫而容之，利而诱之，乱而取之，卑而骄之，亲而离之，强而弱之；有危者安之，有惧者悦之，有叛者怀之，有冤者申之，有强者抑之，有弱者扶之，有谋者亲之，有谗者覆之，获财者与之；不倍兵以攻弱，不恃众以轻敌，不傲才以骄人，不以宠而作威；先计而后动，知胜而始战；得其财帛不自宝，得其子女不自使。将能如此，严号申令而人愿斗，则兵合刃接而人乐死矣。

【注释】

①狎侮（xiá wǔ）：轻慢，戏弄，戏侮。常用以形容人物言行举止。

②罔（wǎng）：蒙蔽，无法。

③礼乐：中国传统文化中非常重视礼仪和音乐。"礼"就是指各种礼节规范，"乐"则包括音乐和舞蹈。敦（dūn）：厚道，诚恳。

④獭（tǎ）：是一种水陆"两栖动物"，它的大小同哈巴狗差不多，形状有点像老鼠，故有水獭之称。

【译文】

《尚书》中说："如果戏侮君子，就无法得到他真心以待；如果戏侮轻蔑小人，也无法使他们竭尽全力为你效力。"所以，将帅领兵作战的要诀就是，务必要广泛笼络部下的人心，严格执行有关赏罚的规章制度，要具备文、武两方面的能力，要会运用刚柔并济的策略，喜欢礼、乐而又敬重诗、书，首先使自己在修身方面达到仁义标准，然后才能形成智慧勇敢的内涵；静止时就像是潜在水底的鱼儿不声不响，行动起来就像奔跑中的獭那样又快又猛，善于打乱敌人的阵营，摧毁敌人之间的协作联系，折损削弱敌人强大的阵势，挥动旌旗以显示自己的威力，敲击战鼓让士兵服从指挥、听从调动，撤兵时军队就像大山移动一样平稳，进攻时军队就像疾风暴雨般猛烈，善于彻底摧毁残军败将，与敌人交锋时就像饿虎扑食一般凶猛；与敌人对峙的时候，要从容镇定迫使敌人就范，然后加以收容，善于利用小恩小惠引

诱敌人进入我方包围圈，想办法扰乱敌军稳固整齐的阵势，然后乱中取胜，善于假装卑微以此来示弱，使敌人盲目骄傲起来，善于使用离间计打乱敌军的内部团结，对于异常强大的敌人要想方设法削弱他的力量；要使处境危险的敌人感到安宁以麻痹他们，让忧惧的敌人感到喜悦，使他们精神懈怠而疏于防范，对于敌军中反叛而投奔我方的人要以怀柔的政策给予嘉奖，要使部下的冤屈能够得以申明昭雪，如果发现有恃强凌弱的强者就加以压制，有势单力薄的弱者就要给以扶持，对有智谋的部下要尽力亲近他，多听取参考意见，对巧言令色诋毁他人的小人要坚决打击制止，对于能够缴获战利品的部下要适当奖赏他；另外，如果敌人势力较弱，就不必用成倍的兵力去攻击他，不能因为自己军队力量强大就轻视敌人，不能自认为能力高强就骄傲自大，不能因为自己受到宠信就肆意作威作福欺压他人；对于整个战局部署，一定要先制订翔实的计划，然后才能领兵出征，确定自己能够取胜才开始出战；获得财物以后不独自享受，俘虏敌方的男人、女人也都不自己独自役使。身为将帅倘若做到了严格号令、申辩严明，那么将士们就都愿意奋勇战斗，而且在两军交战过程中，就算是短兵相接的拼杀，将士们也都能奋不顾身，甘愿效命疆场。

【故事链接】

得人心者胜

自古以来，对于“得人心者得天下”这一理论，身为帝王者深有体会；而作为领兵打仗的将帅来说，对于“得人心者胜”也并不陌生。

正如诸葛亮所说的：“行兵之要，务揽英雄之心”“总文武之道”，充分阐明了这样一个观点：作为三军统帅，不但要懂得文武之道，更要善于笼络人心，常以宽柔的胸怀对待每一个人，必会取得令人心悦诚服的全面胜利。

公元225年，蜀汉丞相诸葛亮为了巩固后方，经过近两年的“闭关息民”后，觉得出兵平定南中叛乱的时机已经成熟，于是亲自统领大军南下平叛。

诸葛亮得知为首的孟获不但作战勇敢，而且品行端正，在军中深得人心，是一位难得的将才，因此决定将他征服，为蜀汉效力。他首先采取反间计，解决了叛军另外两位首领，就此瓦解了两路人马，并且以“怀柔之心”，赐给俘虏酒食衣服，任由其自主去留，结果多数人感动之余，决定留在蜀国军中，继而扩大了队伍，使叛军实力明显下降。

孟获听说两路人马均已兵败，大怒，立即率兵扑将而来。孟获虽然勇敢，但不善于用兵。第一次交锋，就中了诸葛亮的“诱敌之计”。当时他看见蜀兵仓皇败退，以为蜀兵惧怕自己勇冠三军，就不假思索地追杀过去，结果被生擒。孟获一副视死如归的架势，本以为诸葛亮定会下令处死他，没想到诸葛亮笑盈盈走到近前亲自给他松绑，劝他弃暗投明归顺蜀国。孟获说：“既已被俘虏，只求一死！只是心有不甘。若不是我疏忽大意，岂能被俘？”诸葛亮听罢，笑道：“既然如此，我与孟将军再交锋一次如何？”孟获半信半疑地问道：“丞相当真要放了我？不怕我一去不返？”诸葛亮微微一笑说：“我相信将军是言而有信之人，何惧之有呢？”于是，松绑，酒宴款待，然后陪他观看军营，问道：“你看我这军营布置如何？”

孟获观看得很仔细，说：“都说诸葛军师料事如神，精于排兵布阵，今日营中布局，不过如此，赢你何难！”诸葛亮也不作解释，笑了笑就放孟获出营了。他料定孟获今晚必来偷袭，当即设好埋伏。

孟获回去后，仔细回忆诸葛亮军营设防布局，发现一个疏于防范的入口，决定夜半三更去劫营，活捉诸葛亮。于是，孟获挑选了五百名精干的刀斧手，穿好夜行衣，溜到那个兵力防守薄弱的地方，悄悄摸进蜀军大营，轻而易举就到了军师营帐之外。孟获正暗暗得意之时，忽然蜀军伏兵四起，孟获又被擒住了。但他还是不服输，诸葛亮微微一笑，又将他放走了。

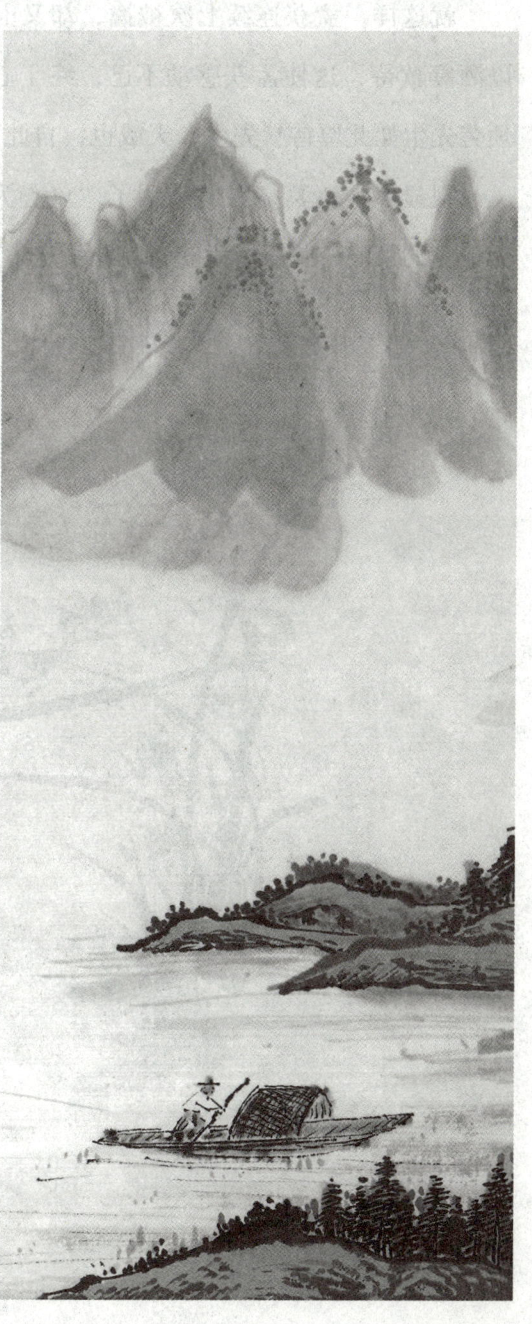

孟获接连被擒，再也不敢鲁莽行事了。他带领所有人马退到泸水南岸，只守不攻。蜀兵到了泸水，没有船过不去，无计可施。诸葛亮表面下令制造木筏渡河，实则派遣一部分人马绕到水域狭窄处，悄悄渡河，去包围孟获。结果，孟获又被擒住了。

孟获虽然第三次被擒，但他仍然不服气。诸葛亮不但没杀他，反而又放他回去。将士中有人对诸葛亮此举并不理解，认为他对孟获太仁慈宽大了，

诸葛亮却说："要想彻底平定南方，必须重用孟获这样的人。要是他能心悦诚服地归顺我朝廷，此一人可抵十万大军。"

就这样，孟获连续七次被擒，却又七次被诸葛亮微笑着亲自松绑，且以酒宴款待，这使孟获感动不已，终于心悦诚服地说："我孟获何德何能，烦劳先生如此厚待！先生，天威也，自此南人不再反叛！"

很显然，诸葛亮在此采用了"攻心为上，攻城为下，心战为上，兵战为下"的策略，收服了孟获，就此平定了南中之乱。

第十七篇　戒备

【原文】

夫国之大务，莫先于戒备①。若夫失之毫厘，则差若千里，覆军杀将，势不逾息，可不惧哉！故有患难，君臣旰食而谋之②，择贤而任之。若乃居安而不思危，寇至而不知惧，此谓燕巢于幕，鱼游于鼎，亡不俟夕矣③！《传》曰："不备不虞，不可以师④。"又曰："豫备无虞，古之善政。"又曰："蜂虿尚有毒，而况国乎⑤？"无备，虽众不可恃也。故曰，有备无患⑥。故三军之行，不可无备也。

【注释】

①戒备：指加强警惕防备，以应不测。

②旰食（gàn shí）：指事务繁忙不能按时吃饭，泛指勤于政事。

③俟（sì）：等待。

④不备不虞（yú），不可以师：不预先防备意外，没有准备计划，就不出兵作战。虞：预料，意料。师：军队。这里作动词用，即出兵的意思。

⑤蜂虿（chài）尚有毒，而况国乎：蜜蜂和蝎子一类的小虫都以毒刺作为防御的工具，更何况是一个庞大的国家呢？虿：古书上说的诸如蝎子一类的毒虫。

⑥有备无患：意思是事先有准备，就可以避免祸患。

【译文】

国家最重要的事务，莫过于首先加强国家安全防备。如果在这方面稍有毫厘偏差，就如同千里之别，将会导致损兵折将，军队覆没，甚至危及国家存亡，这种事态若不能止息，后果将无可挽回，这怎能不令人恐惧呢！所以，一旦国家出现危难，君臣应齐心一致，废寝忘食而去共同谋策，选拔有本领的贤才担任将帅，指挥三军应敌。如果不能居安思危，等到敌人已经兵临城下，也不知道担心害怕，这就如同燕子的窝巢搭筑在帘幕上，鱼儿游弋在锅釜之中，灭亡的日子等不了多久了！《左传》中记载说："不预先防备意外，不准备到毫无差错的地步，就不能出兵。"又说："事先有所准备，能够居安思危，才能有效防患灾难，这是古代所推崇的善政。"又说："蜜蜂和蝎子一类的小虫尚且知道以毒刺作为防御的工具，更何况是一个庞大的国家呢？""如果一个国家忽视了国防建设，即使有百万之众，也不能依赖啊。"所以说，有备无患非常重要。因此，三军将士在出征之前，不能没有戒备啊。

【故事链接】

有备无患

《左传》中记载说："不预先防备意外，不准备到毫无差错的地步，就不能出兵。"又说："事先有所准备，能够居安思危，才能有效防患灾难，这是古代所推崇的善政。"

前秦皇帝苻（fú）坚自小崇尚汉文化，习文练武，无所不通，年仅十三岁就任龙骧将军，后封为"东海王"。他先是诛杀暴君苻生，后自降帝号为天王。开创五胡十六国唯一治世，史称“关陇清晏，百姓丰乐”。

建元十九年（383），苻坚挥师南伐，发动“淝水之战”，意图南下攻打东晋，一统天下。苻坚组织90万大军，浩浩荡荡直奔东晋国都而去。东晋立即派谢石为大将，谢玄为先锋，带领8万精兵迎战。

苻坚此次出兵，并没有进行全面谋划，只是很自豪地认为自己兵多将广，能有足够的把握战胜晋军，所以他率先带领一支轻骑部队到达寿阳（今安徽寿县）东的淝水岸边，等待后续大军到齐以后，再向晋军发动进攻。

面对秦军近百万大军陆续黑压压扑面而来的局面，晋军显然相差悬殊，势单力薄。为了以少胜多，谢玄想出一条妙计。他派使者到秦军大营，向秦军的前锋将领建议说：“你们的大军紧贴在淝水边安营扎寨，不留上岸余地，如何开战？这分明是想持久作战，而不是速战速决。如果贵军稍向后退，让我方军队渡过淝水一决雌雄，如此痛痛快快地大战一场，岂不是更好吗？”

使者走后，秦军开始讨论该不该后退让出一片战场决战的问题。众将领都觉得应该坚守淝水岸边，使晋军不能过河，以便等待后续大军抵达，彻底击溃晋军，因此不能接受晋军的建议，否则会对自己不利。但是，苻坚求胜心切，不同意那些将领的意见，说：“我军只要稍稍后退，等晋军一半过河，一半还在渡河时，用精锐的骑兵冲杀上去，我军肯定能大获全胜！”

众人无法说服苻坚。于是，秦军只好听从命令，决定后退，但是令苻坚想不到的事情发生了。原来秦军是各地节度使带领的兵将临时拼凑起来的，没有经过统一训练，也没有详细统一的作战阵法。虽然此刻后续部队陆续到达淝水岸边，但由于指挥不统一，所以当秦军后移时，晋军耳目朱序在秦军阵后大叫：“前线的秦军败了！”秦军顿时阵脚大乱，士卒们以为前方真的打败仗了，慌忙向后逃散。谢玄见时机已到，立即指挥部队快速渡河杀敌。秦军在溃退途中，丢盔卸甲，一片混乱，相互践踏而死的人不计其数。那些侥幸逃脱的士兵，一路上听到呼呼的风声和鹤的鸣叫声，都以为是晋军追来了，于是开始拼命奔逃。就这样，晋军取得了“淝水之战”的重大胜利。

细思极恐，现在分析苻坚在这场战争中失败的原因，其实关键在于他麻痹轻敌。对于谢玄的计谋没有深度分析、考察利弊、疏于防患，在撤退之前没有作好防止意外突发的战略戒备，致使自己近百万大军惨败于谢玄的八万之众。

由此可见，戒备对于战争能否取胜尤为重要。而国家最重要的事务，莫过于加强国家安全防备。如果在这方面稍有毫厘偏差，就会有千里之别，将会损兵折将，军队覆没，甚至危及国家存亡。而如果一个国家忽视了国防建设，即使有百万之众又有何用呢？因此，三军将士在出征之前，千万切记不能没有戒备。

第十八篇　习练

【原文】

夫军无习练①，百不当一②；习而用之，一可当百。故仲尼曰③：“不教而战，是谓弃之。”又曰：“善人教民七年，亦可以即戎矣④。”然则即戎之不可不教，教之以礼义，诲之以忠信，诫之以典刑，威之以赏罚，故人知劝。然后习之，或陈而分之，坐而起之，行而止之，走而却之，别而合之，散而聚之。一人可教十人，十人可教百人，百人可教千人，千人可教万人，可教三军，然后教练而敌可胜矣。

【注释】

①习练：练习，训练。

②当：阻挡，抵挡。

③仲尼：孔子，字仲尼，鲁国陬邑（今山东曲阜）人，中国古代思想家、教育家，儒家学派创始人。

④戎：战争，军队。

【译文】

如果军队士兵得不到应有的教育和训练，那么一百名士兵也抵不上一个敌兵；如果军队士兵受到了应有的教育和训练之后再去使用他们，那么一名士兵就可抵挡百名敌人的进攻。所以孔子说：“没有受到教育和训练，就让百姓去参加战斗，这是让他们去送死。”又说：“让贤德的人用七年的时间来教育和训练百姓，他们也可以马上加入军队去战斗了，而且个个勇猛善战。”然而，想让士兵立即参加战斗，那么在出征之前不能不对他们进行教育和训练，训练他们的时候，要使他们明白什么是礼，什么是义，要教诲他们有忠信的思想，以典章刑律告诫他们要恪守界限，用威严的赏罚制度来督促他们的行为，使他们人人都能接受劝勉自觉上进。然后再进行基本技能练习训练，可以训练列阵与解散，坐下后再起立，行进而后立定静止，由前进到后退，由个人行动到回归团体，由解散到集合，使他们能整齐划一、井然有序。像这样一人可以教十人，十人可以教百人，百人可以教千人，千人可以教万人，就这样循环推进，可以使整个三军将士都能受到良好训练，最后再让士兵们接受战术训练，就可以在战场上打败敌人了。

【故事链接】

戚继光练兵抗倭

将帅带兵行军打仗，若想取得胜利，与平时对三军将士的整体素质教育、有效训练是分不开的。一支精锐的军队，除了进行礼义、忠信的思想教育、典刑与赏罚方面的法制法规教育，还要进行队列、战阵等军事训练，否则很难克敌制胜。

明朝初年，海外一些贼寇对中国沿海一带不断进行侵扰，他们和中国当地土豪、奸商相互勾结，到处奸淫掳掠、抢掠财物，当时百姓咬牙切齿地称这些海盗为“倭寇”。

一开始，朝廷建筑海上16城，籍民为兵，以防倭寇，但后来倭寇又猖獗起来，简直防不胜防。戚继光承袭了父亲的职位，从此开始了他的戎马生涯。他到任后发现卫所的兵丁不断逃亡而去，屯田遭到破坏，海防受到很大影响，他着手整顿管理后才有所好转。后来他被调到浙江抗倭前线之后，发现军队缺乏训练，临阵畏缩，根本没有战斗力。于是他提出创立兵营、选兵、练兵等具体办法。

戚继光到义乌招募了4000名年轻力壮、有胆识的农民和义士，并对他们进行整编队伍、严格训练。他当时特别注重“胆识”，因为他发现以往明军抗击倭寇的战斗中，往往因为士兵贪生怕死，不敢与倭寇短兵相接，几乎一到冲杀格斗时，掉头就跑，再加上阵型一冲就乱，所以才十战九败。面对这

种情况，戚继光决定重新整编战斗队伍。他说：“分数者，治兵之纲也；束伍者，分数之目也，故以束伍为第一。”又说：“兵之贵选，尚矣，而时有不同，选难拘一。”经过戚继光一番精心缜密的安排，把招募来的士兵和军官按照营、司、官、哨、队的分配，一级节制一级，级级相制，这样一来，不论在战场上还是平时在军营中训练，都能做到整齐有序。而且在训练阵法的时候，也能与战阵战术相适应。就这样，一支战斗力极强的“戚家军”建立起来了，时刻准备抗击倭寇入侵。

公元1561年，又有一万多倭寇驾驶数百艘战船入侵沿海地区。戚家军闻讯后立即出击，先在龙山和雁门岭打败倭寇，接着驰援台州。战斗历时一个多月，共斩杀倭寇1400多人，紧接着，福建沿海倭患严重，戚继光随即又赶到福建抗倭，仅仅3个月，就荡平了横屿、牛田、林墩三个倭寇巢穴。戚家军先后分成数支，同时奔赴各地与倭寇展开激战，在一个月内就打了12次胜仗，杀死倭寇数千人。

戚继光组建的“戚家军”训练有素，所以连年征战，连年告捷。收复兴化等地以后，戚继光又率部消灭了侵扰政和、寿宁的倭寇，其中，“仙游大捷”是以戚家军为主力，继“平海卫之战”后的又一重大胜利，共歼灭倭寇2000多人。接着，戚继光又在同安、漳浦两地指挥戚家军大败倭寇，福建境内倭患才逐渐平定下来。所以说，戚继光在抗击倭寇的诸多战役中，留下了无数传奇故事，成为闪耀史册的民族英雄。

第十九篇　军蠹①

【原文】

夫三军之行，有探候不审②，烽火失度；后期犯令，不应时机，阻乱师徒；乍前乍后③，不合金鼓；上不恤下，削敛无度④；营私徇已⑤，不恤饥寒；非言妖辞，妄陈祸福；无事喧杂，惊惑将吏；勇不受制，专而陵上；侵竭府库，擅给其财。此九者，三军之蠹，有之必败也。

【注释】

①蠹（dù）：是一种蛀虫，专门从里面咬书、咬衣服、咬木头，从而毁坏这些东西。

②三军：军队的统称。探候：侦察，打听。

③乍前乍后：忽而向前，忽而后退，形容行动犹豫不定。乍：忽然。

④恤：体恤，关心。削敛（xuē liǎn）：剥削聚敛。无度：没有节制。

⑤营私徇已（xùn jǐ）：为了牟取私利而做不合法的事情。徇已：犹营私。

【译文】

军队在行动时，有几种情况必须注意。（一是）对敌情侦察不仔细、不准确，点燃烽火报警时不按规定进行，与实情不符；（二是）不遵守命令，耽误了集合的时间，使整个军事行动受阻而贻误了战机；（三是）不服从指挥，忽前忽后，七零八乱，不符合鸣金击鼓的号令；（四是）将官不体恤下属，只知道毫无节制地聚敛搜刮财物；（五是）营私舞弊，不关心下级将士的饥饿与寒冷；（六是）迷信诽谤谄媚、妖言惑众之辞，胡乱猜测吉凶祸福；（七是）无事生非、喧哗嘈杂，惊吓、祸乱将领和官员，扰乱军心；（八是）士兵仗恃勇力而不守秩序，喧哗吵闹，专横跋扈，扰乱将帅的决策和执行；（九是）侵吞府库钱财物资，擅自动用军需给养的粮饷钱财。这九种现象，就是祸害军队的蛀虫，如果有这些现象发生，那么必然会招致失败了。

【故事链接】

烽火戏诸侯

周幽王是一个荒淫无道的昏君，褒珦担忧周朝败落，于是劝谏幽王不要沉迷酒色，结果被关进监狱。褒族人一直千方百计想把褒珦（xiàng）救出来，三年后的一天，他们听说周幽王下令广征天下美女入宫，于是借此机会将美女褒姒（sì）献给周幽王。

幽王一见褒姒，就被她的美色所倾倒，立刻答应释放褒珦。幽王自从得到褒姒以后，整天与她花天酒地，不理朝政。不过令幽王烦恼的是，褒姒虽然貌美如花，却冷若冰霜，进宫以来从没笑过一次。幽王为了逗引褒姒一笑，想尽办法，甚至不惜悬赏求计，只要能让褒姒笑一笑，就赏金千两。这时有个叫虢（guó）石父的大臣，提议用点燃烽火一试。

昏庸的周幽王采纳了虢石父的建议，带着褒姒一起登上了骊山烽火台，然后下令点燃烽火。霎时火光冲天，各地诸侯一见警报燃起，以为是犬戎入侵，于是分别带领本部兵马急速赶来救驾。可是到了骊山脚下，根本就没有犬戎，只有一阵阵奏乐和唱歌声从烽火台上飘过来，原来是周幽王和褒姒在高坐台上饮酒作乐。周幽王派人告诉诸侯们："你们都回去吧，这是大王和王妃放烟火取乐呢。"诸侯们一听敢怒不敢言，只能愤愤而去。褒姒见千军万马召之即来，挥之即去，就像要猴儿一般，禁不住嫣然一笑，这下越发娇媚可人了。周幽王一见欢喜万分，立刻赏虢石父千金。周幽王接连好几次点燃烽火哄爱妃开心，结果诸侯们每一次都是白跑一趟，一气之下，再怎么点燃烽火，诸侯们也不来了。

周幽王为了讨褒姒欢心，竟然废黜王后申氏和太子，册封褒姒为后。不但下令废去王后父亲申侯的爵位，还准备出兵攻伐他。申侯知道后，又气又恼，于是采取先发制人，于公元前 771 年进攻镐京。周幽王惊慌失措，急忙下令点燃烽火。可是诸侯们以为又是周幽王在愚弄他们，所以任凭火光冲天，谁也没来救驾。

镐京卫兵本就怨恨周幽王昏庸，再加上那些将领总爱克扣粮饷，所以谁都不愿效命，任凭叛乱兵马蜂拥入城。无奈之下，周幽王带着褒姒、伯服仓皇从后门逃出，奔往骊山。途中，他再次命令点燃烽火。可还是不见诸侯救兵前来，结果一阵乱杀之中，周幽王被刺死。

周幽王这是因为无视烽火在战争中的重要性，不按规定点燃烽火，报警与实情不符，最终引来杀身之祸，致使自己的国家灭亡。

第二十篇　腹心

【原文】

夫为将者，必有腹心①、耳目、爪牙。无腹心者，如人夜行，无所措手足；无耳目者，如冥然而居②，不知运动；无爪牙者，如饥人食毒物，无不死矣。故善将者，必有博闻多智者为腹心③，沉审谨密者为耳目，勇悍善敌者为爪牙④。

【注释】

①腹心：指心腹之人，左右亲信。

②冥然：犹茫然。

③博闻：指多闻，见闻广博，有修养。

④勇悍（hàn）：勇猛强悍。

【译文】

身为将领，务必要有自己的左右亲信来出谋划策，有给自己侦察消息通风报信的耳目，有坚决贯彻命令辅佐自己的羽翼和心腹。没有心腹之人的将领，就好比人在黑夜中走路，手脚不知该放在何处；没有耳目之人的将领，就好比茫然生活在黑暗中，不知该如何行动；没有爪牙之人的将领，就好似一个饥不择食的人，吃了有毒的食物，那就没有不死亡的了。所以，明智的将帅，一定要选拔见闻广博、足智多谋的人做自己的心腹，要选用机智沉着、谨慎缜密、极有审视判断力的人做自己的耳目，要选择勇猛强悍、善于攻击敌人的士兵做自己的爪牙。

【故事链接】

得腹心者，得天下

唐太宗李世民是中国历史上一位杰出的皇帝，可以说是文武双全、大智大勇之人，他不但善于用兵理政，而且还是一个知人善用之人，所以，能够开创“贞观之治”这样太平盛世的局面也是必然的。

李世民还是秦王的时候，作为一个可以带兵打仗的将领，他深知为将者拥有“腹心、耳目、爪牙”的重要性，所以很注重招贤纳士，培养相互之间的真诚。

太子李建成见秦王李世民的声望远远超过了自己，而且父皇也明显不止一次在众位大臣面前对李世民赞赏有加，他恐怕自己继承皇位之事横生枝节，于是暗地里故意为难李世民，但每一次都被李世民轻松化解，于是“一计不成再生一计”。就这样，一场争夺皇位继承权的血腥宫廷斗争不可避免地发生了。

李世民有勇有谋，手下能人众多。对于皇太子平日里的恶行，秦王李世民的亲信心腹早就有所察觉，时常提醒李世民要处处多加提防。李世民虽然只是微微一笑，但在他心里暗暗萌生了一棵不安分的幼苗。

当时突厥进犯中原，太子李建成向唐高祖李渊建议，让皇弟李元吉代替李世民带兵北征，而李元吉又按计划，请求把大将尉迟敬德、秦叔宝、程咬金以及秦王府的精兵都划归自己指挥。表面上是调兵遣将，实则是想把这些将士调开以后，暗害李世民。不料，李世民安排在太子府的“耳目”已将这秘密计划转告秦王府。李世民急忙找来心腹长孙无忌和尉迟敬德商量对策，二人都觉得太子咄咄逼人，是想致秦王于死地，于是劝告李世民先发制人，将计就计，杀死太子以除后患。但李世民考虑到手足相残定会为后人所不齿，所以迟迟不肯。

长孙无忌心急如焚，再次催促秦王李世民早做决定。于是当天夜里，李世民进宫向父皇禀告太子设计谋害自己的事，唐高祖决定明天一早亲自查问。第二天早上，李世民叫长孙无忌和尉迟敬德带一支精兵，埋伏在皇宫北面的玄武门，只等建成、元吉进宫。没多久，太子和元吉骑着马就到了玄武门边，他们忽然觉得气氛有点反常，于是两人拨转马头，准备回去。但是已经迟了。李世民追上来，高喊：“殿下，慢走！”元吉扭转身拿起弓箭就射杀李世民，李世民眼明手快，随手一箭射死了太子，紧接着，尉迟敬德带兵冲了出来，一箭将元吉射下马。此刻，唐高祖正在等三人去朝见，只见尉迟敬德冲进宫来，说：“太子和齐王发动叛乱，秦王已将他们杀了，怕惊动陛下，秦王特派微臣前来护驾！”

高祖一听惊叹道：“真是想不到，我的儿臣竟然手足相残，这该如何是好？”陈叔达等人说：“太子殿下既打算造反，又忌恨秦王功高望重而蓄意杀之。现在秦王已将他二人诛杀，皇上何不立秦王为太子，将来传位于秦王，岂不天下太平？”高祖说：“立世民为太子也正是我一向的心愿啊！”这时尉迟敬德趁机向皇上建议立即下达圣旨。于是，“玄武门兵变”之后，李世民顺利成为皇太子。

第二十一篇 谨候

【原文】

夫败军丧师，未有不因轻敌而致祸者，故师出以律，失律则凶。律有十五焉：一曰虑，间谍明也；二曰诘[1]，谇候谨也[2]；三曰勇，敌众不挠也；四曰廉，见利思义也；五曰平，赏罚均也；六曰忍，善含耻也；七曰宽，能容众也；八曰信，重然诺也；九曰敬，礼贤能也；十曰明，不纳谗也[3]；十一曰谨，不违礼也；十二曰仁，善养士卒也；十三曰忠，以身殉国也[4]；十四曰分，知止足也；十五曰谋，自料知他也。

【注释】

①诘（jié）：追问；查究，究办。

②谇候（suì hòu）：讯问。

③不纳谗：不听信谗言。

④以身殉国（xùn guó）：为国家利益而献出自己的生命。

【译文】

凡是将领带兵出师不利，没有不是因为轻敌而导致这种祸患的，所以军队出师作战一定要严格依照规律准则行动，如果违背规律准则，就会导致凶险的恶果。这些规律准则大致有十五项：一是虑，就是要仔细考虑、谋划，探明敌人的所有情况；二是诘，就是善于盘问、追查敌人情报，并

仔细讯问、判断情报的真假；三是勇，就是见敌人阵势威武强大也不退却；四是廉，就是不被眼前利益所诱惑，坚持以义为重；五是平，就是赏罚分明，公正、公平又合理；六是忍，就是要善于忍辱负重，寄希望于未来；七是宽，就是要宽宏大量，能包容他人；八是信，即忠信、诚实，注重信守诺言；九是敬，就是对于有才德的人要以礼相待；十是明，就是善于明断是非，不听信谗言；十一是谨，要严谨、慎重，不违背礼法；十二是仁，就是心存仁爱，善于关心、体贴下属官兵；十三是忠，就是忠诚报国，为了国家的利益而赴汤蹈火，也在所不辞；十四是分，就是行为有分寸、守本分，做事情量力而行、适可而止；十五是谋，就是多用智谋，能够知己知彼，才能有望取胜。

【故事链接】

贤相狄仁杰

唐朝在中国古代历史上创造了最繁荣和富庶的时期，无论是在经济、文化、科技还是政治上，唐朝都远远领先于当时其他国家。唐朝的强盛，除了君王的贤能和才智之外，也离不开具有雄才大略的贤臣辅佐，其中，唐初的名相狄仁杰和娄师德就是极为突出的代表人物。

唐高宗年间，左司郎中王本立仗恃皇帝宠信，因而骄横跋扈，朝中大臣敢怒不敢言。狄仁杰依法弹劾王本立，准备交付法司审理，但唐高宗心有不舍便意欲下诏宽宥，狄仁杰谏言说："国家虽然缺乏人才，但是不缺少王本立这种小人，陛下何必因此而有损王法呢？如果陛下一定要宽赦他，就请把微臣放逐到无人之地，作为以后忠贞之臣的警戒吧！"唐高宗闻听汗颜，于是王本立被依法治罪，自此朝廷风纪肃然。

公元691年，狄仁杰由洛州司马升任为宰相。武则天对他说：“你在汝南为官时虽然政绩良好，深得民心，但还有人在背后诽谤中伤你，你想知道那些人是谁吗？”狄仁杰回答说：“如果陛下认为臣做错了，臣定当审思改正；如果陛下明白臣用心良苦且并无过错，这便是臣的幸运。但臣不想知道中伤我的人是谁，因为彼此不知道，所以还能和睦相处；倘若知道是谁，诽谤者自知无中生有，见面反而会极为尴尬。”武则天听完他的回答，微微一笑，心中很是叹服，赞赏狄仁杰是一个宽宏大量的贤才。

后来狄仁杰与娄师德一同担任国相。狄仁杰性情耿直、大公无私，对于很多有失公允之事总是愤愤不平，对娄师德的所作所为也有他所不认同的地方，故而常常有意找他的过错来排挤他。武则天知道这件事以后，很想化解自己看中的这两位贤相之间的隔阂。有一天，武则天故意问狄仁杰，说：

“你看娄师德品行如何？”狄仁杰回答说：“其为将能谨守边陲，精神可嘉！至于品德，臣不知。”武则天又问道：“娄师德是否善于举荐人才？”狄仁杰回答说：“我与他共事多时，尚未发现他曾举荐哪一位人才。”武则天轻叹一声，说：“朕重用你，你可知这其中的原因吗？”狄仁杰回答说：“吾皇圣明！我定是因为文章出色和品行端正而受到重用，并无其他。”武则天听了之后，没有反驳，态度平和地对他说：“你上任之前，我并不了解你，你受重用，正是因为娄师德在我面前大力推荐你啊！”于是让侍从拿来十几篇当初娄师德推荐狄仁杰的奏折。狄仁杰逐篇阅读之后，顿时脸色发红，羞愧难当，简直无地自容。武则天见此情景并没有指责他，只听狄仁杰无比自责地说：“我没想到经娄大人举荐才得以侍君侧，而娄大人知我排斥他，竟然还能如此包容我！从来没有露出自夸的神色。娄大人真是品德高尚之人。我与之比，相差甚远啊！”从此之后，狄仁杰与娄师德各尽所能，同心协力，共同辅佐武则天，开创了“政启开元，治宏贞观”的盛世局面。

狄仁杰为人正直，疾恶如仇，坚守孝、忠、廉之大义，历尽宦海浮沉。狄仁杰作为一个杰出的政治家，每任一职，都心系民生，政绩卓著。官拜宰相之后，他以尽心辅国安邦为己任，举荐贤才，被人誉为“桃李满天下”。他善于直言进谏，对武则天弊政多有匡正，可谓国之栋梁。

第二十二篇　机形

【原文】

夫以愚克智[1]，逆也；以智克愚，顺也；以智克智，机也。其道有三：一曰事，二曰势，三曰情。事机作而不能应，非智也；势机动而不能制[2]，非贤也；情机发而不能行，非勇也。善将者，必因机而立胜。

【注释】

①愚：愚笨。克：战胜。

②制：制胜。

【译文】

那种使用看似愚笨的方法反而战胜聪明人，是违反常理的偶然事件；聪明人能够战胜愚笨之人，是合乎常理的必然事情；而聪明人能够战胜聪明人，就全看掌握战机如何了。掌握战机的关键有三点：一是事机，二是势机，三是情机。当事情之中有利于自己的机会来临时，却不能及时抓住，这就不能算是聪明了；当事件形势发生变化有利于自己的时候，却不能拿出克敌制胜的办法，也不能算是贤明的人了；当军情战事的态势对自己一方有利时，却不能断然采取行动，这也不能算是智勇。所以，善于指挥军队的将领，一定要根据情况的变化掌握时机，才能立时取得胜利，即为“因机立胜”。

【故事链接】

孙膑减灶诱敌大获全胜

魏国联合赵国去攻打韩国，所以韩国接连向齐国告急求援。齐威王只好派田忌为将、孙膑为军师，前去救韩。

田忌有了“围魏救赵”的经验，胸有成竹，准备故技重施，以大军压境之势一举破敌。可是孙膑却不紧不慢地让田忌少安毋躁。

田忌不解地问：“军师，您常说兵贵神速，今日为何早早安营扎寨休息？”

孙膑说：“魏国兵力强大，况且现在魏国刚刚向韩国发动进攻，有势不可当之势。如果我们急忙出兵相助，那么魏军定会反扑相击，这样一来就变成了我们代替韩国遭受强烈猛攻，很难取胜。如此听任韩国的指挥调度，实为不妥，仓促奔袭不占优势。只有当魏韩两虎争斗一番以后，我们再发兵攻击疲惫不堪的魏军，才能挽救危难之中的韩国。”于是，齐军在路上走走停停，磨蹭了一个多月，才发起进攻。

魏王见齐军直奔国都大梁，急忙命令庞涓从韩国回兵救援，又派太子申为上将军，与庞涓合兵 10 万，抵抗齐军。孙膑推测庞涓的部队即将到来，便向田忌献上“减灶诱敌”的妙计。

当魏国大军步步逼近之时，还没等交锋，孙膑就下令撤退。庞涓追到齐军驻地，只见地上满是挖掘而成的灶头，连忙叫士兵去清点数目，根据灶头的个数，庞涓估计齐军有 10 万之众。魏国大军继续追击，齐军则一连三天急急败逃，庞涓每次都派人去数灶头。结果发现，第二天留下的灶头只够5万人煮饭了，第三天只够3万人煮饭。庞涓得意地说："我早就知道齐军胆小怕死，看我大军威武，入我国境才三天，兵士就逃走了大半。"于是他抛下步兵辎（zī）重，只带轻装部队昼夜兼程，紧紧追击齐军。

这一天，孙膑指挥齐军退到马陵道，发现这里道路狭窄，地势险要，很适宜埋设伏兵，于是命令士兵砍下一些树木胡乱堵塞道路，随后选了一棵大树，将那大树面对道路一侧砍去大块树皮，露出光滑洁白的树身，并在上面写上一行字，然后命令一万名弓箭手夹道埋伏，对他们说："等到魏军到大树下点燃火把时，就万箭齐发！"

天刚黑，庞涓的大队人马就追来了。可是满地杂乱的树枝挡住了去路，士兵们七手八脚清理道路，这时有人发现路边大树上有一行字，忙向庞涓报告。庞涓让士兵点燃火把走近一看，上面写着"庞涓死于此树下"几个大字，不由得倒吸一口冷气，大喊："不好！有埋伏！"可是为时已晚。齐军伏兵看见树下有火光，立即万箭齐发，顿时箭如雨下，魏军死伤无数，庞涓也身中数箭，倒在血泊之中。结果，齐军又一次打败了魏军。

第二十三篇　重刑

【原文】

吴起曰："鼓鼙金铎①，所以威耳；旌帜②，所以威目；禁令刑罚，所以威心。"耳威以声，不可不清；目威以容，不可不明；心威以刑，不可不严。三者不立，士可怠也③。故曰，将之所麾④，莫不心移；将之所指，莫不前死矣。

【注释】

①鼓鼙（gǔ pí）：亦作"鼓鞞"，古代军中常用的大鼓和小鼓。金铎（duó）：即铎，古乐器名，为"四金"之一。古时多是用来指挥军队的听觉号令。

②旌帜（jīng zhì）：旗帜。一作"旌旄旗帜"。

③怠（dài）：涣散、懈怠。

④麾（huī）：指挥。

【译文】

吴起说："军队行动中适时敲击大鼓、小鼓、金铎的目的，在于震撼士卒在听觉方面的敏锐注意力，使之能够听从指挥；之所以挥舞旗帜，因为可以震撼士卒在视觉方面的注意力；之所以制定各项法规、禁令以及刑罚，在于能够有效管理士卒，节制士卒的行动。"在军事行动中，如果想用声音引起士卒的注意，去执行任务，发声的器具不能不清脆洪亮；用旗帜去指挥士兵作战时，旗帜的颜色不能不醒目鲜明；用刑罚、禁令来约束士卒的行动时，执法必须公正、严明。如果做不到上述三点，那么军容就会紊乱，士气就会涣散、懈怠。所以说，将领在指挥部队的问题上，只要将帅指挥的旗帜挥舞摇动，部下就要英勇执行；只要将帅的命令有所指向，所有的士卒就应该同仇敌忾，拼死向前。

【故事链接】

商鞅重罚厚赏

《重刑》主要论述了从严治军的问题，这也是行军作战中必须严肃对待的问题，直接关系到“听从指挥”对战争胜利与否所起到的重要作用，同时也佐证了统率治军的精髓。另外，重刑厚赏对于治理国家等诸多方面也同样有着重要意义。因为，没有严明的刑罚，国家法令就无法顺利推行。

商鞅是战国时期著名的政治家、改革家、思想家。他本是卫国国君的后裔，姬姓公孙氏，所以又叫卫鞅、公孙鞅。后来因功获封商地，号为商君，故被称为商鞅。

商鞅年轻时喜欢刑名法术之学、杂家学说，且受吴起等人的影响很大。后来在魏国宰相公叔痤（cuó）手下任中庶子。公叔痤病重时对魏惠王说：“卫鞅很有才华，可以担负治理国家的重任。”魏惠王没有应答。他又说：“大王如果不用卫鞅，一定要杀掉他，不能让他投奔别国。”魏惠王还是没有采纳。

秦孝公即位以后，发愤图强，立志“布德修政，欲以强秦”，他公开发布求贤令："不分国界，凡能出奇计强秦者，吾且尊官，与之分土。"商鞅在卫国未被重用，得知秦王招募天下贤士，所以立即动身来到秦国。

商鞅知道，秦王宫也不是轻易就能进入的，于是他辗转找到秦孝公的近臣景监，并送一些礼物给景监，才得以觐见秦孝公。进宫后，秦孝公问他关于怎样治理国家的问题，商鞅回答说："只要有利于人民，不必非要遵循古制，可以适当改进古法。"秦孝公觉得商鞅很有思想，于是说："请留在秦国，愿听其详！"

可是秦国大夫甘龙等人却不认同，认为古法已经流传多年，不能轻易改动，不然会引起一些贵族的反对，于是劝谏秦王说："法古无过，循礼无邪！请大王三思！"而商鞅坚持自己的思想，据理相争地说："圣人苟可以强国，不法其故；苟可以利民，不循其礼！"甘龙还想争执，秦孝公挥手制止，并任命商鞅为“左庶长”，开始推行变法。

事实上，政治变法远没有想象中那么简单。于是，商鞅首先想了一个“立木取信”的办法。虽然此令一出，前两天没人相信移动一根木头就能得到赏金，但当第三天有人搬走木头真的得到五十金赏赐的时候，全城沸腾了，人们相信“左庶长”言而有信。

秦孝公三年，商鞅推行了“连坐法”。告发恶人有重赏，包庇恶人处以腰斩。商鞅主张重战尚武，建立奖励军功与耕织等奖惩制度，所以军队纪律严明，接连打了几次胜仗。转眼几年间，秦国上下一片欢悦，出现了路不拾遗、山无盗贼、人民勇于参加抵御外国侵略战争、怯于国内私斗的祥和现象。

商鞅执法不避权贵，就算是王室贵族、上大夫触犯法律，也同样治罪。诸如变法期间，太子驷倚仗身份尊贵故意违反法规。虽然不算严重，但商鞅觉得“太子犯法与庶民同罪”，于是决定严加惩处，以儆效尤。秦孝公出面讲情，并说太子是未来王位的继承人，况且触犯的条例不是很严重，教训一下，改过就可以了。商鞅无奈下做出退步，但“连坐”之罪不可饶恕，于是下令对太子的老师公孙贾处以“黥刑”（在人脸或身体刺字，并涂上颜料）。几年后，公子虔又犯法了，这一次他可没那么幸运逃过一劫，商鞅下令对公子虔处以劓刑（割去鼻子）。从此以后，无论王孙贵族，还是平民百姓，谁也不敢轻易触犯法律了。

商鞅主张重刑厚赏，他一方面制定严酷的刑法治理人民，另一方面重赏立信鼓励人民。商鞅认为人的本性是趋利畏罪的，只要赏罚分明，就能使国家安定、百姓安居。在他的改革推动下，秦国果然逐步成了当时最富强的国家。

第二十四篇　善将

【原文】

古之善将者有四①：示之以进退，故人知禁；诱之以仁义，故人知礼；重之以是非，故人知劝；决之以赏罚，故人知信。禁、礼、劝、信，师之大经也。未有纲直而目不舒也，故能战必胜，攻必取。庸将不然②，退则不能止，进则不能禁，故与军同亡。无劝戒则赏罚失度，人不知信，而贤良退伏，谄顽登用，是以战必败散也。

【注释】

①善将：善于领兵打仗的将领。

②庸将：无能的将领，平庸的将领。

【译文】

从古至今，善于领兵打仗的将领，用兵的原则通常有四点：令出如山，向部下讲明什么是进，什么是退，所以官兵们就知道应该怎样警戒和禁止；用仁、义的思想教导他们，使官兵都能知书达礼；特别郑重地告诫部下怎样明辨是非，所以官兵们都能知道互相勉励，规过劝善；严格执行赏罚制度，使官兵们都能知道恪守信用。以上这禁、礼、劝、信四项原则，就是军队中重要规范经略了。倘若没有清晰的纲常，那么耳目就无法舒张。因为能做好这四项原则，所以军队就能每战必胜，攻无不克。然而平庸无能的将领却不能这样教导，他们没有规制，官兵在战场退缩时却不能制止，进攻时，他们贸然行动却不能勒令禁止，官兵步调不一，所以全军难逃灭亡的下场。将领对部下不能进行及时勉励与告诫，那么奖赏与处罚就会失去衡量标准，由于人人不知道守信，上下不能一心，因而贤德之人纷纷退隐远走，谄媚狡猾的小人却得势登台。这样的军队，出征作战必然会遭受失败，甚至一经交战就溃不成军了。

【故事链接】

秋毫不犯

曹操被称作“一代枭雄”，他不但精通兵法，而且也善于笼络人心。他深知作为一个三军统帅，如果不能教导将士们遵守严明的军纪，就很难取得胜利；军中将士是军队的基础，如果军中将士整体素质低下，就很难做到上下一心、步调一致去奋勇抗敌；如果身为将帅，不能做到言而有信、赏罚分明，就很难带出一支纪律严明的仁义之师。

有一年秋天，曹操带兵攻打袁术。由于连年发生旱灾，致使粮食稀少，为了避免出现沿途抢劫百姓财物的现象，所以出发前曹操规定：“不管是谁，不能破坏农民的稻田，不许抢劫瓜果、财物等，一路上必须做到秋毫不犯，否则将杀无赦！”

曹操亲自率领大军进发，一路上派人先行到即将经过之地告知当地村民以及各地戍守官员，说：“我是奉皇帝圣旨，前去讨伐逆贼，为百姓除害。如今正赶上麦子成熟的季节，是不得已而发兵。虽然如此，我们经过麦田也不会破坏，只要发现有践踏麦田者，必将军法处置，格杀勿论！所以请你们不要担心害怕。”百姓听到后，无不欢喜称颂，感动得迎送跪拜。

这一天路过一片麦田，将士们都下马慢行，用手扶麦穗儿，相互递送而行，谁也不敢践踏。大家正在一步一步慢慢行走，突然田野里飞起一只大鸟，曹操所骑的马忽然受惊了，嘶鸣狂奔着窜入麦田，瞬间踩倒了一大片麦穗。等战马被制服以后，曹操立即叫来随军主簿，让他拟写自己践麦之罪。主簿连忙说：“丞相怎能定罪呢？”曹操说：“我自己制定的法规，如今我自己触犯它，倘若不治罪，何以服众？”说完立即抽出宝剑就要自刎。众人见状急忙拦住。谋士郭嘉说：“古代《春秋》中记载：‘法不加于尊’。您身为丞相统率大军，怎么能自杀呢？”曹操沉思一会儿说：“既然《春秋》中有‘法不加于尊’的说法，我就暂且免于一死吧”，随后拿起佩剑割下一缕头发，扔到地上说：“割下头发一缕，权当代替首级了。”然后让人将这缕头发传阅三军，公告说：“丞相践麦，本当斩首示众，如今讨逆在即，故而割发代首，以示三军。”于是三军将士一片哗然，都称赞曹操是一位法制严明、言而有信、以身作则的将领。从此后，三军将士无不谨遵军令，唯恐触犯法规。

第二十五篇　审因

【原文】

夫因人之势以伐恶①，则黄帝不能与争威矣；因人之力以决胜，则汤、武不能与争功矣。若能审因而加之威胜②，则万夫之雄将可图，四海之英豪受制矣。

【注释】

①伐恶：征伐邪恶。

②审因：就是要顺应时势，师出有名，发起匡扶正义的战争。

【译文】

如果能顺应百姓的心愿去征伐那些邪恶势力，就是黄帝也不能与这样的行为争比威望。如果能借助百姓的力量去获得胜利，那么就是商汤、周武王也不能与这样的征伐争功了。在此基础上，如果能审时度势，师出有名，能以德威服人，那么即使是力敌万夫之勇的猛将，也能被收服在自己帐下，四海之内的各方豪杰也都会甘心受他的控制了。

【故事链接】

周武王伐纣

诸葛亮兵法中提出了出兵要“审因”和“威胜”。所谓“审因”，就是要顺应时势，师出有名，只有以正义之名出征的战争，才能得到群众的拥护而容易取得胜利。所谓“威胜”，就是身为将帅，要善于借助人民力量发起战争，那么征服四海就易如反掌了。

殷商时期，周文王死后，他的儿子姬发（周武王）即位。周武王拜姜太公为师，继续整顿内政，扩充兵力，准备讨伐商纣王。

继位第二年，周武王率领大军来到盟津(今河南孟津东北)，准备渡河伐纣，当时有八百多个小国诸侯，不约而同地来到盟津会师，但是周武王隔岸看到纣王军队庞大，觉得时机未到，于是率众返回。

再说纣王，整天沉迷女色，而且施行的暴政越来越残酷了。商朝的贵族王子比干和箕子、微子非常担心国家就此败亡，所以忠言进谏。结果纣王不但不听，反而把叔父比干杀了，甚至惨无人道地剖开比干的胸膛示众。从此之后，谁也不敢再多言，贤能之人纷纷逃离纣王。

武王得知纣王已经到了众叛亲离的地步，认为时机已经成熟，于是发兵五万，与八百诸侯会师在盟津，举行誓师大会，宣布了纣王残害人民的罪状，大家义愤填膺，决心一起发兵伐纣。

周武王的讨纣大军士气旺盛，一路上势如破竹，很快就逼近国都附近的牧野。纣王听到这个消息，只好仓促部署防御，汇集了十几万人马，亲自率领赶到牧野迎战周武王。可是，那十几万人马有一大半是临时武装起来的奴隶和俘虏，他们平日受尽纣王的压迫和虐待，早就恨透了纣王，就连本朝原班人马也都早已受够了纣王的残暴昏庸，所以谁也不想为纣王卖命。当两军在牧野之地相遇，还没等周武王的人马大展身手，他们就有大半人扔下武器投降，还有大批奴隶拿起武器，转身帮助周军一起攻打纣王。转眼之间，纣王的十几万大军就土崩瓦解了。纣王见势不妙，赶紧策马逃回朝歌，姜子牙见状，指挥大军乘胜追击，直入都城。

随后，周武王率领大军浩浩荡荡进入都城。进城后命令南宫适打开国库，将金银珠宝拿出来分给百姓，又命人打开大粮仓，让百姓按家庭的人口数来领取粮食；周武王还下令立即释放被商纣王关起来的奴隶、罪人以及从各地掠夺的女子，让他们获得自由。一时间，朝歌城里欢声四起，人们都满心欢喜拥护周武王的到来。

就这样，周武王率领正义之师，讨伐纣王的残暴，很顺利地灭了商朝，结束了殷商王朝的统治，建立了周王朝。

第二十六篇　兵势

【原文】

夫行兵之势有三焉：一曰天，二曰地，三曰人。天势者，日月清明，五星合度，慧孛不殃①，风气调和；地势者，城峻重崖，洪波千里，石门幽洞，羊肠曲沃②；人势者，主圣将贤，三军由礼，士卒用命，粮甲坚备。善将者，因天之时，就地之势，依人之利，则所向者无敌，所击者万全矣。

【注释】

①慧孛（huì bèi）：彗星和孛星。孛：古人所指光芒四射的一种彗星。古人认为慧孛出现是灾祸或战争的预兆。

②羊肠曲沃：曲折迂回的羊肠小道。

【译文】

身为将帅领兵出征要注意三种情势：一是天时，二是地利，三是人和。所谓的“天时”，就是指天气晴朗、月夜清明，五大行星运行正常，寒暑不烈，不旱不荒，没有彗星和孛星出现的不祥征兆，风云协调，气候温和适中，这都是有利于我方作战的自然因素；所谓的“地利”，就是指我方城墙高耸，建筑在险峻的地势之上，城下有深沟、千里大河做天然屏障，地形复杂，石壁间有孔道和幽深的洞穴，深不可测，有曲折迂回的羊肠小道，隐蔽于山野；所谓的“人和”，就是君主圣明、将帅贤达，三军上下守礼守法，官兵步调整齐统一，士卒个个都能奋勇效命沙场，粮饷充足，武器坚利完备。卓越超群的将帅若能把握天时，凭借地利，依赖人和，就可以所向无敌，所战必将大获全胜了。

【故事链接】

田单借局布势

齐、楚、燕、韩、赵、魏、秦是战国时期的“七雄”。但它们之间一直不消停，时常有战争发生。当时齐国西侵南打，势力如日中天，总想趁势把燕国干掉。到了战国中后期，燕国的国力也在不断增强，而且燕昭王一心想要雪耻，于是派上将军乐毅联合燕、赵、韩、魏、楚五国大军攻打齐国，开始进行大规模反击。

由于乐毅善于用兵，连续攻下七十多座城。乐毅乘胜追击，很快攻陷齐国都城，齐国兵力都退守到即墨城，全军拼死抵抗，因此乐毅大军久攻不下。

不久后燕昭王去世，燕惠王即位。由于燕惠王当太子时，与乐毅之间发生过冲突，所以齐国将领田单利用他们之间的矛盾，实施了反间计，他让人到处散布谣言说：“乐毅不是燕国人，当然不会真心保卫燕国，不然，两座城怎么会久攻不下呢？听说乐毅与燕惠王不和，乐毅故意拖延时间，是想在齐国称王。现在齐国最怕的就是燕国派别人来呢！”当时燕惠王本来就猜疑乐毅的忠心，一听到传言立即火冒三丈。随即派大将骑劫替换乐毅，让乐毅回国。乐毅猜出燕惠王派人代替自己的用意，害怕回国后被杀，于是逃到赵国。

田单深知骑劫是一个没有谋略的人，所以他又想到了一连串的好计策。田单首先利用两国士兵都迷信天意的心理，让齐国军民每天饭前必须拿食物到门前空地上祭祀祖先。这样一来，成群结队的乌鸦、麻雀都飞来抢食吃。城外的燕军不知其中缘故，以为是天神相助，派遣神鸟定时来朝拜。结果人心惶惶，觉得燕军违背天意，一定会失败。另外，田单又派人放风说："以前乐毅太仁慈了，谁也不怕他。如果现在燕军割下齐军俘虏的鼻子，齐人肯定会吓得投降了！"骑劫觉得有道理，于是凶狠地下令说："割下俘虏的鼻子，挖开城外齐人的坟墓，鞭打尸体！"结果，这样残暴的行为激起了齐国军民奋勇杀敌的决心。

田单一看士气大涨，决胜的时机已到。于是派人送信，夸赞骑劫治军有方，兵势威武，甘愿认输投降。同时吩咐守城的士兵装出没精打采的样子，并让人假扮富商偷偷带着珠宝投城，造成人心涣散、粮草不足、孤城难守、必败无疑的假象。骑劫一看这表象，确信齐国已无战斗力了。

第二天，按照约定时间，骑劫率领大队人马在城门外等着田单开城投降。田单把城中一千多头牛集中起来，在牛角上绑好尖刀，牛身上披着画有五颜六色、稀奇古怪图案的鲜艳披挂，牛尾巴绑上一大把浸了油的、拖在地上的麻苇。另外，选了五千名精壮士兵，穿上五颜六色的衣服，手持兵器跟在牛的后面。一切准备就绪，当城门一打开，同时点燃麻苇。这些牛受惊以后狂躁不已，一直冲向燕国军营。燕军根本没有防备，一看这突如其来的"火牛"阵势，一个个吓得魂飞魄散，四处逃命。齐国五千勇士顺势冲杀，杀得燕军死伤无数，骑劫也在乱军中被杀死，结果燕军一败涂地。齐军乘胜追击，一鼓作气，又收回失地，接回齐襄王，使齐国转危为安。田单这一仗，堪称是善于运用各种因素壮大自己声势的典范。

第二十七篇　胜败

【原文】

贤才居上，不肖居下①，三军悦乐，士卒畏服，相议以勇斗，相望以威武，相劝以刑赏，此必胜之征也。士卒惰慢②，三军数惊，下无礼信，人不畏法，相恐以敌，相语以利，相嘱以祸福，相惑以妖言③，此必败之征也。

【注释】

①不肖：没有出息，没有才德。

②惰慢：懈怠涣散，懒惰怠慢。

③惑：使迷惑；蛊惑。

【译文】

真正有才德的人居于高位担任重要职务，没有才德的人居于低位，三军将士情绪高昂，上下关系和睦，士卒服从命令，将士们相互议论的是如何勇敢善战，彼此攀比学习的是如何使军容威武雄壮，相互规劝的是如何遵守法纪、立功受赏而少受刑罚，这些都是军队作战必胜的征兆了。而士兵懒惰散漫，不遵守军纪，三军将士多数畏惧对敌作战，下属兵卒不讲信义，人人都不惧怕刑罚法规，对敌军实力估计过高，相互拿敌人的能力进行恐吓，彼此之间通常的话题是与利益有关的事情，彼此之间用战局的吉凶祸福相互提醒，相互用不切实际的妖言蛊惑人心而使军心涣散，这些都是军队出师不利、必然失败的征兆了。

【故事链接】

胜败之间在于谋

自古道：胜败乃兵家常事。但纵观古今战场，看诸多胜败，令人不禁感叹：所有成功与失败既并非偶然，也不是绝对的必然，只是这成败之间在于谋也！

三国时期，军事奇才可谓比比皆是，诸葛亮的神机妙算尽人皆知，司马懿的老谋深算也不禁令人叹服。但他们两个交锋之时，就要比一比谁的智谋与城府更深了。

诸葛亮第一次北伐期间，亲自率领大军攻打曹魏，并故意扬言说要由斜谷道攻取眉县，同时派遣赵云、邓芝带领数千兵马，作为“疑军”占据箕谷。诸葛亮这样布局，就是想吸引曹魏大军主力的注意，然后亲自率领大军主力进军祁山。诸葛亮此次北伐震惊了曹魏朝廷，魏明帝亲身到长安督战，并派张郃（hé）前去迎击准备进军祁山的诸葛亮。由于诸葛亮非常赏识马谡分析战局形势的才能，所以不顾大将魏延等人的劝谏，执意任用马谡为先锋去打头阵。结果因马谡安营扎寨时自以为是，犯了安营大忌，最终被曹魏大将张郃击败，失掉了战略要地“街亭”，从而使司马懿乘胜带领十余万大军长驱直入，直奔诸葛亮所在的西城涌来。

当时，诸葛亮身边没有大将，只有一班文官，所带领的五千军队，也有一半押运粮草去了，只剩两千多名士兵留在城里守卫。众人听到司马懿带兵攻城的消息，顿时大惊失色。诸葛亮登城楼观望后，对众人说：“大家不必惊慌，我略施小计，便可令司马懿退兵。”大家你看看我，我看看你，欲言又止。他们心中虽然十分佩服诸葛亮的智谋，但是面对同样具有深谋远虑之才的司马懿，心里还是有些忐忑不安。心想万一司马懿攻进城来，这些手无缚鸡之力的文官以及老弱病残，恐怕就要一命归西了。

只见诸葛亮镇定自若地传令下去，让百姓各自回到家中不许出门，让部分士兵装扮成百姓在街上行走，而且一律人等都不要露出惊慌神色，并把所有的旌旗都藏起来，如果有私自外出以及大声喧哗者，立即斩首。然后吩咐士兵把城门打开，每个城门里分别派 20 名士兵扮成百姓模样洒水扫街，如同日常生活一般，不允许露出任何异常的举动与神色。其余的士兵集中到隐蔽的地方整装待发，以防不测。诸葛亮则披上鹤氅，戴上整洁端正的纶巾，领着两个小书童，带上一张琴，来到城上望敌楼前凭栏而坐，燃起香炉，然后悠然地弹起琴来。

不大一会儿，司马懿的先头部队就奔驰到城下，忽然看到城门大开，丝毫没有防备的样子，反而疑惑不解，谁都不敢轻易入城，于是急忙派人飞马禀告司马懿。司马懿听到报告后，不禁哈哈大笑说：“好一个诸葛孔明，待我看来！”于是传令三军停止前进，然后带领副将飞马前去观看。司马懿来到城下不远处，果然看见诸葛亮端坐在城楼上，正在焚香弹琴，一副泰然自若的样子。左面一个书童，手捧宝剑；右面一个书童，手里拿着拂尘。城门大开，可以清楚地看到有 20 多个百姓模样的人在低头洒扫，旁若无人。司马懿看后，顿时疑惑不已，随之越想越不对劲儿：以诸葛亮的智谋，怎能不在城中布阵设防呢？其中定是有诈！于是回马到军中，命令队伍即刻“前军变后军”火速撤退，他的儿子司马昭不解地问：“一定是诸葛亮家中无兵，所以故意装作镇静。区区一座空城，父亲大可率兵攻之，何必仓促退兵呢？”司马懿心有余悸地说：“我儿不知，那诸葛亮一生谨慎，足智多谋，没有百般把握，不曾冒险。现在城门大开，里面必有埋伏，我军倘若贸然进城，他若以城外伏兵关上四方城门，你我父子岂能生还？此刻唯有退兵为上！”于是司马懿一无所获，带领各路兵马撤退，而诸葛亮却以一座空城，吓退了司马懿十几万大军，成为传世美谈。

第二十八篇　假权

【原文】

夫将者，人命之所县也①，成败之所系也，祸福之所倚也。而上不假之以赏罚，是犹束猿猱之手②，而责之以腾捷；胶离娄之目③，而使之辨青黄，不可得也。若赏移在权臣④，罚不由主将，人苟自利，谁怀斗心？虽伊、吕之谋⑤，韩、白之功⑥，而不能自卫也。故孙武曰⑦："将之出，君命有所不受。"亚夫曰⑧："军中闻将军之命，不闻有天子之诏⑨。"

【注释】

①县（xuán）：古同"悬"，维系、悬系之意。

②猿猱（náo）：泛指猿猴。

③离娄：传说是黄帝时期一个视力特别强的人。

④权臣：指在朝中独断专权的大臣。

⑤伊、吕：指伊尹、吕尚。商朝伊尹辅佐商汤，西周吕尚辅佐周武王，皆有大功，因此并称伊、吕为辅弼重臣。

⑥韩、白：中国历史上杰出的军事家、攻无不克战无不胜的将军韩信和"战国四将"之一白起的合称，二人都以善用兵著称。

⑦孙武：中国春秋时期著名的军事家、政治家，历来得到推崇，因著有《孙子兵法》而被称为"兵家之祖"。

⑧亚夫：即周亚夫，西汉时期的著名将军，曾任汉景帝时期的丞相。周亚夫为人个性耿直，不善阿谀权贵，“将在外，君命有所不受”就出自他之口，被汉文帝誉为“真将军也”。

⑨闻：听。命：命令。诏：诏令。

【译文】

身为将帅的人，是军中的关键人物，他的决定悬系着千万将士的命运，牵系着战争的胜败，是国家福祸兴衰所依赖的关键。如果君主不将指挥军队、赏罚大权完全交给将帅，就好像用绳索捆住猿猴的四肢，却斥令它快速飞腾跳跃、攀爬树木，又好像用胶粘住离娄的双眼，却要求他去辨别各种颜色，这都是不可行的事情啊。如果赏罚大权被奸佞的权臣所操纵，主将没有任何赏罚的权力，全军上下的人必然会被私心、利益所笼罩，谁还会怀有旺盛的斗志和为国家效命的忠心呢？即使是有伊尹、吕尚那样出类拔萃的才智，有韩信、白起那样骁勇善战的功勋，也不能自保了。所以著名的军事家孙武说：“将帅一旦领兵出征作战，对于君王所发出的命令也可以不听受。”周亚夫说：“在军中，只听到有将帅的命令，听不到有君主的诏令。”

【故事链接】

将在外，君命有所不受

周亚夫是西汉著名的将军，曾任汉景帝时期的丞相。他为人刚正耿直，不善阿谀权贵，“将在外，君命有所不受”就是从他的经典言语中演化而成的，他因治军严谨而被汉文帝誉为“真将军也”。

汉文帝时期，匈奴经常侵犯边境。因此，汉文帝对于边境防范十分重视，命令河内太守周亚夫驻兵细柳，并令刘礼、徐厉分驻灞上、棘门，以防不测。

有一天，汉文帝亲自率众人去各营巡察。他到灞上、棘门阅兵之后，就起驾前往周亚夫的细柳营。远远望去，营门外守卫森严，甲士排列有序，或刀斧，或长戟，或张弓挟箭，好像真要开战似的。文帝见此情景，不禁心中暗暗赞叹周亚夫练兵有素，不愧为护国大将。等到了营门口，守卫警告说：凡入营车马，一律不得快速疾驰！御前侍卫听罢，刚要发威，只见文帝一摆手，让侍卫搀扶下车，徒步向军营中走去。这时周亚夫从容出迎，面对文帝作了个长揖之礼说："吾皇万岁！恕微臣甲胄在身，不便跪拜，请陛下恕罪！"其他将士都为周亚夫捏了一把汗，谁知汉文帝不但没有生气，反而觉得周亚夫是一个很有气概的将军，对他从严治军的态度赞不绝口，称赞他是真正的将军。

后来到了汉景帝时，以吴王刘濞为首的七大诸侯联合发兵反叛朝廷，史称"七国之乱"。面对这种迫在眉睫的危急时刻，汉景帝谨记汉文帝的遗训，任命周亚夫为统率，带兵前去平叛。临行前，周亚夫与景帝初步拟定了平叛路线及计划，得到景帝认同。

当时，吴楚联军联合进攻梁王，梁王连连向周亚夫发出援救信号，请求援助，可是周亚夫并没有按照出兵时与皇上商议的计策立即前去支援，而是继续向东进发，直奔昌邑高处隐蔽之地建造营垒，准备坚守。梁王一怒之下，状告周亚夫打着平叛旗号不作为，论罪当诛！汉景帝也觉得周亚夫不去营救梁王有失妥当，于是发出诏令，命周亚夫立即从正面迎战吴楚联军，以解梁王之围。周亚夫根据当时情况，觉得正面迎击肯定会损失惨重，所以不能遵从王命。于是，他拒绝皇上的建议，继续坚守营垒，表面没有前去救援的动向，实际上却暗中派遣精锐轻骑分队，偷偷绕到吴楚联军背后，切断他们的粮道，致使他们的粮草供应断绝，造成他们的恐慌。

果不其然，由于缺少粮草，吴楚联军急于求胜，攻取梁国的兵力集中反扑攻打周亚夫。可是周亚夫早有戒备，营垒坚固，叛军根本攻取不下。他们攻完东南角，又去进攻西北角，像一群气急败坏的无头苍蝇。久攻不下，疲惫不堪，加之饥饿难耐，早已人心涣散。周亚夫一看时机已到，趁着叛军休息之机，冲出营门攻打叛军，结果大获全胜，就此平定了“七国之乱”。

不难看出，在这场战争中，周亚夫没有受到皇帝诏令的干扰，而是经过时局的审视与分析，当机立断，出奇制胜。正如著名的军事家孙武说：“将帅一旦领兵出征作战，对于君王所发出的命令也可以不听受。”而周亚夫自己也说：“在军中，只听到有将帅的命令，听不到有君主的诏令。”

第二十九篇　哀死

【原文】

古之善将者，养人如养己子，有难则以身先之，有功则以身后之；伤者，泣而抚之①；死者，哀而葬之；饥者，舍食而食之②；寒者，解衣而衣之③；智者，礼而禄之；勇者，赏而劝之。将能如此，所向必捷矣④。

【注释】

①抚：安抚，抚慰。

②舍食而食之：舍弃自己的食物而送给别人食用。食：食用，吃。

③解衣而衣之：脱下自己的衣服而送给别人穿。衣（yī）：衣服。衣（yì）：穿衣服，属于名词动用。

④所向必捷：所向披靡，百战百胜。捷：战胜。

【译文】

自古以来，作为优秀的将领，对待自己的部下就像对待自己的子女一样，当困难来临时，就会身先士卒，首当其冲，在功劳荣誉面前，便会退步躬身谦让，把功劳荣誉都谦让给部下；看到受伤的部下，就会伤心落泪而且对他百般安慰和抚恤；当部下为国捐躯时，就会悲哀难过而且能去厚葬他们，然后为他妥善安排后事；当粮食不足而出现饥饿的情况时，就会主动将自己的食物分给下属食用；在天气寒冷的时候，能够脱下自己的衣

服送给部下穿；对待有才智的人，能够以礼相待并且高薪聘用他；对待英勇善战的部下，就给予适度的奖赏并且勉励他再立新功。身为将帅，能够做到以上这些，就会所向披靡，捷报频传了。

【故事链接】

典韦舍命救曹操

自古以来，作为优秀的将领，如果对待自己的部下就像对待自己的子女一样，能够嘘寒问暖，体恤疾苦；能够身先士卒，却从不与部下抢功；对待英勇善战的部下，不吝啬奖赏并且勉励他们建功立业；即使出现无伤大雅的小缺点，既不会揪住不放，更不会去无限放大而有意苛责，那么他的部下就会舍生忘死，所向披靡，捷报频传了。同样道理，作为一国之君，倘若能够明镜高悬，诚以亲民的态度对待臣子，也必将获得更多人忠心事主。

三国时期的曹操堪称是一代奸雄。他虽然被称为“奸雄”，但他知人善任、体恤下人、爱惜人才的性格特征还是可圈可点的，因此出现了很多将士忠心护主的动人事迹。

公元197年，曹操率兵讨伐张绣。激战过后，张绣甘拜下风，于是率部众投降曹操。曹操素来爱才，所以特别高兴，立即下令设宴款待众位将官。曹操每次离座行酒之时，有一位名叫典韦的护卫总是手持大斧立于曹操身后，甚至“举斧迫视”众人，自始至终都是如此，可见典韦的一片忠心了。

张绣原本也是诚心归附曹操，但曹操的好色之心是引起祸端的根源。

由于曹操见张绣的婶娘姿色出众便强行将其纳为姬妾，因此激怒了张绣。张绣在贾诩的建议下，突然造反杀进曹营，结果曹操被杀个措手不及，出战不利，只好在长子曹昂以及众将的保护下拼命逃走。这时典韦拦截在前面拼死奋战，张绣军队无法靠近，只能兵分几路追击。当时典韦部下兵校还剩下十余人，但依旧殊死恶战，无不展现以一当十之勇。由于张绣是有备而来，所以人马越聚越多，而曹操这边是突然遭到袭击，身边只有几个随身护卫拼命守卫。在这种危急的情况下，典韦不敢有半点喘息，奋力拿起武器左右击杀。只见他一戟击出，便可将敌人十余支矛立时摧断。然而，毕竟一人难敌众手，典韦拼杀过程中，身上也被刺伤十多处，但依然勇猛如虎。武器折断了，典韦就徒手挟起两人相互击杀，直吓得敌人不敢近前。由于伤口流血不止，气力明显丧失，典韦终于力不能支，被人刺倒，结果他拼尽最后一口气力，怒目圆睁，大声叫骂而死。

曹操逃到安全地带以后，听说典韦已经战死，顿时痛哭不已，随后命人设法取回典韦的尸体，亲身前去吊唁，并派人将他归葬襄邑，为其修建祠堂，并赐封他的儿子为郎中。曹操的车驾每次经过那里，都要以“中牢”之礼祭祀典韦，可见曹操“哀死”之情。

第三十篇　三宾

【原文】

夫三军之行也，必有宾客群议得失①，以资将用。有词若县流②，奇谋不测③，博闻广见④，多艺多才，此万夫之望，可引为上宾；有猛若熊虎，捷若腾猿⑤，刚如铁石，利若龙泉，此一时之雄，可以为中宾；有多言或中，薄技小才⑥，常人之能，此可引为下宾。

【注释】

①宾客：泛指贵族的门客、策士、幕僚等，东汉以后对依附世家豪族人口的一种称谓。

②有词若县流：形容有丰富的言辞，口若悬河。县：古同“悬”。

③奇谋不测：比喻有奇绝的谋略，深不可测。

④博闻广见：具有广博的见闻，知识广泛。

⑤捷若腾猿：行动敏捷，像腾跃的猿猴一样。

⑥薄技：很低的技能，低微的技能。小才：才华较低。

【译文】

凡是率领三军出征作战的将帅，一定会有各类幕僚为自己策划参谋，大家能够在一起共同讨论利弊得失，以供将帅采纳运用。有的人言辞丰富、口若悬河，能提出奇绝的谋略，令人感到深不可测，而且见闻广博、多才多艺，这是万里挑一的出色人才，可以引荐为将帅的高级幕僚；有的人像熊、虎一样勇猛，行动敏捷得像腾跃的猿猴一样，性格则烈如铁石，亦如龙泉宝剑般锐利无比，这些人是一代豪杰，可以引荐为将帅的中级幕僚；有的人喜欢发表大量言论，但或许能力一般，只是拥有低微才华、技能的普通之辈而已，这样的人可以引荐为将帅的下级幕僚。

【故事链接】

孟尝君与门客脱险

古时候，一些王侯贵族都喜欢招纳一些文士、武将做自己的门客，以示威望。

孟尝君是战国时期齐国的贵族，被誉为“战国四君子”之一。他颇有才华，名气很旺，曾招纳各种才艺的人为门客，号称宾客三千。他待人和善，被纳入门下的，有才能的人，都能各尽其能；没有才能的人，如果愿意留下来，他也能提供食宿。

有一次，孟尝君率领众宾客出使秦国。秦昭王听说他有才华，名气很大，所以将他留下来，想让他当自己的相国。孟尝君不敢得罪秦昭王，只好答应留下来。但秦国的宰相嫉妒

他的才华，很怕自己失宠，于是想办法排挤他，时隔不久，他怂恿大臣们都去劝秦王把孟尝君杀掉，原因是：孟尝君是齐国公子，难免会身在秦国而心在齐国，万一有一天他在秦国了解情况回国后，会对秦国不利。况且，孟尝君在齐国有封地，家人都在齐国，怎么可能会真心为秦国效力呢？秦昭王一听，觉得大臣们说得很有道理，于是改变了主意，把孟尝君和他带来的宾客们都软禁起来，准备找个借口杀掉他们。

孟尝君得知这个消息后非常着急，可是又无法脱身。有一天，他无意间听说秦昭王有个特别宠爱的妃子，昭王对她百依百顺。于是，孟尝君灵机一动，立刻暗中派人去求她救助。在百般请求下，秦王妃勉强答应了，但前提条件是以那一件天下无双的狐白裘（用白色狐腋的皮毛做成的皮衣）交换。这下可难坏了孟尝君，唯一的希望即将破灭，因为刚到秦国，他便把这件狐白裘献给了秦昭王，而这么短的时间内，到哪里去寻找第二件狐白裘呢？

正在孟尝君绞尽脑汁、无计可施的情况下，只见有一个门客走到他面前神秘地说："公子莫急，我能取来狐白裘！"说完转身不见了。原来这个门客会点儿武艺，而且身手敏捷，没追随孟尝君之前，经常钻狗洞偷东西，在这紧急时刻可就派上用场了。他猜想如此珍贵的狐白裘，秦昭王肯定会放在王宫中的精品贮藏室里，于是他借着月光，逃过巡逻人的眼睛，很快就钻进贮藏室，把狐裘偷出来了。王妃一见到洁白如雪的裘皮衣简直爱不释手，若不是来人提醒，差点儿忘了救助之事。当晚，秦王妃果真想方设法说服秦昭王放弃杀孟尝君的念头，并准备过两天为他饯行，送他回齐国。

孟尝君一听高兴极了，可不敢再等过两天，立即率领手下人，拿着出关符节，连夜骑马狂奔。到了函谷关（今河南省灵宝市）已经大半夜。按照秦国法律规定，函谷关每天鸡叫才开门。可这大半夜的，公鸡怎么可能叫呢？正在大家犯愁的时候，忽然身边有几声“喔、喔、喔”的雄鸡啼鸣声，紧接着，城关内外的雄鸡都打起鸣来，仿佛天亮时分一样。原来，孟尝君有一个门客善于口技，模仿鸡叫声特别逼真。他模仿第一声啼鸣，其他公鸡也跟着叫起来。守关的士兵抬头看看星空，天还没见亮怎么就有鸡叫声了呢？虽然觉得奇怪，但按照规定，也只得起来打开城门放他们出关。

天亮以后，秦昭王又后悔了，觉得还是应该杀死孟尝君。可是执行拘捕的士兵跑回来报告，才得知孟尝君已经逃走，于是立刻派出人马追赶，但为时已晚。就这样，孟尝君借助宾客“鸡鸣狗盗”的技巧，顺利逃回了齐国。

第三十一篇　后应

【原文】

若乃图难于易①，为大于细，先动后用，刑于无刑②，此用兵之智也。师徒已列，戎马交驰③，强弩才临④，短兵又接，乘威布信，敌人告急，此用兵之能也。身冲矢石⑤，争胜一时，成败未分，我伤彼死，此用兵之下也。

【注释】

①若乃：至于。用于句子开头，表示另起一事。图：谋取，图谋。

②刑于无刑：在军中设立了严明的刑罚制度，但不以动用刑罚为最终目的。前一个“刑”为“制定刑罚条款”之意；后一个“刑”为“使用刑罚”之意。

③戎马：指从事征战，也泛指战场。戎：兵器。交驰：交相奔走，往来不断。

④强弩（nǔ）：亦作“彊弩”，强劲的弓，硬弓。

⑤矢石（shǐ shí）：指箭和垒石，古时守城的武器。

【译文】

至于攻取难以制胜的强敌，要从容易突破的地方入手，进行重大战役进攻的时候，要从善于发掘细微破绽之处入手，在战争还没行动之前，要先做好思想动员，然后再加以使用，在军中设立严明的刑罚，但不以动用刑罚为最终目的，这些都是用兵的智慧所在，这样的将领堪称是明智的。与敌人交战时，将士已列好阵形，双方兵马奔驰交错，强劲的弓箭刚刚发射出去，操着短小兵刃的士兵就厮杀在一起，这时将帅如果能乘机以种种威势扩大自己的影响，就能使敌军混乱，以至于告急求援，这称得上是用兵的能者了。在战场上，虽然冒着生命危险在枪林弹雨中冲锋陷阵，但只是逞一时之能，会使双方损失极大却难以分出胜负，造成敌我双方都有死伤，这堪称是用兵中的下策了。

【故事链接】

祖逖“恩信于民”

祖逖（tì）是我国东晋时期的军事家。他性格豁达，不拘小节，为人极其讲义气，对朋友慷慨，经常救济身边贫困的人。成年后的祖逖开始发奋读书，博览群书，后来被举为孝廉、秀才。

公元291年，“八王之乱”爆发后，祖逖深受诸王的青睐，先后担任了司马府的掾属、祭酒、主簿、从事中郎等官职。后来洛阳沦陷之时，祖逖率领乡党百姓南下避难，途中遇到海盗、劫匪时，祖逖都能应付自如，被同行的人推举为“行主”。

匈奴铁骑南下之时，占领了整个黄河流域。祖逖想报效国家，能够建功立业，更希望天下百姓都能担起一份爱国重任。可是，那些朝廷内部的一些官僚们仍旧过着荒淫腐朽的生活，根本不管匈奴入侵之事，只有祖逖坚持北伐，主张收复失地。后来朝廷虽然同意他北伐，但只给他千人用粮和三千匹布做军需，士卒完全靠他自己招募。但这一切并没有使他灰心，他立即组织宾客，广招天下勇士，坚持率领军队北伐。他的军队虽然不算庞大，但纪律严明，得到各地百姓的积极响应，因而队伍逐渐扩大，经过数年间的征战，他收复很多黄河以南的土地，后来皇帝高兴，就封祖逖为镇西将军。

祖逖之所以能得到众多人民的拥戴，这与他“恩信于民”的博大情怀是分不开的。祖逖待人宽仁，赏罚分明。在战争还没行动之前就事先对将士们做好思想动员，然后按照本领大小加以任用，在军中设立严明的刑罚，但不以动用刑罚为最终目的。

可以说，祖逖是一个既精于用兵，又善利用矛盾分化敌人、化敌为友的优秀将领。当时豪强武装赵固、上官巳等势力相互攻战，造成诸多内乱，他知道后，马上派人前去说明相互征战的利害关系，使他们彻悟后都能服从自己的指挥，共同抗击匈奴。祖逖不仅教育别人，也能以身作则，躬自俭约，劝督农桑，克己务施，不畜资产，子弟耕耘，负担樵薪。经过4年多的苦战，祖逖率领的北伐军收复了黄河以南的大片失地，使石勒不敢挥兵进犯。

祖逖每次在出战之前，总是多方收集情报，具体分析敌情，善于从容易突破的地方入手；进行重大战役进攻的时候，善于发掘细微破绽之处，然后一举进攻，常使敌人措手不及，大败而去。

祖逖北伐时，他的部将韩潜与后赵大将桃豹分别占据浚仪城东西二台，对峙四十多天依旧很难攻下。于是祖逖想出一条妙计，他命人用布袋盛满沙土，冒充食用的米粮，派遣千余人运送给韩潜，同时让担夫挑着真正的米粮，假装乏累了躺在路边休息。当赵军派精兵来袭时，担夫马上丢掉米袋，四散而逃，故意让赵军劫获几袋粮食。这样一来，赵军误以为晋军粮食充足，而己方粮食却所剩无几，再加上后续部队又久久不运送粮草支援，因此赵军士气大挫，无心作战，最终连夜仓皇撤兵。

第三十二篇　便利

【原文】

夫草木丛集[①]，利以游逸[②]；重塞山林[③]，利以不意；前林无隐，利以潜伏；以少击众，利以日莫；以众击寡[④]，利以清晨；强弩长兵，利以捷次；逾渊隔水[⑤]，风大暗昧[⑥]，利以博前击后。

【注释】

①草木丛集：杂草丛生，树木茂盛密集。丛集：聚合集中在一起。

②游逸：犹游乐，亦作“游佚”。

③重塞（zhòng sài）：重重关阨。

④以众击寡：以多攻少。此为“我众敌寡”之意。

⑤逾：越过，逾越。

⑥暗昧（mèi）：昏暗，不清晰。

【译文】

在林木茂密的地区作战，可以采用游击战略；在重重关阨的高山密林地带，可以利用出其不意的突击战术；密林前方，在没有任何隐蔽物的平原作战，可以采用挖掘壕堑潜伏作战的战术；在敌众我寡的情况下，适合在日落黄昏的时候攻击敌人；在我众敌寡的时候，则适合在清晨向敌人进攻；如果拥有强弓硬弩等精良装备而且兵力强盛，则有利于速战速决；如果敌人越过深渊、隔岸对峙，又在风沙、视线不清之际，利于采取前后夹击的战术，使敌人首尾不能相顾。

【故事链接】

诸葛亮借东风

蒋干盗走书信献给曹操，结果中了周瑜“借刀杀人”之计，致使曹操错斩了蔡瑁、张允。曹操悔恨万分，只好顺势派遣蔡瑁的弟弟蔡中、蔡和假意记恨曹操而投降东吴。周瑜是何等聪明呀！一眼就看出了其中有诈，于是将计就计，留下蔡氏兄弟二人，盛情款待。然后周瑜与黄盖谋划了一场“苦肉计”。在谈论军事的时候，黄盖故意夸赞曹营兵多将广，不应该联刘抗曹，而是应该投降曹操以保全自己。结果周瑜大怒，命人痛打黄盖。直打得黄盖皮开肉绽，所以黄盖一怒之下，大骂周瑜黄毛小儿！并让阚泽前去曹营送降书。

曹操一看降书，不禁哈哈大笑说：“好你一个周郎，竟然跟老夫玩诈降之计！来人！把那阚泽推出辕门斩首！”只见阚泽没有露出半点惧色，从容对答。这时，蔡中、蔡和将周瑜痛打黄盖的消息密报给曹操，曹操这回才信以为真，于是同意黄盖带兵乘船过来投降。但曹操仍不放心，所以命蒋干再次过江，打探消息。

此刻，面对曹操大军来犯，就算孙刘两家兵力合一起也不及曹军兵力，于是周瑜与孔明决定火攻曹营。忽闻蒋干又返回江东，不禁大喜。随即召见庞统，又定下连环计。蒋干来到东吴以后，夜间出门闲游，偶然遇见庞统。只见庞统满腹惆怅地说出了自己怀才不遇的苦恼，大骂周瑜心胸狭隘、不能容人的缺点。蒋干见有机可乘，如果说服庞统这样的军事奇才归顺曹营，曹操一定会对自己大加奖赏，或许还能加官进爵呢！蒋干越想越美，于是带领庞统连夜潜回江北。

庞统来到曹营后，曹操惊喜万分，马上传令下去设宴款待。酒足饭饱之后，曹操带领庞统视察水军，并透露北方将士晕船现象。庞统听罢，假装略微沉思以后说：“何不将战船用铁索连接在一起？这样一来，战船平稳如陆地，晕船的将士也能大展身手了。”曹操大喜，很快将战船连接在一起。曹操认为此番必胜东吴，高兴之余，在江中大宴诸将，热闹喜悦的气氛飘到了江东。

此时的周瑜见曹操已经中了连环计，故而喜上眉梢，认为破曹之日近在咫尺了。忽然一阵西北风吹醒梦中人。目前，吴军位于东南，曹军位于西北，然而连日来江上一直刮西北风，用火攻不但烧不着北岸的曹兵，反而会烧到自己，周瑜因此忧郁成疾，一下子就病倒了。这下可急坏了东吴谋士鲁肃，他急忙跑来找诸葛亮想办法。诸葛亮一听，微微一笑说：“周郎的病我能医治。”于是写了一张“药方”给周瑜。鲁肃递给周瑜，只见上面写着：“欲破曹兵，须用火攻；万事俱备，只欠东风。”周瑜一看诸葛亮看出了自己的心病，忙问诸葛亮有何办法。诸葛亮手摇羽扇，慢条斯理地说：“公瑾不必忧虑，我能借来东风。只需公瑾派人搭起高九尺的七星坛，然后我便在坛上做法。不出数日，便可借来东风。”没过几天，定好发兵之日，果然东风大作，结果火借风势，将曹营百余艘大船烧毁，顿时赤壁火光冲天，浓烟滚滚，然后周瑜与刘备趁势采取前后夹击的战术，使曹操首尾不能相顾，致使曹军大败。

第三十三篇　应机

【原文】

夫必胜之术，合变之形，在于机也。非智者孰能见机而作乎[①]？见机之道，莫先于不意[②]。故猛兽失险，童子持戟以追之[③]；蜂虿发毒[④]，壮夫彷徨而失色[⑤]。以其祸出不图，变速非虑也。

【注释】

①孰能：谁能，怎能。

②莫：没有。不意：出其不意。

③戟（jǐ）：古代一种合戈、矛为一体的长柄兵器。

④蜂虿（chài）：蜂和虿，都是有毒刺的螫虫。

⑤彷徨（páng huáng）：走来走去，犹豫不决。“傍”，同“彷”。

【译文】

行军打仗必胜的战术要诀，掌握队伍阵形的分合情势变化以及指挥调动部队的方法，在于把握时机。如果不是智者，谁能看到机会来临就能当机立断呢？掌握时机的秘诀，没有比出其不意更重要的了。所以如果猛兽离开山林，失去了险峻的山势做依托，就连小孩子手持长戟也敢追赶、吓退它，当小小的毒蜂和蝎子放毒刺蜇人时，就连强壮的大汉也会大惊失色，甚至徘徊左右不敢上前，这就是灾祸突然出现，防不胜防，变化之快，使人无法预料的道理，也是作战中最好的制胜办法。

【故事链接】

甘宁百骑劫曹营

行军打仗必胜的战术要诀之一是出奇制胜，所以能够准确把握战机、当机立断是最好的作战策略。当然，出其不意是一种非常冒险的策略，必须判断精准，如果运用成功，自然会取得战争胜利；如果时机判断失误，就会有全军覆没的危险。

甘宁“少有气力，好游侠”，他一出一入，威风煊赫，不惧权贵。年少时就在地方上以狭义勇武著称。后来，他听从好友建议，投奔东吴孙权。虽然甘宁性情暴躁，发怒时动辄要打人、杀人，甚至有时不完全听从孙权的命令，但他勇敢坚毅，豪爽开朗，足智多谋，关心部属，士兵都乐于从命。孙权善于用人，所以甘宁发扬了自己的优点和长处，成为三国时代有名的“斗将”。

建安十八年（213）正月，曹操率四十万大军攻打濡须口。孙权得知消息后，为挫曹军锐气，决定趁其远道而来又立足未稳之际，率先进攻。在这种情况下，首战是非常重要的，必须在气势上压倒对方。于是孙权立即率兵七万迎击，并派遣甘宁率三千人为前部督。部将凌统主动求战，与曹将张辽大战五十多个回合，不分胜负。孙权恐怕凌统有闪失，就让大将吕蒙接应他回营。

以前甘宁曾在两军交战中杀死了凌统的父亲，二人有杀父之仇，相互心有芥蒂。这一次甘宁虽然见凌统首战不分胜负，但也算是出了风头。于是甘宁争强好胜之心又开始泛滥，随即请命于孙权，声称自己可以在当天夜里带领一百名战士奇袭曹营，并胸有成竹地说：“倘若损失一人一马，也不算成功！”孙权赞赏他的勇气，就同意了，为此特赐米酒壮行。

甘宁选出精锐士卒一百多人共同用食。酒宴即将结束的时候，甘宁端起银碗、斟满酒，一饮而尽，然后给他手下都督也斟满酒，说：“今天夜里，我们偷袭曹营。请大家和我一起满饮这杯酒，预祝马到成功！”

都督慌忙跪伏在地，不肯接酒。那一百名战士听到后，面面相觑，也都跟着跪伏在地，不肯去偷袭，唯恐有所闪失，小命就没了。甘宁见状，火冒三丈，拔出宝刀，放置膝上，厉声喝道：“尔等受主上知遇之恩，我甘宁尚且不怕死，尔等为何独独怕死？！”都督见甘宁神色严厉，马上起身施礼，同意出征。

等到夜里二更时，甘宁率领这百余人，个个口中衔枚，将马蹄用皮革包裹完毕，趁着夜色悄悄潜入曹操营中，转眼间斩下曹军数十首级。四周一片漆黑，不见人影却只知道士兵被斩杀，瞬间引起曹营士兵一阵恐慌，以为东吴大军来袭，纷纷点燃火把，紧急集合，准备迎战。然而此时，甘宁已经率领百余人全身而退，只留下曹军在昏暗的夜色中，依旧如临大敌一般严阵以待、擂鼓呐喊。等到曹营灯火通明之时，甘宁已经回到军营向孙权复命。孙权笑着说：“甘将军真可谓有勇有谋，胆识过人啊！”于是赏甘宁绢一千匹，战刀一百口，并增兵两千。从此，孙权对甘宁更加器重，并称赞道：“孟德有张辽，孤有兴霸，足相敌也。”

第三十四篇　揣能

【原文】

古之善用兵者，揣其能而料其胜负[①]。主孰圣也[②]？将孰贤也？吏孰能也？粮饷孰丰也[③]？士卒孰练也？军容孰整也？戎马孰逸也？形势孰险也？宾客孰智也？邻国孰惧也？财货孰多也？百姓孰安也[④]？由此观之，强弱之形，可以决矣。

【注释】

①揣：揣度，揣摩。

②主：君主，君王。孰：哪个。

③粮饷（xiǎng）：指军队中发给官兵的口粮和钱。

④安：安定。

【译文】

古代善于用兵的将领，往往在揣度敌我双方实力的虚实后，就能料定其中谁胜谁败。这就需要了解以下内容了：双方的君主哪一个比较圣明？双方的将领哪一个更为贤明、有才能？双方的官吏哪一方更有能力？双方的粮草财物哪一方更为充足？哪一方的士兵更加训练有素？哪一方的军容、军貌更为严整威武？战场上哪一方的战马跑得更加轻逸迅速？哪一方占据的地势更为险要？哪一方的幕僚更有计谋？敌我双方各有哪些畏惧的邻国？

哪一方的国力财物更富有？哪一方的百姓生活更安定？通过这些比较去观察敌我双方的实力，双方形势谁强谁弱，谁胜谁败就很容易做出判断了。

【故事链接】

袁崇焕宁远大捷

古代善于用兵的将领，往往在揣度敌我双方实力的虚实后，就能料定其中谁胜谁败了。宁远之战，明朝之所以获取胜利，金主努尔哈赤之所以大败，其中红夷大炮发挥了重要作用，但最为主要的方面就是没能揣度出袁崇焕带兵作战的能力以及错估了敌我双方的实力强弱。

后金努尔哈赤野心勃勃，一心想侵占中原，因而不断掠夺中原土地、侵犯中原人民，不断发起“不义”战争，所以遭到了辽东汉民的强烈反对。尤其是努尔哈赤对辽沈地区汉民的剥削政策，引起边界两国民众的强烈不满，从而促使宁远军民拼死抵御后金军的进犯。当时，袁崇焕驻守孤城宁远，城中士卒不满两万人，但城中兵民团结一致，高呼“死中求生，必生无死”的口号，誓与古城共存亡。所以说，在人文方面，努尔哈赤占了劣势。

在军事方面，后金军长途跋涉而来，疲于野战，兵无斗志，器械不利，在这种情况下，只凭借队伍庞大是没有任何作用的。而明朝袁崇焕自从决议留守孤城，就开始积极备战。他全面制定兵略，修筑坚城，凭城固守，告诫士兵仔细休整兵械，检修红夷大炮等防守城池的武器装备，积极训练士卒排兵布阵之法，提高拼杀技能。

面对努尔哈赤亲率约六万（号称十三万）大军兵临城下，而自己仅仅不满两万人兵力的强弱悬殊情况下，袁崇焕因为手下将士都能齐心协力、同仇敌忾，所以他信心十足。

袁崇焕深知努尔哈赤善用间谍刺探军情，所以他亲自督促稽查奸细之事，派人巡守街巷路口，动员街民配合士兵逐户搜捕；在筹备军需物资方面，他鼓励商民出资，让农民出力运矢石、火药等。军民还在城墙外侧泼水为冰，以防后金军登城。尽管开战之际，前临强敌，后无援兵，但是袁崇焕能够从容自若，扬长避短，无论敌军怎样叫阵引诱，也绝不出城；无论敌军怎样使用激将法，也不轻易应战。他说："守为正著，战为奇著，款为旁著。以实不以虚，以渐不以骤。"

面临紧急态势，他上奏疏表决心："本道身在前冲，奋其智力，自料可以当奴。"在朝廷不派援兵支援的情况下，袁崇焕时刻不忘激励士气，同时缜密部署，令官兵严于防守。为了避免疏于防范，他勒令各级官吏士兵划定责任，做到全城联防，相互援应。袁崇焕则坐镇于城中鼓楼，统率全局，督军固守。在紧急关头，他亲自担土搬石，堵塞缺口，血染战袍，仍督率军民全力奋战。

努尔哈赤指挥攻城，从早晨到晚上，双方激战不止，但始终没有进展。忽然一发炮弹在金军队伍中炸开，结果努尔哈赤身受重伤，金兵伤亡惨重，只好仓皇败退。至此，袁崇焕沉着揣摩敌情，严密布控，最后取得胜利。

第三十五篇　轻战

【原文】

螫虫之触①，负其毒也；战士能勇，恃其备也②。所以锋锐甲坚，则人轻战。故甲不坚密，与肉袒同③；射不能中，与无矢同；中不能入，与无镞同④；探候不谨⑤，与无目同；将帅不勇，与无将同。

【注释】

①螫（shì）虫：尾部有毒针可刺人的毒虫。

②恃：依靠，倚仗，凭借。

③袒：袒露，指脱去上衣，露出身体的一部分。

④镞（zú）：箭头。

⑤探候：侦察，打听。谨：谨慎，仔细周详。

【译文】

诸如蜂类有毒刺的小虫子，就是凭着令人生畏的毒刺来保护自己，使人不敢轻易触碰它；士兵在战场上能勇敢作战，就是凭借他有精良的武器装备做依靠。所以只要有了锋利尖锐的武器、坚实的铠甲，那么所有的将士都能勇猛善战。因此，如果铠甲不够坚实，就如同赤身裸体与敌人拼杀；如果弓箭不能射中远处的敌人，就如同没有箭羽一样；如果射中了敌人，却因力量不够而不能深入体内，就如同弓箭没有箭头一样；如果战前的侦察工作做得不够仔细周详，就如同没有眼睛的盲人一样；如果将帅不能英勇善战，就如同军中没有将帅一样。

【故事链接】

轻敌者必败

士兵在战场上能勇敢作战，就是凭借他有精良的武器装备做依靠。所以，只要有了锋利尖锐的武器、坚实的铠甲，那么所有的将士都敢于勇猛作战；而一个精良的军队，从上至下都不会有轻敌思想，否则，定然会遭致失败。

公元前 589 年，齐顷公率领大军攻占鲁国北部地区，随后又乘胜攻打卫国。在这种国家危亡的时刻，鲁、卫两国都惊恐不已，先后急急忙忙派遣使者到晋国请求救援。晋景公随即派遣六万虎狼之师，前去救援鲁、卫两国。

晋军与鲁、卫两国军队会师后，合兵进军靡笄（mí jī）山下（今山东长清县境）。面对晋、鲁、卫三国联军的到来，齐顷公却露出鄙夷的目光，说："区区小国，何以为惧！"很显然，齐顷公过高估量自己的实力，根本没把三国联军放在眼里，自然也就没有事先分析局势，没进行缜密谋划，就派人出阵挑战了。齐国大将高固冲进晋军阵中，一副耀武扬威的样子。他举起兵器，只三五回合，就将晋国一位副将擒获，然后得意扬扬地回到本营，遍告齐营将士："你们想勇猛无敌吗？那么就请借助我勇猛无敌的余力吧！"听这口气，简直是高傲得不可一世啊！

正因为齐国大将高固首战擒获一名将领，借此大肆炫耀，进而使齐国军队士气大涨，齐顷公也因此更加骄傲起来。这一天，齐顷公不等将士们吃过饭后稍加休息，就命令三军将士马上集合，即刻乘胜出击，速战速决。出兵前，齐顷公站在高大的战车上，再次口出狂言，他大声对将士们说："你们大可先去消灭了敌人再回来吃早饭，这才是我们强大的齐国！"于是，他不等给战马披上护甲，就率领大军冲入晋军的营垒。

如此骄横的敌人，激怒了晋军将士。他们在主将的指挥下，英勇奋战，沉着应对，就算是身负重伤，也不轻易退却，仍然忍痛奋勇冲杀。晋国大将解张，交战过程中被齐军的箭矢射中了左手和胳膊肘，鲜血湿透了衣服，顺着铠甲流出来的鲜血把车轮都染红了，但是他咬紧牙关，为了不使进军的战鼓声停下来，强忍疼痛，艰难地将用右手驾车的缰绳换到左手上，腾出右手去击鼓，以此鼓励将士们英勇杀敌。由于解张的左手已经负伤，不能控制战马狂奔，所以晋军跟着战车追逐齐军，不停地绕着那座小山，跑了一圈又一圈。因为齐军还没有吃早饭，又累又饿，早就已经精疲力尽，所以很快就溃不成军了，就连齐顷公也差点被晋军擒获，幸亏有大将保护，齐顷公才得以逃回齐国。

纵观此次战役的胜败，显然正是齐顷公轻敌种下的苦果。

第三十六篇　地势

【原文】

夫地势者，兵之助也。不知战地而求胜者，未之有也。山林土陵，丘阜大川[1]，此步兵之地；土高山狭，蔓衍相属[2]，此车骑之地；依山附涧，高林深谷，此弓弩之地；草浅土平，可前可后，此长戟之地；芦苇相参，竹树交映[3]，此枪矛之地也。

【注释】

①丘阜：山丘，土山。

②蔓衍（màn yǎn）：意思是蔓延，滋生，演变。相属：相接连。

③交映：交相辉映，相互掩映。

【译文】

至于占领好的地势，对于作战取胜是最好的帮助了。身为将帅，如果不能准确把握地势、地形特点，就想取得胜利，这样的情况是没有的。高山峻岭、森林险滩、土山平原，这些都适合步兵作战；山势高耸、陡峭狭窄、蔓草杂生、草莽相连地带，这样的地势适合骑兵作战；依山临水、山高林密的深谷，这样的地势适合于弓箭手作战；在野草低矮、平坦宽阔的土地上交战，将士们可以前后左右自由伸展，这样的地势适合使用长戟与敌交战；在芦苇丛生、竹林高树相互掩映的地带，这样的地势适合使用长枪、长矛与敌交战。

【故事链接】

裘甫巧用地势

唐朝末年，皇权衰落，社会动荡，继而出现了“藩镇割据”的局面，因此豪强掠夺频频发生，土地兼并十分严重，广大农民饥寒交迫，流离失所。唐朝统治者为了满足自己穷奢极欲的享乐，根本不管百姓的死活，他们除了加重地税外，还额外加重了盐、茶、酒等税收，使民不聊生，怨声载道。

自古“乱世出英雄”。裘甫出身于一个普通的贫苦农家，早年以买卖私盐为生。在这种社会情境下，逼迫裘甫不得不愤然起义，于是，他率领百余名农民揭竿而起，一举攻克了县城。紧接着他带领起义军又趁胜攻克周边县城。咸通元年（860）正月，起义军冲入剡（shàn）县，在剡县境内的桐柏山打败了唐军。这是起义军第一次与唐兵交战获胜，从此起义军声威大震。因为裘甫出自底层，深知平民百姓要活下去，没有粮食是不行的，于是他每攻破一个城池，首先打开府库，取出钱粮赈济穷人，同时广泛招募兵丁壮士。由于百姓感念裘甫赈济的恩德，纷纷投靠在他的麾下，因此起义军队伍很快发展到几千人。

皇帝得知浙东有农民起义之后，十分惊慌，责令浙东观察使郑[illegible]德必须全力镇压。当时，郑[illegible]德立即调集浙东所有唐军，就近招募新兵五百人，派遣沈君纵、李珪等人，领兵包围起义军。裘甫颇有军事才能，善于见招拆招儿。他果断采取诱敌深入、就地歼灭的策略，率领起义军撤出剡县，开赴三溪。此时的起义军一部分列阵于溪北，余下的主力埋伏在溪南，分布在上游的起义军负责堵水，使下游仅可涉渡。等到双方交战后，起义军佯装退败，以便引诱唐军涉水追击。唐军果真中计，当他们处于半渡状态时，守在上游的起义军马上打开堵水通道，使溪水猛烈倾泻下来，冲散唐军队伍，然后迅速乘势厮杀。结果，唐军全军覆灭。

三溪大捷以后，大大鼓舞了起义军和百姓的斗志，山间海上小股起义军和各地流亡农民争先来投奔，起义军迅速发展到三万多人，建立了以剡县为中心的农民政权。裘甫自称天下都知兵马使，铸印称为“天平”。

纵观裘甫以百人起义而获得巨大成功，这与浙东一带山地水网纵横，再加上浙江山区附近是朝廷军队力量相对空虚的地方，有利于依靠步行作战的农民军施展才能有很大关系。所以说，占领有利地势，对军队作战取胜是最好的帮助了。

第三十七篇 情势

【原文】

夫将有勇而轻死者，有急而心速者，有贪而喜利者，有仁而不忍者，有智而心怯者①，有谋而情缓者。是故勇而轻死者②，可暴也；急而心速者，可久也；贪而喜利者，可遗也③；仁而不忍者，可劳也；智而心怯者，可窘也④；谋而情缓者，可袭也。

【注释】

①心怯：心中胆怯，畏手畏脚之意。

②是故：因此，所以。轻死：以死为轻，不怕死之意。

③遗（wèi）：赠予，送给。这里指贿赂引诱。

④窘（jiǒng）：窘迫，使受困。

【译文】

将帅的性情对作战有直接影响。有的将帅勇猛顽强而且不惧怕死亡，有的将帅性情急躁而且盲目地想速战速决，有的将帅贪恋功劳而且喜欢财利，有的将帅过于仁慈心软而失去了威严，有的将帅虽有智谋，但心中胆怯，畏手畏脚，有的将帅谋略有余却优柔寡断、迟疑不决。所以，针对上述不同性情的将帅要采取不同的策略，对待只有匹夫之勇而不怕死的将帅，要设法激怒使其暴躁起来；对待性情急躁而求胜心切的将帅，要采用持久

战去消磨他；对待贪婪而喜好功利的将帅，要用钱财美色去贿赂、引诱他；对待仁慈有余、威严不足的将帅，可以想办法使他整日奔忙劳累；对待虽有智谋但心中胆怯的将帅，可以猛烈进攻，使他陷入窘迫的境地；对待谋略有余却优柔寡断的将帅，可以用突然袭击的办法使他彻底灭亡。

【故事链接】

何进优柔寡断毁终生

何进是东汉汉灵帝时期的外戚，是灵思皇后的兄长，官拜大将军等要职，外据辅政之势，内可独揽朝中大权。

由于汉灵帝非常宠爱灵思皇后，使何氏家族地位显赫。当时灵帝有两个儿子，分别是何皇后所生的刘辩和王贵人所生的刘协。因刘辩轻佻且无威仪，所以灵帝想立刘协为太子，但又苦于何进权倾朝野，只好把立储的事情暂时搁置下来。

灵帝病危之时，将刘协托付给掌握皇宫禁军兵权的宦官硕蹇，希望硕蹇能辅佐刘协继位。硕蹇平时就与何进不合，此时正好借何进入宫吊唁之机将其杀掉。

何进得知灵帝驾崩，急匆匆赶来，还没等进入内宫，就发现禁军司马潘不停地给他使眼色，何进这才感觉到周围气氛不对，急忙转身跑回家中。硕蹇一看计划落空，急忙召集了手下的宦官商议新对策，其中有一个叫郭胜的宦官与何进关系密切，于是将这件事秘密转告给何进。何进一听怒不可遏，立刻率兵进宫杀了硕蹇。

宦官擅政本就引起众多大臣不满，硕蹇被杀，简直大快人心。这时袁绍对何进说："将军您手握兵权，应该趁此时机把宦官全部除掉！"何进是个优柔寡断的人。硕蹇当诛，但毕竟与其他宦官无关，所以他犹豫不决。袁绍见状又说："您可以召集四方的兵马进京，依靠他们的力量杀光宦官。"何进的主簿陈琳对此坚决反对，说："现在将军您手握重兵，位列三公，诛杀几个宦官，就像用火去燎毛发一样容易。如果请外兵入宫，一则容易引狼入室，二则容易促使宦官先对您下手，这不是上策！"何进一时没了主见，觉得袁绍说的对，陈琳之言似乎也有道理。左右摇摆之间，他没听陈琳的劝谏，于是下令征调并州军阀董卓率兵入京，给自己壮声势。

朝中以中常侍张让、赵忠为首的宦官很快得知这个消息，于是一起密谋说："必须除掉何进，否则我等小命休矣！"于是张让在皇宫里埋伏了几十个武士，然后假传何太后懿旨，召何进入宫。

何进刚迈入宫门，张让就率领众武士冲进来，大声斥责道："现在天下大乱，难道是我们宦官的过错吗？想当年灵思皇后失宠，先帝意欲废后，是我等流着眼泪哀求，想尽办法取悦皇上，才免她一死。如今你居然恩将仇报，诛杀宦官，岂能容你！"没等何进辩解，宦官渠穆就一剑刺死了何进。随后，宦官把何进的人头扔出宫门，大喊："何进意图谋反，已经被处死！"宫门外何进的部将一看何进被杀，马上指挥兵马将宫门团团围住，可是宦官已经关闭宫门，与何进的军队相对峙。当天晚上，闻讯赶来的袁绍与吴匡等人合兵一处，先是用大火烧毁了宫门，然后冲入内宫格杀勿论，结果将宦官全部杀光。

然而何进一死，残破不堪的东汉政权落入了董卓手中，随即废黜少帝刘辩，另立刘协为帝，同时迫杀何太后，至此何氏家族灭亡，东汉最后一个外戚专权势力就此被铲除，从此军阀相互攻伐，天下大乱。而何进之死，不能不说是死于他谋事不周、优柔寡断之中。

第三十八篇　击势

【原文】

古之善斗者①，必先探敌情而后图之。凡师老粮绝②，百姓愁怨，军令小习，器械不修，计不先设，外救不至③，将吏刻剥，赏罚轻懈④，营伍失次⑤，战胜而骄，可以攻之。若用贤授能，粮食羡余⑥，甲兵坚利，四邻和睦，大国应援，敌有此者，引而计之。

【注释】

①善斗：善于用兵作战。

②师老粮绝：军队疲惫，粮草绝尽。师：军队。老：疲惫，疲劳。

③外救不至：外部的增援队伍没有到来。

④轻懈：轻率随便。

⑤营伍：指军队的行列；亦指对士兵约束，即军政军纪；或借指士兵或军人。失次：失去秩序，状态混乱。

⑥羡余：盈余，剩余。

【译文】

古代善于用兵作战的将领，一定先去打探敌人的军情，然后再采取相应的对策谋取进攻。凡是敌人军队因长期征战而疲惫不堪，失去锐气，粮草用尽；百姓对战争怨声不断；士兵不熟悉军中的大小法令，军纪废弛；

武器装备不充足，兵器失修；行动作战前没有任何计划，不先设防；交战时孤立无援，救兵迟迟不到；将领、官吏对部下军饷刻薄无度，暴敛资财；对部下赏罚不明，轻率随便；阵营混乱，队伍没有秩序；偶尔取得小小胜利就骄傲自大，在这样的情况下，就可以立即向敌人发起进攻。倘若敌人军中选派贤良有才干的人辅助将帅，粮饷充足有余，铠甲坚固，兵器锐利精良，百姓生活安定，能与周边国家保持和睦友善的关系，若有战事，能有大国立即前来救援，如果敌军中有上述这些情况的时候，就应当设法避开敌人的锋芒，从长计议，切不可轻举妄动。

【故事链接】

北宋名将杨业之死

诸葛亮说：“善于用兵作战的将领，一定会先去打探敌人的情况，然后再采取相应的对策谋取进攻。”不错，正所谓：知己知彼，百战不殆。然而，对战时，对于敌方的情况基本掌握，而偏偏己方配合不够默契，致使自己孤立无援、救兵迟迟不到，又将是什么结果呢？

北宋时期，抗辽名将杨业精通兵法，一副忠肝义胆，久经沙场，几乎百战百胜，人称“杨无敌”。宋太宗很欣赏他的才干，将其视为江山社稷的中流砥柱。由于杨业对防御辽国人侵的经验丰富，所以这一次，宋太宗派他到代州与潘美合力抗辽。

辽国大军从雁门关大举进攻，杨业侦察辽国的兵力部署以及实力之后，决定率领数百骑兵从隐蔽的小路绕到辽军背后，然后与潘美的部队形成前后夹击之势，这样就能轻而易举歼灭敌人。果然不出其所料，杨业很顺利就杀死了辽国大将萧咄李，生擒了马步军都指挥使李重诲，缴获大量兵甲战马。宋太宗高兴之余，对杨业升官加赏，而辽人望见杨业的旌旗，都会吓得不战而走。从此，杨业虽然威名远扬，但也因此埋下了遭人嫉妒的种子。

雍熙三年（986），辽国又来侵犯宋国边境。故而宋太宗派出三路大军前去征讨，其中潘美为西路军主将，杨业为副将。杨业进军顺利，一路夺取了辽国的寰、朔、云、应四州，但主力军中路曹彬损失惨重，宋太宗担心继续下去会更加损兵折将，于是命令各路人马火速班师回朝，然后又命潘美等人率领大军，将收复的四州民众迁移到内地。

这时辽国十余万大军已经开始反击，而且攻破了寰州。杨业认为此番任务是迁移民众，不宜与敌人正面交战。他深知边境地势，于是向潘美建议了万全之计：就是要避开敌人主力的锋芒，安全护送百姓为主。但是，杨业本是北汉降将，之前曾打败过很多北宋将领，因此降宋后，在军中的地位并不是很高，同时还受到北宋诸多将领的嫉妒。所以监军王侁（shēn）不以为然，非要与辽国正面交锋，并且嘲笑杨业说："不敢与辽兵作战，徒有虚名，不然，定是有降辽之心！"杨业本是一介武夫，性格耿直，对宋朝忠心耿耿，此刻怎能忍受王侁对他的怀疑和侮辱！为了表明自己的忠诚，只能主动请缨出击，冒险迎敌。而作为主将的潘美，也是经验丰富的将领，知道在敌众我寡下应该采取什么策略，也明白杨业所言是上策。但此时，由于嫉妒心在作怪，他没有支持杨业的意见。

作为经验丰富的一代名将，杨业知道此行很难取胜，但只要潘美在要塞陈家谷部署步兵强弩设伏接应，还有成功撤退的希望。所以经商议决定，由潘美和王诜负责接应。但是杨业出击以后，王侁等人很久没有消息，以为辽军已经败退。为了争功，他俩率领部队提前班师回朝了。等到杨业好不容易转战到陈家谷以后，根本没看到接应的人马，反而成了一支孤军，暴露在辽兵面前。他只好硬着头皮返回，再次力战辽军。眼看杨业身受几十处伤，已经筋疲力尽，他悲怆不已，对将士们说："你们都有父母妻子，在此与我一同死毫无意义！唯有逃亡求生，也好给天子报信！"将士们热泪盈眶，不肯离去，誓与杨业共生死！

几经拼杀，杨业等人终因寡不敌众，被辽军生擒。杨业被擒后宁死不屈，绝食三日而死，一代猛将就这样结束了一生。

第三十九篇　整师

【原文】

夫出师行军，以整为胜。若赏罚不明，法令不信，金之不止①，鼓之不进，虽有百万之师，无益于用。所谓整师者，居则有礼，动则有威，进不可当②，退不可逼，前后应接，左右应旄③，与之安而不与之危，其众可合而不可离④，可用而不可疲矣。

【注释】

①金：古指用金属制的击乐器，常用于战场上收兵时敲击。鸣金收兵，击鼓前进。

②进不可当：指进攻时的气势抵挡不住。

③旄（máo）：古代用牦牛尾装饰的旗子。

④其众可合而不可离：这样的部队内部能够团结合作而无法离间。

【译文】

将帅带领军队出征作战，常以军队严整能保持战斗力为胜利的关键。如果将帅对部下赏罚不能做到严明公正，军中的法令法规不能使部下信服，那么将士就会不服从指挥，鸣金时他们不知道收兵，击鼓时他们不知道进攻，这样一来，即使拥有百万之众的军队，也起不到取得胜利的作用。所谓整训军队，就是训练将士们平时闲居时也能谦恭礼让、井然有序，行动起来威武雄壮，进攻时锐不可当，后退时敌人不敢逼近、无缝可钻，军中将士都能做到前呼后应，左右一致，都能服从指挥旗帜的调度，就不会造成相互碰伤的情况，这样的队伍虽然庞大，但也能做到内部团结一致而不可离间，士兵有很高的组织纪律性，能经受任何考验，总能保持旺盛的斗志而不会疲惫了。

【故事链接】

皇甫嵩以整师击溃乱军

将帅带领军队出征作战，常以军队严整能保持战斗力为胜利的关键。而一个严整的军队，势必做到赏罚公正严明，行动整体统一，官兵上下同心，作战前呼后应。如若不然，必将“虽有百万之师，也无益于用”。

东汉末年，凉州名士边章和韩遂相继叛乱，汉灵帝派遣凉州刺史耿鄙前去平定，于是，耿鄙奉命征调六郡兵马前去讨伐。耿鄙刚到前线就想马上讨战，这时汉阳郡太守傅燮（xiè）向耿鄙进谏说：“使君您应该先训化这些新组建的士卒，孔子说：‘不先进行训练教化就派遣他们去作战，就是让他们去送死。’现在您率领没有受过严整训练的士卒，去翻越大陇险阻、征伐叛军，定会有危险，而现在边塞之兵有所准备，会更加凶悍勇敢。况且我们目前的军队刚刚组建而成，上下官兵之间，尚未达成行动上的默契和谐，万一发生内讧，到时候恐怕后悔也来不及了！不如令我们的军队休养一段时间，培养品德，整顿纪律，严明赏罚。叛军看我们久不开战，一定认为我军怯懦。时间久了，他们内部极有可能发生内乱而分崩离析。到那时，我们率领训练有素的部队去讨伐内乱涣散的叛军，必将胜利！”可是，耿鄙并未采纳其建议，执意发兵，结果军中发生内讧，自己反被叛将所杀。

汉灵帝闻讯，赶紧任命皇甫嵩为左将军，督领前将军董卓，各率两万士兵前去攻打。董卓主张带兵火速救援陈仓，说："智者不失时机，勇者不迟疑。应该马上发兵驰援，保全或破灭就在此时。"皇甫嵩却说："不对。百战百胜，不如不战而屈人之兵，所以先要作出不可获胜的样子，用来等待可以战胜敌人的时机。现在陈仓虽然小，但守城的工事坚固完备，不易攻破。王国军队虽然很强大，但进攻不利，时间长了必会消磨将士意志。等到他们身心疲惫之时，我们再出击，必会全胜，为什么非要此时去援救呢？"因而皇甫嵩没有采纳董卓的建议。

果然，王国围攻陈仓八十多天，还是没能攻下，看到大家疲惫不堪，只好自行撤退。皇甫嵩见时机已到，立即下令追击。董卓劝阻说："不可以，兵法上说，'穷寇莫追，归师勿掩。'现在我们追击王国，万一他们设下埋伏，我们就会陷入危险之地！"皇甫嵩却说："行军作战岂能照搬兵法！以前我不进攻，是避开他的锐气；现在追击，是在追击疲惫之师。王国的部队人心涣散，而我们的军队却是严整之师。以整击乱，必将获胜！"说完，独自率兵追击，留下董卓殿后。果然，正在撤退的敌军没想到皇甫嵩会突然追击，一时间乱了阵脚，再加上多日来围攻不下，消磨了将士们的士气，个个无心恋战，结果溃不成军，落荒而逃。

第四十篇 厉士

【原文】

夫用兵之道，尊之以爵①，赡之以财②，则士无不至矣；接之以礼，厉之以信，则士无不死矣；蓄恩不倦③，法若画一④，则士无不服矣；先之以身，后之以人，则士无不勇矣；小善必录，小功必赏，则士无不劝矣。

【注释】

①爵：爵位，君主对贵族所封的官职等级。这里指封赏官职。

②赡（shàn）：供给他人财物。

③蓄恩不倦：不断地对部下施予恩惠。不倦：不止，不断。

④法若画一：如若需要进行赏罚时，要公正严明，一视同仁。画一：指一视同仁。

【译文】

将帅用兵的规律也很关键，对待自己的部下，都能予以尊重并根据才德委任官职，论功行赏，给他们钱财物品，这样一来，有才德的贤士就没有不前来尽力的了；要以礼相待，以诚信来鼓励部下，这样一来，部下就没有不舍生忘死投入战斗的了；不断地对部下施予恩惠，如若需要进行赏罚时，要公正严明，一视同仁，这样一来，将士们就没有不信服敬佩的了；要在作战中身先士卒、冲锋陷阵，在撤退时主动殿后以便掩护他人，这样

一来，部下就没有不奋勇杀敌的了；就算部下有了微不足道的善举，也必须详细记录，获得小小的功绩，也一定给予奖赏，这样一来，部下就没有不积极向上、相互劝勉、永葆昂扬斗志的了。

【故事链接】

岳飞身先士卒建功业

岳飞是南宋著名的抗金名将，是中国历史上著名军事家、战略家，民族英雄，位列南宋“中兴四将”之一，并因战绩卓越，位至当朝“将相”。

北宋靖康元年（1126）冬，康王赵构到相州，岳飞随同刘浩所部一起划归大元帅府统辖。有一天，岳飞奉刘浩的命令，带一支三百人的骑兵分队出去侦察，在侍御林与金兵相遇。岳飞勇猛无比，片刻之间就杀死了敌将，击退金军；在滑州南的遭遇战中，岳飞奋勇当先，又以百骑杀败金军。这两次交锋虽然并非大战，但岳飞的勇武已得到显露。后来，岳飞随刘浩部隶属宗泽，从而成为抗金将领宗泽的部将。岳飞每次参战都是挥动双锏，身先士卒，每战必胜。

后来主张北伐收复河北失地的宗泽去世以后，杜充接任东京开封府留守。可是他不但不对外抗金，反而枪口对内，大肆镇压起义军。建炎三年（1129），金兀术率领金军再次南侵，岳飞奉杜充之命从外地剿匪，刚回到开封府，就接到杜充的命令，要向南撤往建康府。岳飞苦苦相劝，说：“中原之地，是我国土，一尺一寸都不能舍弃。若我军撤走，此地就非大宋所有了，他日若想再来收复，恐怕数十万大军也难复得！”然而贪生怕死的杜充却一意孤行，他见金国大军来势汹汹，即将兵临城下，竟然吓得不战而退，直接弃城南逃。岳飞当时只是一个小小的部将而已，不敢抗命，无奈之下，只得随之南下。

杜充就这样轻易放弃了开封之地，但并没有因此阻挡金军继续南侵的野心。战乱迅速波及江南、长江一带，金国由完颜昌等人率兵，进攻淮南、江南一带。然而大敌当前，杜充却深居简出不准备御敌，岳飞几度泣谏都无济于事。直到听闻金军渡江的消息，杜充才派岳飞、戚方等将官统兵二万，奔赴马家渡抗击金兵。

就这样，岳飞开始了抗金生涯。在广德攻击金军后卫时，六战六捷，之后又在金军进攻常州时，率部驰援，四战四胜。从此，岳飞威名大振，传遍大江南北。岳飞因功升任通州镇抚使兼知泰州，拥有人马万余，逐渐建立起一支纪律严明、作战骁勇的抗金劲旅“岳家军”。

岳飞收复襄阳六郡的胜利，震动了朝廷。宋高宗接到岳飞的捷报后，对胡松年说：“朕虽素闻岳飞行军极有纪律，未知能破敌如此勇猛。”胡松年说：“惟其有纪律，所以能破贼。”

岳飞不仅严于管教士兵，也能严于自律，且每战必身先士卒。就算升任通泰镇抚使以后，为掩护大队人马和百姓过江，依旧亲率后卫部队誓死据守南灞桥头，挡住金兵唯一去路。郾城之战时，他亲率铁骑突出阵前，部将上前劝阻他说：“相公为国重臣，安危所系，为何不注意保护自己！”岳飞回答说：“这不是你能懂的！”见主帅亲自冲锋陷阵，岳家军士气大振，所以三军上下，没有不积极向上、相互劝勉、斗志昂扬的了。

第四十一篇　自勉

【原文】

圣人则天，贤者法地，智者则古。骄者招毁，妄者稔祸[①]，多语者寡信[②]，自奉者少恩，赏于无功者离，罚加无罪者怨[③]，喜怒不当者灭[④]。

【注释】

①妄者：狂妄自大的人。稔（rěn）祸：犹酿祸。

②寡：少，很少。

③加：施加。怨：怨恨。

④喜怒不当：喜怒无常之意。

【译文】

圣人都崇尚天道，贤明之士则推崇大地的自然法则，而有智慧的人则以效法古代圣贤为立身之道。骄傲自大的人注定会招致损毁，狂妄荒谬的人则容易酿成祸患，夸夸其谈的人很少有信义可言，只顾自我标榜的人对待他人就会薄情寡义，奖赏没有功勋的人，定然会使部下

离心离德，将惩罚施加给无罪的人，定会遭到怨恨，喜怒无常的人，难逃灭亡的厄运。

【故事链接】

李自成骄傲自大而终败亡

李自成是明末农民起义领袖。他出身贫苦，明朝天启年间，陕北地区灾荒连年，他只能以给雇主放羊为生。

崇祯二年（1629），后金第一次入塞时，他参加了农民起义军，不久成为闯王高迎祥部下勇猛有胆略的得力闯将。崇祯八年（1635）荥阳大会时，他提出分兵定向、四路攻战的方案，受到各部首领的赞同，声望逐渐高涨。后来高迎祥在黑水峪（今陕西省）兵败被杀。高迎祥残部投奔李自成，李自成被推为“闯王”，继续征战。几年后起义军在潼关战败，他只好率刘宗敏等十余人，隐伏商雒丛山中，养精蓄锐，次年东山再起。

不料，起义军在巴西鱼腹（一作复）山被困，最后带领五十骑兵奋勇突围，进入河南。当时中原灾荒严重，民不聊生。李自成在长期艰难的争战岁月中，绝不向任何势力低头，与战士同甘苦、共患难，提出了有利于百姓的“均田免粮”口号，故而出现了“远近饥民荷锄而往，应之者如流水，日夜不绝，一呼百万，而其势燎原不可扑”的现象。当时流行歌谣：“朝求升，暮求合，近来贫汉难存活。早早开门拜闯王，管教大小都欢畅。杀牛羊，备酒浆，开了城门迎闯王，闯王来了不纳粮。吃汝娘，着汝娘，吃着不够有闯王。不当差，不纳粮，大家快活过一场。”可见李自成在当时深得人心。很快，起义军队伍发展到百万之众，成为农民起义中的主力军。

崇祯十七年（1644），李自成在西安称帝。李自成的大顺军军纪严明，秋毫不犯，李自成曾下令：“敢有伤人及掠人财物及妇女者，杀无赦”，基本保持了农民军的本色。但是后来在胜利之中，滋生了骄傲情绪，不仅对东北边关形势没有清醒认识，更没去策划如何对付清军的谋略；对于部将、士兵整天忙于抢掠、腐化行为没有采取必要制止疏导。朝廷上下一片混乱，武将忙于“追赃助饷”，文官忙于开科取士、敛取钱财，士兵也纷纷沉溺于敛财享乐之中，完全丧失了斗志。以至于后来，李自成在山海关战役失利，使形势发生了重大的变化，以前投降起义军的明朝官吏开始对抗李自成的大顺朝廷。

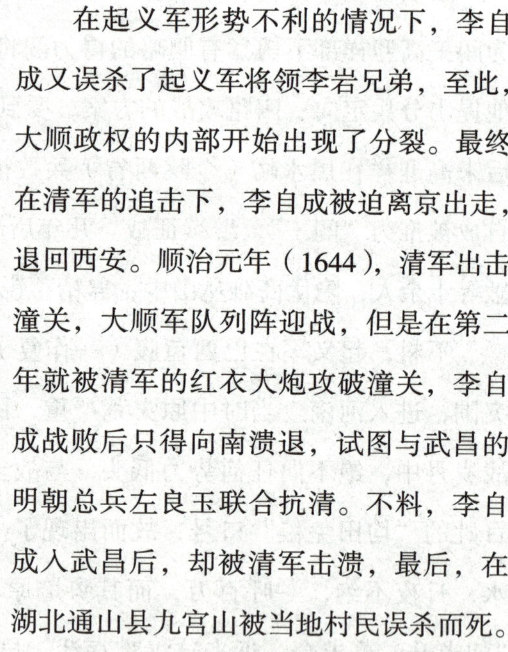

在起义军形势不利的情况下，李自成又误杀了起义军将领李岩兄弟，至此，大顺政权的内部开始出现了分裂。最终在清军的追击下，李自成被迫离京出走，退回西安。顺治元年（1644），清军出击潼关，大顺军队列阵迎战，但是在第二年就被清军的红衣大炮攻破潼关，李自成战败后只得向南溃退，试图与武昌的明朝总兵左良玉联合抗清。不料，李自成入武昌后，却被清军击溃，最后，在湖北通山县九宫山被当地村民误杀而死。

李自成这位明末农民起义领袖，短短几年时间，就不幸灭亡于骄傲自大、离心离德之中，怎能不令人警醒呢？

第四十二篇　战道

【原文】

夫林战之道：昼广旌旗[①]，夜多金鼓，利用短兵，巧在设伏，或攻于前，或发于后。从战之道，利在剑盾，将欲图之，先度其路，十里一场，五里一应，偃戢旌旗[②]，特严金鼓，令贼无措手足[③]。谷战之道：巧于设伏，利于勇斗，轻足之士凌其高，必死之士殿其后，列强弩而冲之，持短兵而继之，彼不得前，我不得往。水战之道：利在舟楫[④]，练习士卒以乘之，多张旗帜以惑之[⑤]，严弓弩以冲之，持短兵以捍之[⑥]，设坚栅以卫之[⑦]，顺其流而击之。夜战之道：利在机密，或潜师以冲之以出其不意[⑧]，或多火鼓以乱其耳目，驰而攻之，可以胜矣。

【注释】

①旌旗（jīng qí）：泛指旗帜。旌：是羽毛指示物，基层部队使用。旗：指的是布面指示物，高层部队使用。

②偃戢（yǎn jí）：停息。

③无措手足：犹手足无措，形容举动慌张或无法应付。

④舟楫（zhōu jí）：指船和桨，泛指船只。

⑤多张旗帜以惑之：在船上多插几面旗帜，以便迷惑敌人。

⑥持短兵以捍之：手拿短兵器去抗击敌人。

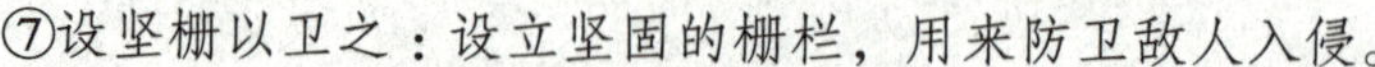

⑦设坚栅以卫之：设立坚固的栅栏，用来防卫敌人入侵。

⑧出其不意：原指在别人意想不到的时候行动，后泛指出乎对方的意料之外。

【译文】

将帅率领军队在森林中作战的规律是：在白天作战时以广插旌旗为主要战略，在夜间作战时多用鸣金、擂鼓指挥，利用刀剑等短兵器作战时，可以巧妙地设置埋伏，有时从敌人的正面进攻，有时从敌人的后方进攻，有时采用前后夹击的战术。在丛林中作战的方法是：利用刀、剑、盾牌等短型武器，在与敌人交锋之前，事先侦察好敌人的进军路线，在敌人的必经之路埋下伏兵，以十里一大战场、五里一小战场作为呼应，把所有的旗帜放倒藏好，特别小心地将金鼓严格控制好，当敌人靠近时，要出其不意击鼓而起，这样可令敌人措手不及。在两山之间的山谷地带作战，可采用的方法是：巧妙设置埋伏，这样更有利于勇猛出击，派遣身手敏捷的士兵占领高处，安排不怕死的士兵在后面负责切断敌人后路，排列强劲的弓弩，向敌人射击，然后让使用短兵器的士兵紧跟其后猛烈进攻，使敌人瞻前顾后，没有反击的机会。在水上作战的方法是：利用船只作战，训练士兵掌握各种水上作战技巧，以便乘船攻击敌人，可以在船上多插几面旗帜，以便迷惑敌人，要严格号令使用弓、弩，猛烈地向敌人发射，也可以手拿短兵器去抗击敌人，在水上埋设栅栏防止敌人入侵，这一切都要顺应水的流向进行。在夜间作战的方法是：其好处是安静、隐秘，可以秘密派遣部队冲出去偷袭敌人，也可以多用火把、战鼓，以便去扰乱敌人的视听，用最快的速度奔驰过去攻击敌人，这样就可以取得胜利了。

【故事链接】

明修栈道，暗度陈仓

“明修栈道，暗度陈仓”是古代战争史上著名的成功战例。它的意思是采取正面佯攻，当敌军被牵制的同时，然后悄悄派出另一支队伍迂回到敌后，乘虚而入，突然袭击，也就是将真实的意图隐藏在表面的行动背后，用表面显而易见的行动迷惑对方，使之产生错觉，从而出奇制胜，这与声东击西之计有异曲同工之妙。此句是出自《史记·淮阴侯列传》所记载的西汉开国功臣、杰出的军事家韩信之手。

秦朝末年，由于秦二世暴政天下，使朝廷政治腐败，民间群雄并起，纷纷反秦。陈胜、吴广在大泽乡起义，刘邦在沛县组织起义，项羽率领大军在巨鹿与秦军决战。他们相约谁先进入关中就尊谁为王。项羽本以为自己兵力强大稳操胜券，却没想到被刘邦捷足先登，先到了关中之地。等到项羽灭秦之后，听说刘邦已经先到关中，恼羞成怒，自封西楚霸王。势力强大的项羽进入关中后，逼迫刘邦退出关中。项羽强行“计功割地”，分封了十八位诸侯王，并违背“谁先攻入关中，谁就为关中王”的约定，把刘邦分封到偏僻荒凉的巴蜀，称为汉中王。但同时又将关中之地一分为三，封给秦国的三个降将，遏制刘邦北上反叛。刘邦迫于项羽淫威，为了保命，只得率部退驻汉中。为了麻痹项羽，刘邦退出关中时，听取张良之计，将汉中通往关中的栈道全部烧毁。这样一来，既可以防止项羽反悔追杀，又可以让项羽以为刘邦不再返回关中，没有争夺天下之心。其实这不过是一种假象而已，刘邦时刻都想击败项羽，争夺天下。

公元前206年，已逐步强大起来的刘邦，派大将军韩信出兵东征。出征之前，韩信献计，命人先修栈道。这样做是为了让敌人以为刘邦全力去修复已被烧毁的栈道，是想从原路杀回的架势。因为陈仓是刘邦进入关中的必经之地，两地之间既有险山峻岭阻隔，又有雍王章邯的重兵把守，根本无法通过。于是，刘邦按韩信的计策，派心腹大将樊哙带领万余人去修复五百里栈道，并假装以军令，限其一月内修好。关中守军闻讯，火速报告给项羽。项羽听后哈哈大笑：“好一个刘邦！聪明一世糊涂一时。当初烧毁栈道，如今再想重修，谈何容易！等他修好栈道，我项羽早已统一天下了！”随后命令陈仓守军一定要密切注视修复栈道的进展情况，并加强兵力守住各个关塞，阻拦刘邦率兵入侵。

韩信表面上大力修建栈道的计谋果然奏效，由于以此吸引了敌军注意力，将敌军的主力引诱到了栈道上，从而为韩信立即派大军绕道、偷偷翻越陈仓之地提供了有利条件。由于项羽率领大军前去攻伐齐国，国内兵力空虚，促使刘邦大军迅速平定了三秦之地，为刘邦统一中原奠定了不可撼动的基础。

第四十三篇　和人

【原文】

夫用兵之道，在于人和，人和则不劝而自战矣。若将吏相猜[1]，士卒不服，忠谋不用，群下谤议[2]，谗慝互生[3]，虽有汤、武之智[4]而不能取胜于匹夫[5]，况众人乎[6]？

【注释】

①猜：猜忌，猜疑。

②谤议（bàng yì）：诽谤，议论，非议。

③谗慝（chán tè）：指邪恶奸佞之人；或指进谗陷害。

④汤、武：指商汤、周武王。

⑤匹夫：古代指平民中的男子，亦泛指平民百姓。

⑥况：何况。乎：表示疑问或反问，跟“吗”“呢”相同。

【译文】

将帅领兵作战制胜的方法，还在于使军队内部人与人之间能够和睦相处，人与人之间能够和睦相处了，那么部下不用规劝就能主动竭尽全力冲锋陷阵了。如果将领与小吏之间相互猜忌，士卒不服从命令，忠诚而又有谋略的人得不到重用，士卒在背后时常诽谤非议，邪恶、奸佞之人的谗言与邪念交互滋生，那么即使有商汤、周武王那样的智慧，也不能打败一般的平民，更何况是人数众多的军队呢？

【故事链接】

商汤施仁天下

将帅领兵作战制胜的方法，亦在于使军队内部人与人之间能够和睦相处。内部团结和睦了，那么将士们就会同心协力争先冲锋陷阵了。当然，作为一国之君，倘若能施仁天下，使举国上下人心所向，百姓生活在一片和谐之中，那么就可以称为仁君了。

商汤继主癸之位成为诸侯时，只是夏桀王朝所管辖的一个方国领袖而已。然而夏桀骄奢淫逸、宠用近臣，政治上暴虐无道，对百姓以及所属方国部落进行残酷的剥削、压榨，最终引起各国人民的憎恨与强烈反对，所以商汤决定为民除害。

伊尹向商汤献计说：“夏自禹治理国家以来，夏王成为天下尊崇的共主。虽然桀暴虐无道，积怨甚深，但在诸侯国中仍有威信，故不能轻举伐桀。只有广积仁政，等待时机，兴正义之师，方可服众。”于是，为了削弱夏王朝的势力，争取更多的诸侯共同反夏，商汤逐步消灭了拥护夏桀的三大诸侯国。经过几番征战，商汤觉得讨伐夏桀的时机还不成熟，于是派使者向桀请罪，并恢复进贡，消除了桀心中的芥蒂，蓄存力量，等待时机。

终于，商汤决定正式兴兵伐夏。商汤豪情万丈地说：“不是我胆大妄为、举兵作乱，只因夏桀作恶多端，罪有应得！我惧怕上天的威严，不能不去攻打夏桀，替天行道！现在你们或许说‘他有罪，又有哪些罪恶呢？’众人皆知，夏桀荒淫残暴，无休止地消耗夏朝的国力，所以天下百姓都说：‘夏桀你这个该死的什么时候灭亡？我们都愿意与你同归于尽！’夏桀已经离心离德，惨无人道，我们必须去征伐他！”众人异口同声高呼：“讨伐他！讨伐他！”

商汤消灭夏桀成为国君以后，汲取夏朝灭亡的教训，要求其臣属“有功于民，勤力乃事”，否则就要“大罚殛汝”，自己则更是德行天下。

有一次他外出，看见一片林子里，有个农夫正在张挂捕捉飞禽走兽的网，东南西北四面都挂好了网以后，这个农夫对天拜了三拜，然后跪在地上祷告说：“请求上天保佑，唯愿天上飞的，地上跑的，但凡从四方来的鸟兽，都进入我的网中来吧。”商汤听了以后，说：“只有夏桀之辈才需如此一网打尽啊！然而鸟兽何罪之有？只为口腹之饥，何必赶尽杀绝呢？如此张网，实在太残忍了！”于是让随从将网撤掉三面。然后商汤也虔诚祷告说：“天上飞的，地上跑的，想往左跑的，就向左；想往右跑的，就向右；不听劝告的，就钻向网里自取灭亡吧。”然后起身对众人说：“对待鸟兽也要有仁德之心，不能捕尽捉绝，不听天命的，就由它自投罗网吧！”

各国诸侯们听说这件事以后，都称颂说：“汤真是一个有德之君啊！”后来逐渐流传到后世，就成了“网开三面”的典故了，而商汤也时刻注意施行仁政，处处“以宽治民”，因此在他统治期间，政权颇为稳定，国力也日益强盛。

第四十四篇　察情

【原文】

夫兵起而静者，恃其险也[①]；迫而挑战者，欲人之进也；众树动者，车来也；尘土卑而广者，徒来也；辞强而进驱者，退也；半进而半退者，诱也；杖而行者，饥也；见利而不进者，劳也；鸟集者，虚也；夜呼者，恐也；军扰者，将不重也；旌旗动者，乱也；吏怒者，倦也；数赏者，窘也[②]；屡罚者[③]，困也；来委谢者[④]，欲休息也；币重而言甘者[⑤]，诱也。

【注释】

①恃：凭借。

②窘：窘迫，窘困。

③屡：屡次。

④委谢：委贽谢罪，低声下气谢罪求和。委：同“萎”。

⑤币重而言甘：演化为成语“币重言甘”，意思是礼物丰厚、言辞好听，指为了能达到某种目的而用财物诱惑。语出《左传·僖公十年》。

【译文】

将帅领兵打仗要善于通过观察去判断敌人的真实情况。如果起兵后，敌人本应交战决胜负，却始终按兵不动，这是凭借了险要的地势；如果敌人采取追击的方式逼近我军进行挑战，这是想引诱我军首先出击；看到敌军方向的树木无风而动，一定是敌人的战车悄悄驶来；看到尘土低飞而且扩散范围很广，肯定是敌人的步兵正在进军途中；当敌人言辞强硬而且做出向我军进攻的样子，这一定是在准备撤退；当敌人摆出忽而前进、忽而后退的阵势，就是在引诱我军进攻；如果发现敌军有手扶拄杖而行、萎靡不振的现象，则说明敌人已经饥饿难忍；如果敌人对有利的时机不加以利用，则说明敌人已相当疲劳，无力再进攻了；如果飞鸟在敌军的阵地方向成群聚集而没有惊恐乱飞的现象，就说明敌军阵营空虚；如果夜间听到敌军阵地喧哗吵闹的声音，则表示敌人对战争恐惧害怕；如果敌人的军队涣散、混乱不堪，则说明敌军主将已经失去了应有的威势；如果敌军的旗帜混杂纷乱，则表示敌军内部已经大乱；如果敌军的主将、官吏不断地发怒，则表示战争形势使他们觉得取胜无望而感到忧虑倦怠；如果敌军奖赏过频，则说明敌军所处境况窘困；如果敌军刑罚过于频繁，则表明敌军主帅已无力扭转内部混乱的局面；如果敌方派遣使者前来低声下气谢罪求和，则表明敌军想休兵停战；如果敌人送来贵重的物品，说尽甜言蜜语，则说明敌军想以财物进行引诱而达到自己的目的。

【故事链接】

韦孝宽随机应变

将帅领兵打仗，要善于通过观察，去判断敌人的真实情况，然后根据探察的敌情进行具体分析，马上决定战策。如果身为将领，当敌情出现有利于自己的战机，却不能及时把握而做出相应的对抗，不能算是贤明；如果敌情发生不利于自己的形势，却不能随机应变，采取果断措施进行破解，也不能算是机智。

常言道：智者，当借力而行。而事实证明，只有善于观察敌情，才有善于乘势借力的机会，才更有可能扭转战机，百战不殆。

南北朝时期，西魏大将韦孝宽的一生可谓精彩，先后经历过无数战役，称得上是战功彪炳。在他二十岁时，南朝齐的遗族降将萧宝夤（yín）在关中发动叛乱，韦孝宽请求朝廷让他为先锋前去平定叛乱。对于韦孝宽主动请缨平乱的行为，北魏朝廷当然高兴了，当即就任命他为统军，跟随长孙稚挥师西进，韦孝宽从此开始了戎马生涯。后来，因为此次平叛有功，故而被任命为国子博士，代理华阴太守。韦孝宽的仕途顺遂，北魏分裂成东魏和西魏以后，他与独孤信都归顺于宇文泰的麾下，而韦孝宽奉命镇守玉壁城。

北魏分裂之初，战乱不断。高欢掌控的东魏实力虽然强于宇文泰控制的西魏，但都想征服对方。这一年，高欢亲自率领十几万大军进攻西魏，企图一举吞并西魏，统一北方。很快，高欢十几万大军扎下方圆数十里的连营，将玉璧城团团围住，开始昼夜攻城。韦孝宽城内的兵马不多，由于高欢来势迅猛，外援部队短时间内很难赶到，韦孝宽就采取严防固守的战术，一边加固城墙，一边激励士卒同心协力誓死抵抗。

高欢见硬攻不行，就在城南修筑土山，想以居高临下之势进行攻城。韦孝宽一眼看出高欢的意图，就命人在城墙原有的两个门楼基础上，再把城楼加固加高，让它高于城外敌军修筑的土山，始终保持对东魏军发动攻击的居高临下的态势。

高欢看居高攻打行不通，就打算穿凿地道进攻玉壁城。他命人在城南开挖十条地道，同时又集中兵力攻击北城。韦孝宽自知北城占据天险，易守难攻，可有“一夫当关，万夫莫开”的优势，量他也攻不进来。于是集中兵力在城南挖掘一条长长的沟壕，如同守株待兔，只要东魏军兵挖通沟壕一露头，就被抓住了。另外，韦孝宽还在沟壕里放了好几堆干柴草和臭皮革，只要发现有洞口即将挖通的迹象，就点燃火种，把潜伏在地道准备偷袭的东魏军烧得哭爹喊娘。高欢气急败坏地使用攻城车直接撞击城墙，韦孝宽就在城墙前悬挂帷幔，致使攻城车撞击力减弱而虚不受力，城墙依旧安然无恙。高欢再次命人开挖地道，直奔城墙墙角，然而韦孝宽临危不惧，发现城墙塌陷就立即命人在崩塌处增设栅栏，然后吩咐重兵把守，使东魏军依然无法攻入。

韦孝宽随机应变，见招拆招。一个多月的时间里，高欢用尽攻城之术，但全都被韦孝宽即时化解。眼见久攻玉璧城不下，搞得东魏军损兵折将、人心惶惶，高欢见此情景只好无功而返。因为挫败了高欢的进攻，保障了国家安全，所以韦孝宽受到西魏王宇文泰巨大的封赏，被封为骠骑大将军。

第四十五篇　将情

【原文】

夫为将之道，军井未汲①，将不言渴；军食未熟②，将不言饥；军火未燃，将不言寒；军幕未施③，将不言困；夏不操扇④，雨不张盖⑤，与众同也。

【注释】

①汲（jí）：从井里打水，汲水。

②军食未熟：军中的饭食还没有煮熟。食：饭食。

③军幕：行军宿营的帐幕。

④操扇：手执扇子纳凉。

⑤雨不张盖：下雨天，将领不带头打开伞盖避雨。

【译文】

作为一个优秀将帅的原则是，军营中的水井还没有打上水来之前，身为将帅不能先说口渴；军中的饭食还没有煮熟之前，身为将帅不能先喊饥饿；军营中的火堆还没有点燃之前，身为将帅不能先说自己寒冷；军中的帐篷还没有搭建完毕之前，身为将帅不能先说自己困乏；身为将帅，即使夏天酷热无比，也不能拿起扇子纳凉，即使下雨天，将领也不能带头打开伞盖避雨，总之，在各种生活细节上都要处处与士兵相同。

【故事链接】

王佐断臂解围

岳飞是公认的民族英雄，更是一位优秀的将帅。他对待自己的部下都能予以尊重并量才任用，按功劳大小赏给其钱财物品；能够以礼相待，并以诚信来鼓励部下建功立业；他向来赏罚分明，不因亲情而枉法；作战中总是身先士卒，冲锋陷阵。所以他的部下，没有不敬重他的，也没有不甘愿为他舍生忘死去战斗的。他治军严谨，首先提出了“武将不怕死，文官不爱钱”的崇高思想，堪称封建社会官吏的行为典范。

南宋时期，金兵频繁南侵，金兀术与岳飞在朱仙镇对阵许久不分胜负，其主要原因是金兀术有一个义子，名叫陆文龙，虽然才十六七岁，但勇武过人，是岳家军的劲敌。其实，陆文龙本是宋朝潞安州节度使陆登的儿子，当年金兀术攻陷潞安州的时候，陆登夫妇双双殉国。金兀术将襁褓中的陆文龙和奶娘掳至金营，并收其为义子，金兀术勒令封锁消息，所以陆文龙直到现在也不知道自己的身世。

岳飞正在思考破敌之策，忽然部将王佐进帐求见。只见王佐脸色蜡黄，右臂已被斩断，刚刚敷药包扎。岳飞惊讶地连忙站起扶住王佐，惊问发生了什么事。王佐说：“元帅平时待我等不薄，视将士如手足。近日见元帅为破敌之事愁眉不展，属下自愧无能为力！想那陆文龙乃我宋将之后，却沦为金人，反杀我中原将士，实为可悲！我想即日只身到金营，策动陆文龙反金。为了不使金兀术猜疑，才用此断臂之苦肉计。”岳飞听罢，颤抖着双手轻抚那残余的断臂，心痛得泪如泉涌。

王佐辞别岳飞后连夜赶到金营，被金兵捆绑着带到金兀术营帐之内。金兀术怀疑他是前来诈降，所以反复对王佐进行盘问。王佐对金兀术说："我本是杨么的部下，官封车胜侯，享尽荣华富贵。可惜杨么起义失败，我只得归顺岳飞，在他手下却得不到重用。昨夜帐中议事，我谏言说，当前金兵百万，实难抵挡，不如议和。谁知那自以为是的岳飞听后勃然大怒，说我扰乱军心，意欲通敌，不容分说就命人斩断我的右臂。我无法忍受其恃才傲物的狂妄，索幸弃暗投明，今后誓保金主统一中原。恳求金主容留小人，待日后定效犬马之劳！"

金兀术虽半信半疑，但反复察言观色，也没看出半点破绽。王佐又拿出一张地形图说："这是岳飞营中兵力布置图，请金主过目！"金兀术接过来一看，喜出望外，面露同情地说："唉！真是一个苦人儿！"然后让侍卫将他带到士兵营中休息。连续几天，王佐想办法趁机接近陆文龙的奶娘，百般说服后，奶娘才同意带他见到陆文龙，一同向陆文龙讲述了他的身世。陆文龙知道了自己的身世后，异常愤怒，决心为父母报仇，诛杀金贼。王佐指点他不可造次，要伺机行动。

这时金兵刚好运来一批轰天大炮，准备深夜轰击岳家军营，幸亏陆文龙用箭书报信，使岳军及时撤离而免受损失。当晚，陆文龙、王佐、奶娘混出金营，直奔岳飞军营。岳飞喜出望外，得到陆文龙这员猛将，如虎添翼。不日，金兀术因为营中缺少大将，交战中又被陆文龙斩杀一名大将，一气之下，只好暂时退回金国。

第四十六篇　威令

【原文】

夫一人之身，百万之众，束肩敛息[1]，重足俯听，莫敢仰视者[2]，法制使然也。若乃上无刑罚[3]，下无礼义，虽贵有天下，富有四海，而不能自免者，桀纣之类也[4]。夫以匹夫之刑令以赏罚，而人不能逆其命者，孙武[5]、穰苴之类也[6]。故令不可轻[7]，势不可通[8]。

【注释】

①束肩敛息：意思是缩肩而立，屏气凝神，形容十分恭顺的样子。

②莫敢仰视者：这里指没有敢于傲然仰视而不服从命令的。

③若乃：用于句子开头，表示另起一事。若：如果。

④桀（jié）纣（zhòu）：桀和纣，相传都是暴君。桀：是夏朝最后一个国王，是中国历史上有名的暴虐、荒淫的国君之一。纣：是商代最后一个国王，残暴无度，史称“殷纣王”，后来因周武王讨伐而死。

⑤孙武：春秋末期齐国乐安（今山东省北部）人。中国春秋时期著名的军事家、政治家，尊称兵圣或孙子，被誉为“百世兵家之师”“东方兵学的鼻祖”。

⑥穰苴（ráng jū）：即田穰苴，又称司马穰苴，春秋末期齐国人，是田完（陈完）的后代，齐田氏家族的支庶。他是继姜尚之后又一位承上启下的

著名军事家，曾率齐军击退晋、燕入侵之军，因功被封为大司马，子孙后世称司马氏。后因齐景公听信谗言而被罢黜。

⑦故：所以。轻：轻视。

⑧势不可通：此指将帅的威势不可违抗。

【译文】

作为将帅，虽然只是一人之身，却能指挥百万大军，能使他们缩肩而立，屏气凝神，稳而有序，俯首帖耳，毕恭毕敬地接受命令，军中没有敢于傲然仰视而不服从命令的人，这是严明的法令致使他们这样的结果。如果身为将帅，却不能严格执行刑罚，就会使在下的士卒不知礼义，这样一来，即使贵为天子而拥有天下，就算占尽四海之内的财富，也难逃自我灭亡的命运，夏桀、商纣王这样的暴君就是如此。但是，就算是平凡的将帅，如果在领兵的时候，能以严明的法令作为赏罚的依据，那么部下是不敢违背将帅命令的，春秋时期著名的军事家孙武、穰苴这样善用法制的人就是如此。所以说，政令、军令是不可轻视的，而将帅的威势也不可违抗的。

【故事链接】

司马穰苴从严治军

司马穰苴是春秋末期齐国人，是陈国君主陈完的后代。

齐景公时，晋国进犯，燕国也入侵黄河南岸，结果齐国军队大败，齐景公为此十分忧虑。这时晏婴向齐王推荐司马穰苴，说："穰苴能以文德服众，部下都愿意亲附他；他的武略奇绝，可使敌人畏惧，希望大王能任用他。"于是，景公召见司马穰苴，同他讨论军事，司马穰苴果然见解独到，景公不禁心中大喜，如获至宝，立即任他为大将军。司马穰苴谦让说："臣下出身卑贱，瞬间地位从平民提升到士大夫之上，恐怕难以得到士兵的服从，无从得到百姓信任，如此资历尚浅，缺乏权威，实在难以服众，所以希望大王派遣宠臣或者国内有威望的人来当监军，以便督促军中事务。"齐景公当即答应了他的要求，派遣朝中德高望重的庄贾前去担任监军。随后，司马穰苴便与庄贾约定说："明天正午在军门外相会。"

司马穰苴早早就驾车来到军营，树立日表，打开计时的滴漏，等待庄贾。这位庄贾自恃身份尊贵，一向傲慢自大，而且还特喜欢摆"谱儿"，自认为担当监军又不是训练士卒，故而不用太着急，再加上亲戚僚属得知他担任监军即将出征，都纷纷请他一起宴饮，以示践行，直到正午时分，庄贾仍然还没来。司马穰苴一气之下便放倒日表，截断滴漏，自己独自走进"军门"，整顿军队纪律，训练阵型。

直到傍晚，庄贾才醉醺醺地走进来。司马穰苴问："为什么迟迟才到？"庄贾拱手道歉说："因为有朝中大夫和亲戚请我宴饮，所以耽搁了。"司马穰苴说："将领从接受任命之日就应该不顾家庭，从亲临军营之时就应该不顾亲戚，从拿起鼓槌指挥作战之时就应该不顾个人安危。现在敌国军队已经深入我国领土，举国上下惶恐不安，士兵们戍守边疆不惜劳苦，国君为此吃不香、睡不稳，此刻，百姓的生命都已悬系在你我身上，如此迫在眉睫的紧要关头，你竟然吃酒享乐，目无军法！"于是喊军正过来喝道："按照军法，按期不到者应如何处置？"军正回答说："按律当斩！"庄贾一听吓坏了，派人驱车火速报告景公，请求救命。可惜还没等送信人返回来，庄贾已被斩首示众了。

三军将士都吓得惊恐万分，浑身战栗。过了一会儿，景公派使者持节来赦免庄贾。只见车子直接闯入营垒之中。司马穰苴说："将在外，君王的命令可以不必照办。”又问军正说：“不经通报擅自闯入营垒，该当何罪？”军正说：“按律应当斩首！”使者一听立时大惊失色。司马穰苴说：“国君的使者不可以杀。”于是，就杀了那个驾车的车夫，砍断车子的左辅，杀死了左边的马，示众于三军，并将这一切都派使者奏报给了齐景公，然后率领

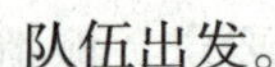

队伍出发。

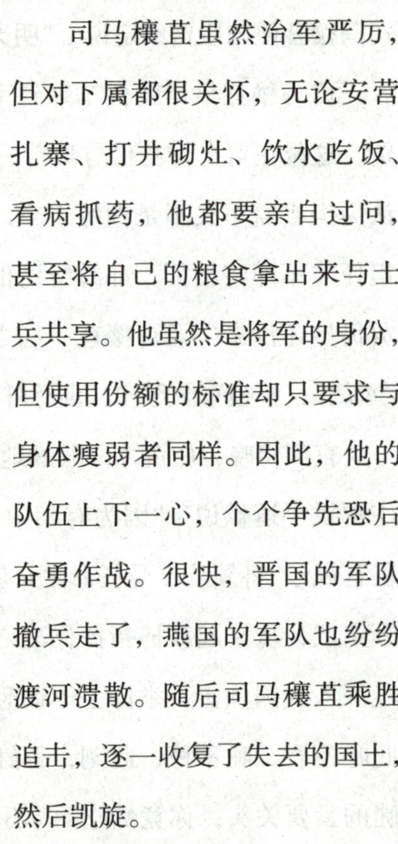

司马穰苴虽然治军严厉，但对下属都很关怀，无论安营扎寨、打井砌灶、饮水吃饭、看病抓药，他都要亲自过问，甚至将自己的粮食拿出来与士兵共享。他虽然是将军的身份，但使用份额的标准却只要求与身体瘦弱者同样。因此，他的队伍上下一心，个个争先恐后奋勇作战。很快，晋国的军队撤兵走了，燕国的军队也纷纷渡河溃散。随后司马穰苴乘胜追击，逐一收复了失去的国土，然后凯旋。

齐景公得知获胜的消息后惊喜万分，遂与众大夫迎之于郊，依礼慰劳三军将士，将司马穰苴晋升为大司马。田氏也因此在齐国日益显赫。

第四十七篇　东夷

【原文】

东夷之性[1]，薄礼少义，捍急能斗[2]，依山堑海，凭险自固。上下和睦，百姓安乐，未可图也。若上乱下离[3]，则可以行间，间起则隙生[4]，隙生则修德以来之，固甲兵而击之，其势必克也[5]。

【注释】

①东夷：先秦时代中原王朝对中原以东各部落的泛称。

②捍急能斗：勇猛强悍，凶狠善战。捍：勇猛，干练。

③上乱下离：上下不合，出现离心离德的现象。

④间：挑拨离间。隙生：出现嫌隙。

⑤甲兵：铠甲和士兵，亦借指军事。其势必克：这样的气势就一定能攻克敌人，取得胜利。

【译文】

中原以东各族人的特性，主要表现在轻视礼仪，缺少德义，勇猛强悍，凶狠善战。他们所处的地理位置依山傍海，可以凭借险要的地形地势进行自我世代坚守。那里的各族人民内部上下和睦，百姓安居乐业，所以不可能很快战胜他们。如果他们内部出现了上下不合、离心离德的现象以后，就可以对他们使用“离间计”，离间成功就能扩大他们的内部矛盾，使之内部相互之间产生嫌隙，再对他们施以仁义、道德进行招抚，并配合强有力的军事进攻，这样的气势就一定能攻克他们，取得胜利。

【故事链接】

周公征伐东夷

远古时期，在洪荒的中国东部，生活着许多以鸟为图腾的原始人群，被统称为“东夷”。据说东夷人最先发明弓箭，而且擅长射箭。依据周朝的《礼记》记载：东方曰“夷”，被发文身，有不火食者矣。在整个西周时期，东方诸夷都是周王朝的劲敌，所以东夷与商朝兵戎相见之事时有发生，交锋规模之广，甚至远至淮河流域。

周武王姬发在“牧野之战”歼灭商纣主力之后，建立了西周王朝 。为了统治商朝的遗民，周武王把殷商遗民的领地分为四个区。周武王病逝后，周成王继位。当时周成王年幼，便由周公旦摄政治理国事。但是管叔贪图王位，于是煽动蔡叔、霍叔，怂恿武庚及东方诸侯国谋反，并散布流言，说周公想谋害成王，窃取王位。武庚见有机可乘，果真与管、蔡联合东方各族起兵反周。万不得已，周公决定兴师东征。

周公对周王朝的忠心日月可鉴，太公望（姜子牙）和召公深知周公摄政的苦心，于是决定团结一致，联合调集各地诸侯共同挥师东征夷地叛军。

在出征前的誓师大会上，周公说：“殷商遗民想趁乱造反，扬言说：‘殷商光复旧业的机会到了！’妄图让我们成为他们的属国，这是叛逆！我们周王朝人民齐心合力，一定能够平定叛乱，保住武王开创的基业！”接着又说：“我们周王朝是靠上天保佑兴盛起来的，承受的是天命。所以我又占卜了一卦。卦象表明，上天又来帮助我们了！这是上天的旨意，谁都不能违抗。你们应该顺从天意，助我平定叛乱！”周公话音一落，只听万民高呼相应。

于是，周公率领大军渡过黄河以后，又继续东进，直取商都朝歌。武庚闻讯后立即组织人马抵抗。然而周公手下的三军将士早已对叛军恨之入骨，所以无不奋勇厮杀，如同决堤的洪水一般势不可当。武庚的军队被杀得人仰马翻，很快就溃不成军，武庚也被乱军刺杀身亡。周朝军队一鼓作气，相继击败武庚及“三监之乱”以后，周公顺势扩大东征战果，一举消灭其他反叛力量。周公想先向东征伐奄国这股主要反叛势力，但辛公甲说：“大国难取，小国易攻，不如先攻下小国以孤立大国。”周公觉得有道理，便采纳了他的建议，决定先攻淮泗间（今苏北、皖北地区）的九夷部落。这些小国战备力量薄弱，不堪一击，周公率领大军，不费吹灰之力，就逼迫夷族部落节节败退，最后都被周公征服。随后，周公率兵北上攻打奄国，并很快占领了奄国西、南两边的邻国，使奄国处于孤立无援的状态，奄国国君看大势已去，为了活命，只好投降。周公消灭奄国是对殷商势力的重大打击，使周边小国就此失去了依靠，但也使他们看到了周朝的强大，于是纷纷投降周公。

周公东征持续了三年之久，终于平定了管叔、蔡叔、武庚联合的武装叛乱。之后，周公乘胜东进，消灭了参加叛乱的多个小国，使周朝的疆域扩展到东部沿海地区，彻底征服了东夷。

第四十八篇　南蛮

【原文】

南蛮多种①，性不能教②，连合朋党③，失意则相攻。居洞依山，或聚或散，西至昆仑，东至洋海，海产奇货，敌人贪而勇战。春夏多疾疫，利在疾战④，不可久师也⑤。

【注释】

①南蛮：是先秦时代中原王朝对中原以南各部落的称呼。古代中原人以中原（即黄河中下游一带）为天下中心，称周边四方为“夷、蛮、戎、狄”，故而长江以南的少数民族被叫作南蛮。蛮：即是野蛮的意思。多种：许多种族。

②教：教化。

③朋党：指集团、派别，多为争夺权力、排斥异己、互相勾结而成。

④利在疾战：适宜速战速决。

⑤不可久师：不可以长久作战。

【译文】

长江以南地区有许多野蛮的种族，可称为南蛮，他们的性情是无法教化的，这些民族常常结合成不同的利益团体，不过，他们遇到不如意的利害冲突时就会互相攻伐。他们平时居住在山洞水边，有的民族聚集一处，有的民族则分散在各处而居，西到昆仑山、东到大海之滨，都是他们活动的范围，他们那里海产丰富、珍奇山货，数不胜数，敌人个个贪婪好战。春夏两季常发生疾病、瘟疫，所以对南蛮用兵，适宜速战速决，不可以持久作战。

【故事链接】

秦始皇征伐南蛮

从古至今，历史朝代在战争中不断发生改变，其中涌现出无数闪耀历史的文官武将，但真正像“秦皇汉武”这样改写历史的皇帝却为数不多。

公元前221年，秦始皇先后消灭了韩、赵、魏、楚、燕、齐六国，统一各国诸侯以后，并没有停止统一天下的脚步。所以征服岭南地区，彻底将秦国疆土拓展到南海边上，成了秦始皇的新目标。经过系统筹划，三年后，秦始皇开始对南方百越部落发起了征服战争仅仅几年时间，就先后征

服了东瓯（ōu）和闽越地区，为了便于管理，当即设置了闽中郡。

公元前223年，秦军浩浩荡荡向岭南地区进发，其中动用了二十多万刑徒，输送辎重粮草，一路所向披靡。当秦国大军攻打到西瓯部落的时候，遇到了困难。由于西瓯部落防范意识比较强，故而长期处于“全民皆兵的状态”，那里的小孩子从小就开始习武，所以不论妇女儿童、男女老幼，都能手持武器对阵沙场。况且，西瓯人民善于制造武器，他们的武器制造精良，再加上个个骁勇善战，具有相当强劲的战斗力。

战争一开始，秦军来势凶猛，再加上队伍庞大，以恃强凌弱的态势，致使一些部落首领交战不久就投降或阵亡。但是，具有顽强意志的西瓯人民并不没有因此放弃对抗，他们迅速转入林间山野，利用熟悉当地环境的优势牵制秦军，使长驱直入的秦军

无法施展。西瓯部落集体意识较强，如果领军人物阵亡，就会马上推举另一个勇敢有谋略者“为将”，继续指挥战斗。他们发挥自己善于爬山越岭和驾船荡舟的长处，充分利用当地山高林密、河多谷深的地形地貌，运用机动灵活的战术，对秦军采取不定时的夜间偷袭，使秦军整日提心吊胆，夜不敢寐，甚至晚上休息的时候也不敢脱下铠甲，生怕西瓯人突然袭击。尽管日防夜防，但秦国国尉屠睢还是被他们刺杀了，甚至秦军“伏尸流血数十万”。战争持续三年之久，秦军损失惨重，甚至陷于“旷日持久，粮食绝乏”的地步。

战争转入艰苦的相持阶段后，使秦军疲乏不堪，但秦始皇统一四方的决心并没有因此减弱，他号令全体将士，一定要扼守要道，修建城堡，派兵驻屯，以防西瓯人的偷袭。同时命令监御史禄在兴安县境内带领士卒开凿水渠，以便贯通输送粮草的航道，这条渠道就是历史上著名的人工运河“灵渠”。这条水渠开凿成功以后，解决了秦军粮草输送问题，但由于这一带地形复杂，山岭绵延不尽，使秦军常因迷路而误入包围圈后被射杀无数。所以，秦始皇竭尽全国之力，狂征暴敛，强迫百姓披甲上阵服兵役，致使中原地区人民“苦不聊生，自经于道树，死者相望”。但是从某种意义上来讲，也使那些被围困在岭南各地据点的秦军得到源源不断的人力和物力的支援，再加上秦军武器先进、训练有素、作战经验丰富等优势，在大将赵佗等人的指挥下，终于取得了胜利，使长达数年的秦瓯战争宣告结束。从此，秦始皇完成了统一南方的夙愿。

第四十九篇　西戎

【原文】

西戎之性[①]，勇悍好利[②]，或城居[③]，或野处，米粮少，金贝多[④]，故人勇战斗，难败。自碛石以西[⑤]，诸戎种繁，地广形险，俗负强很[⑥]，故人多不臣。当候之以外衅，伺之以内乱，则可破矣[⑦]。

【注释】

①西戎：又称犬戎，是上古时期在今陕西、甘肃、宁夏等西北地区的一个以犬为图腾的非华夏部落。古代中原地区的人称自己为华夏，把四方的各部落称为东夷、西戎、南蛮、北狄。

②勇悍好利：指勇猛彪悍，贪图财利。

③或：有的。

④金贝：意思是金刀龟贝，古代用作货币，亦泛指金钱财货。

⑤碛（qì）石：多石的沙滩，引申为沙漠。

⑥俗负：意思是与世俗不相谐。很：同“狠”。

⑦当候之以外衅，伺之以内乱，则可破矣：应当等到他们因为遭到外族的侵犯，因为内讧而造成混乱，就可以出击破敌了。

【译文】

西部的少数民族统称西戎，他们性情勇猛彪悍，而且贪图财利，有的筑城聚集而居，有的分散居住在野外，那里虽然没有充足的粮食，但他们的金刀龟贝却很丰盈，而且这些人个个都勇猛善战，因此很难使他们屈服。他们自守一方，居住在大漠以西，诸多种族繁衍迅速，很快占据广阔、险峻的地形地貌，他们悖逆世俗，习惯于逞强斗狠，所以他们多数人都不愿臣服于中原。只有等待时机，当他们因为遭到外族的侵犯，因为内讧而造成混乱时，才可以向他们出击，就能彻底击败他们了。

【故事链接】

秦穆公征服西戎

秦穆公时期，秦国势力日益强盛。公元前624年，秦穆公亲自率兵讨伐晋国，一心想称霸天下。所以当他渡过黄河以后，将渡船全部焚毁，以表誓死克敌的决心。但晋国的实力也不容小觑，虽然偶有胜利，但秦国始终无法征服晋国，自然也就阻碍了秦穆公向东扩展疆域的雄心壮志。因此，秦穆公选择了结盟，以联姻方式修成“秦晋之好”，以便集中精力向西征伐，扩大统治范围。

就这样，秦穆公向西发展疆域的战争拉开了帷幕。这一次他采取了比较谨慎的策略：先强后弱，次第征服。当时，西戎各部落中较强的是绵诸(今甘肃省境内)、义渠和大荔。其中，绵诸与秦国疆土相接。绵诸王听说秦穆公治国有方，就派遣由余出使秦国学习经验，实际上也是想通过明察暗访，另有图谋。秦穆公虽然知道绵诸王别有用心，但他还是大度又隆重地接待了由余，并向他展示了秦国壮丽的宫室和丰裕的物产资源，同时也间接向他了解了西戎的地形、兵势状况，以便能够知己知彼、百战不殆。

秦穆公通过与由余谈论治国之道，顿时发现他才华出众，而且他对西戎的国力情况了如指掌，因此，秦穆公脑海里瞬间闪过一个念头：倘若此人能为我秦国效力，那么消灭西戎不就指日可待了吗？同时，为了消磨绵诸王的意志，秦穆公听从内史廖的谏言：使用反间计，瓦解绵诸王的谋士团体。首先以各种借口挽留由余在秦国多住些日子，并让人到绵诸国散布谣言说："由余志在秦国，不想回国了！"从而使绵诸国王怀疑他有背叛之心。然后再依计给绵诸王送去妩媚动人的女乐若干名，同时带去悠扬美妙的秦国音乐与舞蹈，使戎王思想沦陷，终日沉迷于饮酒享乐之中，不理政事，即使百姓遭遇洪涝天灾而缺吃少穿他也不管，就连国内大批牛马死亡他也不闻不问。等到西戎王朝政混乱之时，这才让由余回国。然而此时，绵诸王已经荒淫成性，不知悔改，无论由余怎样劝说，都已经无济于事，甚至绵诸王一怒之下差点杀了由余。

后来在秦人的规劝下，由余真的投靠了秦国。秦穆公以宾客之礼接待由余，并恭恭敬敬地拜他为上卿，和他讨论统一西方戎族的策略。在由余的讲解下，秦穆公了解了西戎十二国的地形地势以及军事部署等情况。经过一番严谨缜密的筹划，秦穆公顺利攻下了西戎各国，开地千里，秦穆公的实力进一步扩大，终于位列春秋五霸之一，名扬天下。

第五十篇　北狄

【原文】

北狄居无城郭[①]，随逐水草，势利则南侵，势失则北遁[②]，长山广碛[③]，足以自卫，饥则捕兽饮乳，寒则寝皮服裘[④]，奔走射猎，以杀为务，未可以道德怀之，未可以兵戎服之[⑤]。汉不与战，其略有三。汉卒且耕且战，故疲而怯；虏但牧猎[⑥]，故逸而勇。以疲敌逸，以怯敌勇，不相当也，此不可战一也。汉长于步，日驰百里；虏长于骑，日乃倍之。汉逐虏则赍粮负甲而随之[⑦]，虏逐汉则长驱疾骑而运之，运负之势已殊，走逐之形不等，此不可战二也。汉战多步，虏战多骑，争地形之势，则骑疾于步，迟疾势悬，此不可战三也。不得已，则莫若守边。守边之道，拣良将而任之，训锐士而御之，广营田而实之[⑧]，设烽堠而待之[⑨]，候其虚而乘之，因其衰而取之，所谓资不费而寇自除矣[⑩]，人不疾而虏自宽矣。

【注释】

①北狄：周朝时期的中原人把周围非华夏的北方称为北狄。城郭：古义是指内城和外城的统称。城：指内城的墙。郭：指外城的墙。

②北遁（dùn）：向北方逃避。遁：逃遁，逃避。

③碛（qì）：多石的沙滩，引申为沙漠。

④寝皮服裘（qiú）：用兽皮作成衣服、被褥来穿着铺盖。服裘：裘皮衣

服，是用柔软的带毛哺乳动物皮制成的服装。

⑤兵戎（róng）：意思是指战争、战乱，也指士兵、军队。出自《礼记·月令》。

⑥虏：中国古代对北方外族的贬称。

⑦赍（jī）：本意是指拿东西给人，也指凭借、借助。

⑧营田：即“屯田”，通常也多采用军事编制，所生产的粮食主要用以供军队需要。

⑨烽堠（fēng hòu）：又称墩堠、瞭望台、瞭望塔、望楼、监视塔、烽火台，是高耸而可以供人瞭望周围环境的塔楼式建筑。古代重要军事防御设施。

⑩寇：敌寇，敌人。自除矣：自然就消除了，此处也有自取灭亡之意。

【译文】

居于北方地区的游猎民族统称为北狄，他们没有固定的城郭住所，哪里的水草丰富，他们就到哪里去居住。一旦积蓄了有利的形势，他们就南下入侵中原，如果自知大好形势失去，就向更远的北方逃避。他们凭借险要连绵的阴山和广阔的沙漠，形成了较强的自卫能力。饥渴的时候，他们就捕食野兽、喝兽奶、吃兽肉；寒冷的时候，他们就用兽皮做成身穿的衣服和铺盖的被褥。他们每天奔走于山野林间射杀猎物，以捕杀动物为每天必做的事务。这样的民族，既不能被道德感化，也不会被战争所臣服。汉朝不对他们用兵征服，理由有三点：汉朝的士兵一边耕作一边忙于战斗，因此十分疲惫而害怕战争，而北方的民族不但以狩猎为生，而且长期处于居无定所的游牧生活状态，因此属于安闲而勇敢的民族。如果以汉军的疲力对抗北狄的安闲，以汉军的胆怯对抗北狄的勇敢，这很不恰当，也是无法取胜的，这就是不能与他们交战的原因之一了。汉军擅长以步兵为主，每天加快脚步也只能行程百里；而北方民族擅长骑马，他们每天的行程就能超过汉军几倍。汉朝士兵追击北狄士卒时，既要携带所有的粮饷，既还要背负沉重的铠甲，而北狄军兵追击汉军时则是骑着战马长驱直入，而且是使用战马运载那些军需用品。双方的运输形式已经明显相差悬殊，再加上互相追击的方式速度也大不相等，这就是不能与他们交战的原因之二了。汉朝士兵大多是徒步作战，北狄则多数依靠骑马作战，每当双方为了争夺有利的地势交战时，总是骑兵快于步兵，因此速度快慢差异悬殊，这就是不能与他们交战的原因之三了。所以对付北狄，不能用战争的办法，在不得已的情况下，最好的方式是增设重兵守卫边疆。派遣将士戍守边疆时，要选择忠实贤能的人担任将帅，他们能够训练出精锐的士兵防御北狄，还要大规模屯田种植粮食以使仓库充实，设置高耸的烽火台时刻观察敌情，全力严阵以待，等到北狄内部虚弱时就乘虚而入，乘其势力衰竭时一举打败他们，这样既不必动用太多的人力、物力，就能使北狄自取灭亡了，也不必兴师动众去征伐，北虏入侵边境的紧张局势自然也就松缓下来了。

【故事链接】

张守圭大破契丹

春秋时代的北狄共分三大支派，分为白狄、赤狄和长狄。当时北狄与中原诸侯抗衡的主要是赤狄。

唐朝开元年间，契丹兴兵作乱，频繁进犯中原，使唐朝边境百姓苦不堪言。唐王朝面对契丹大军压境危及国家命脉的行为，终于到了忍无可忍的地步，于是派遣张守圭为幽州节度使，率领大军前去平定契丹之乱。

契丹大将可突干几次攻打幽州都没能攻下，于是，可突干派遣间谍混入唐朝境内探听唐军虚实。几天后，他便派使者到幽州境内，假意表示愿意归顺朝廷，永不进犯，并且年年向唐朝进贡，以示诚意。

张守圭熟知兵法，善于揣摩敌情。他觉得契丹目前势力正旺，而在这样的势头下主动求和，其中必定有诈。他想："如果此刻将计就计，来一个顺水推舟，定将扭转被动为主动，到时候先发制人，必将取得胜利！"于是，他客气地接待了来使。第二天，他派王悔代表朝廷到可突干营中宣抚，并命王悔一定要探明契丹内部的底细。王悔在契丹营中受到热情款待，在酒宴上，他不动声色地仔细观察契丹众将的言谈举止。他发现，契丹将领对归顺唐朝的态度并不一致，同时他探知分管兵权的李过折与可突干结怨较深，两人貌合神离，实际上大有剑拔弩张之势。因此，王悔专程去拜访李过折，交谈之中故意大肆赞美可突干。李过折听罢，怒火中烧，说可突干主张反唐，使契丹陷于战乱，人民恨之入骨，并告诉王悔，契丹这次求和完全是另有图谋，因为可突干已暗中向突厥借兵，不久后就要攻打幽州。

王悔乘机对李过折说明了唐军势力浩大，不可与之为敌，可突汗肯定会失败，并趁机透露说，如果李过折能脱离可突汗，寻找立功的机会，朝廷一定会重用他。李过折一听，果然心动了，表示愿意归顺朝廷。王悔见“离间计”成功，立即辞别契丹王返回幽州。

第二天晚上，李过折率领本部人马，突袭可突干的中军大帐。当时可突干毫无防备，被李过折斩杀于营帐之中。契丹士卒一看主将被人斩杀，顿时一片大乱。忽然，可突干的得力副将见势不妙，赶紧召集散乱的人马，与李过折展开激烈拼杀。

这时，张守圭得到探子报告的消息，于是立即率领大队人马趁乱火速冲入契丹军营，与李过折的部众合兵一处。经过一番混战，很快就擒获了契丹几位将领，平息了这一场契丹叛乱。

《便宜十六策》是中国古代著名的军事著作，由三国时期杰出的政治家和军事家诸葛亮所著。诸葛亮在《便宜十六策》中所提出的一系列治国治军原则，为后代的人们所推崇，堪称是千古治国治军的经典之作。

便宜一策　治国

【原文】

治国之政，其犹治家[①]。治家者，务立其本，本立则末正矣[②]。夫本者，倡始也[③]；末者，应和也。倡始者，天地也；应和者，万物也。万物之事，非天不生，非地不长，非人不成。故人君举措应天，若北辰为之主，台辅为之臣佐[④]，列宿为之官属，众星为之人民。是以北辰不可变改，台辅不可失度，列宿不可错缪[⑤]，此天之象也。

故立台榭以观天文[⑥]，郊祀、逆气以配神灵[⑦]，所以务天之本也；耕农、社稷[⑧]、山林、川泽，祀祠祈福，所以务地之本也；庠序之礼[⑨]，八佾之乐[⑩]，明堂辟雍[⑪]，高墙宗庙[⑫]，所以务人之本也。故本者，经常之法，规矩之要。圆凿不可以方枘[⑬]，铅刀不可以砍伐，此非常用之事不能成其功，非常用之器不可成其巧。故天失其常，则有逆气；地失其常，则有枯败；人失其常，则有患害[⑭]。《经》曰："非先王之法服不敢服。"此之谓也。

【注释】

①犹：犹如，如同。

②本：本源，根本。末：不是根本的、主要的事物（跟"本"相对）。

③倡：原指带头发动，首先提出。此指源头。

④台辅：星宿名，属贵气之星，常喻指三公宰辅之位的大臣。

⑤失度：失去法度、常态。列宿：众星宿。古人认为天有五星，地有五行；天有列宿，地有诸多州城。错缪（miù）：相矛盾，错乱、差错。缪：通“谬”。

⑥台榭：中国古代将地面上的夯土、高墩称为台，台上的木构房屋称为榭，两者合称为台榭。天文：天文学是一门古老的关于宇宙空间天体、宇宙的结构和发展的学科，内容包括天体的构造、性质和运行规律等。

⑦郊祀：古代于郊外祭祀天地，南郊祭天，北郊祭地。逆气：违逆不顺之气。

⑧社稷（jì）：土神和谷神的总称。后来统称借指国家。土神和谷神是以农为本的中华民族最重要的原始崇拜物。

⑨庠序（xiáng xù）：原指古代的地方学校，后也泛指学校或教育事业。

⑩八佾（yì）之乐：指天子专用的乐队规格。佾：既是奏乐舞蹈的行列，也是表示社会地位的乐舞等级、规格。一佾指一列八人，八佾八列六十四人。按周礼规定，只有天子才能用八佾，诸侯用六佾，卿大夫用四佾。

⑪明堂：指古代帝王颁布政令、接受朝觐和祭祀天地诸神以及祖先的场所。辟雍（pì yōng）：即明堂外面环绕的圆形水沟，环水为雍（意为圆满无缺），圆形像辟（辟即璧，皇帝专用的玉制礼器），象征王道教化圆满不绝。

⑫宗庙：帝王或士大夫祭祖之处。

⑬圆凿不可以方枘（ruì）：圆形的卯眼不能吻合方形的榫（sǔn）头。比喻格格不入、不相容、不适宜。

⑭患害：祸害。

【译文】

治理国家的方法，就如同治理自己的家庭一样。治家的关键，是务必

要建立根本，正本清源，只要根本树立了，那么其他末节也就端正了。所谓的本，就是事物的源头开端；所谓的末，就是顺应事物源头所产生的结果。自然界中，天地就是开端，顺应天地而生的，就是万物。至于万物得以衍生不绝的事，可以说，没有天不会产生，没有地不能生长，没有人类就不能促成。所以，作为百姓的君主言行举止一定要顺应天理，就像天上的北极星是群星的君主，三台星和辅星居侧是它的辅佐大臣，其他各个星宿排列为它的官吏，散布在外围的众多星星是它的百姓。因此北极星的位置是不可改变的，故而三台星和辅星的运行就不失其节度，其他众星也都有自己的轨道，运行不会出差错，这就是天象了。

因此，为人君主者下令建立高台亭榭以观天象，随季节变化而举行郊祀大典、消除违逆不顺之气，以此来配享神灵，顺应天意，这就是务必致力于以天为根本的表现了。耕种农田，建立祭祀土神，谷神的庙宇进行拜祭，及时改造山林、川泽，建造祭祀的祠堂，定时去祭祀祝福祈祷，这就是务地之本的表现。开办地方学校，重视宣扬礼乐并加以教化，建立天子专享八佾舞乐，规范朝廷大臣的乐舞等级规格，设立明堂辟雍，颁布政令，建造高堂宫室、祖先宗庙，这就是务人之本的表现。所以说稳固根本，能够保持永恒的法则，是规范礼法的关键。圆形卯眼不能吻合方形榫（sǔn）头，铅制的刀不能用来砍伐树木，这就是不符合常规之法做事就不能成功，使用不恰当的器具就不能成就精巧器物的道理。因此，天失其常态，就会有违逆不顺之气产生；地失其常态，就会造成枯萎衰败；人不用常法，必有祸害。所以《孝经》书上说：“不是先王所传承下来的道统礼法，我不敢服从。”说的就是这个道理。

【故事链接】

唐太宗治国，德行天下

唐太宗李世民是我国历史上较为杰出的皇帝，开创了“贞观之治”的历史盛况，这与他对于自我要求十分严格、懂得克制欲望是分不开的。李世民登基为帝以后，经常以隋朝灭亡为戒，注意克制自我欲望，嘱咐臣下“莫恐上不悦”而停止进谏。他励精图治，在政治上，既往不咎，知人善任；在经济发展上，能够薄赋尚俭，为政谨慎；在教化方面，致力于复兴文教，将规范礼法作为兴政的关键，因此，举国上下逐渐得以安定下来。

他曾说：“身为一国之君，当以人民的生活安定为念。为了自己享受奢侈浪费的生活而去压榨人民，如同拿起刀子割取自己腿上的肉吃，虽然吃饱了，但是身体却留下了无法弥补的伤痛。倘若希望天下国泰民安，必须先端正自己的姿态。从古至今，从没听说身正影子会倾斜，也没听说过贤德有为的君主治理天下，百姓却能胡作非为。”

魏徵听后回复说：“自古以来，被尊崇为圣人的君主都能自我节制，所以才能开创理想的、深受百姓拥护的政治。从前楚庄王请教詹何关于治理政治的要义，詹何回答说，作为君主，首先要端正自己的行为。楚庄王又问他具体应该怎样做时，詹何的回答仍然是‘从未听过国君本身行为端正而国家出现混乱的事情’。而当今陛下所说的，正和古代贤者的治国思想相同啊。”

唐太宗一直以端正清明的态度来处理政事，因为他深知，自古国家灭亡的原因，不外乎是君王过度满足自身的欲望而不顾天下百姓罢了。国家就好比是一艘大船，而人民就是那源源不断的载舟之水。倘若自己只顾享乐，整天沉溺于乐舞笙歌与美色之中，所需的费用必然会随之增加，如此一来，不但无暇顾及政治，甚至会因为强征暴敛而使人民陷于地狱般的困苦之中。百姓无心躬耕，国民经济就会枯竭，这无异于耗干了载舟之水。倘若百姓为了口腹之饥揭竿而起，那么国家又何以为国呢？所以唐太宗凡事以国力发展为主，极力压抑自己消费的欲望。

唐太宗自执政以来，时刻注意自身修为，努力端正自己的治国态度。虽然已经十分努力了，但他仍然觉得自己还有很多不足。有一天，他召见魏徵一起闲聊，言语中表示出这种不安："朕一直很努力，可是不管如何努力，还是不及古代的圣人，为此很担心会遭到世人嘲笑啊！"

魏徵微微一笑，安慰皇上说："从前鲁哀公曾跟孔子讲了一个笑话，说有一个健忘的男子，在搬家的时候连自己的妻子都忘记带上了。当时孔子回答说：'这还不算严重的呢。诸如夏桀和商纣王这样的暴君，甚至连自己都忘了呢。'陛下您爱民如子，吏治清明，处处以天下百姓为重，只要能时时不忘自身端正，即便有哪些不足，又怎能会受到后世子孙的嘲笑呢？"唐太宗深以为然，以后更加注重以德治理天下。

唐太宗李世民注重"文治武功"，以德服人，深为世人所津津乐道。在他的治理和影响下，大大减少了汉族和少数民族间的隔阂，增强了各民族间的和睦共处，实现了多民族共同发展进步的宏大局面，因此创造了被世代传颂的"贞观之治"。

便宜二策　君臣

【原文】

君臣之政[1]，其犹天地之象，天地之象明，则君臣之道具矣[2]。君以施下为仁，臣以事上为义。二心不可以事君，疑政不可以授臣。上下好礼，则民易使；上下和顺，则君臣之道具矣。君以礼使臣，臣以忠事君[3]。君谋其政，臣谋其事。政者，正名也；事者，劝功也。君劝其政，臣劝其事，则功名之道俱立矣。是故，君南面向阳，著其声响；臣北面向阴，见其形景。声响者，教令也[4]；形景者，功效也[5]。教令得中则功立，功立则万物蒙其福。

是以三纲六纪有上中下[6]。上者为君臣，中者为父子，下者为夫妇，各修其道，福祚至矣[7]。君臣上下，以礼为本；父子上下，以恩为亲；夫妇上下，以和为安。上不可以不正，下不可以不端。上枉下曲，上乱下逆[8]。故君惟其政，臣惟其事，是以明君之政修，则忠臣之事举。学者思明师，仕者思明君[9]。故设官职之全，序爵禄之位，陈璇玑之政[10]，建台辅之佐；私不乱公，邪不干正[11]，此治国之道具矣。

【注释】

①君臣：君主与臣子。

②具：具体，全面。

③君以礼使臣，臣以忠事君：君主以礼相待去役使臣子，而臣子则以一片忠心侍奉君王。

④教令：教化，命令。

⑤形景：身体和影子，借指人。景：同“影”，影子。功效：指行动所获得的预期结果或者成效。

⑥三纲六纪：儒家学说乃至整个中国传统文化的核心理念。三纲：君为臣纲，父为子纲，夫为妻纲。六纪：诸父有善，诸舅有义，族人有序，昆弟有亲，师长有尊，朋友有旧。

⑦福祚（fú zuò）：福禄、福分的意思。

⑧上枉下曲，上乱下逆：这两句大意是，上面不正，下面就弯曲；上面混乱，下面就叛逆。枉：弯曲，弯屈，引申为行为不合正道或违法曲断。逆：叛逆，违逆。

⑨学者思明师，仕者思明君：好学者最想得到贤明的老师谆谆教诲，出仕为官者希求遇到一位贤明的君王。

⑩璇玑（xuán jī）：古代称北斗星的第一星至第四星为璇玑。常喻指权柄，帝位。

⑪邪不干正：邪恶的事物压不倒正派刚正的事物。

【译文】

君与臣之间的政务关系，就如同天与地之间的物象。如果天地之象明朗，那么君臣之道就能全都彰显出来。君主应当以施恩于下为仁政，而臣子应当以尽心侍奉主上为节义。怀有二心的臣子不可以去侍奉君主，有疑问、违背正道的政务不可以交给臣子去实施。如果朝廷上下都能乐于守礼，那么百姓就很容易役使；如果上下和顺，那么君臣之道就已经完备了。这样一来，君主能够以礼相待去役使臣子，而臣子则以一片忠心侍奉君王。那么君主就可以专心为政，而臣子就能安心为君主图谋效力。所谓的“政”，就是使名分端正；所谓的“事”，就是劝勉自己努力建功立业。君王劝勉自己勤于政事，臣子劝勉自己勤于辅佐君王建功立业，那么成就功名之道都齐备了，就能成就霸业。正是这个缘故，君王面南向阳而坐施其政令，是为了使他的声音传得更加响亮；臣子面北向阴而立，是为了让他显现形影，尽人臣应尽的义务，彼此不逾越。所谓的“声响”，就是教化、政令；所谓的“形影”，就是侍奉君王的功效。教化政令得当，那么功业就能建立；功业能够建立，那么国家就会强盛，天下万物就能蒙受君王的福泽。

因此，三纲六纪将人伦关系区分为上、中、下三种。上为君臣，中为父子，下为夫妇，彼此之间只要能各行其是，各尊其道，福祚也就到来了。君臣上下之间，君为臣纲，为臣者必须以严守君臣之礼为本，绝不可以下犯上；父子之间，父为子纲，上下都要讲究亲恩，恪守父慈子孝，互不违道；夫妇之间，夫为妻纲，上下要以和为贵，共同维持家庭的和睦平安。身居上位的一方行为不可以不清正，身居下位的一方行为不可以不端。上面不正，下面就弯曲；上面混乱，下面就叛逆。所以身为君王要致力于政治的整顿，而身为臣子要竭尽心力侍奉君主，这是作为有道明君应该遵循的政治修为，只要政治修明了，那么忠心耿耿的大臣就都能建功立业了。自古以来，好学者最想得到贤明老师的谆谆教诲，出仕为官者最希求辅佐贤明的君王。因此，设置官职体系要齐全完备，排列爵位俸禄也要有等级次序，任命权柄之臣辅政，同时还要建立监管台辅之臣的佐政机制，这样才可以使私欲不敢扰乱公务，邪恶压不倒正派刚正，可使百恶不兴，这样一来，治国之道也就完备了。

【故事链接】

秦穆公施仁政得民心

自古以来，君与臣之间既是两个对立的阶级，又是不可分割的整体。君与臣之间的政务关系，就如同天与地之间的物象一样相生相依。如果天地之象明朗，那么君臣之道就能全都彰显出来。君主倘若能以施恩于天下为自己当尽的仁政，那么臣子、百姓自然就会不遗余力地尽心侍奉，以保卫君王为自己谋福的节义了。

秦穆公非常重视人才，在他继位后，广纳天下贤士。秦穆公先后任用了百里奚、蹇叔等人作为自己的谋臣。古代两国交兵就像是家常便饭，这一年，秦晋两国拉开战场，经过一番激战，秦国彻底击败了晋国，并且俘虏了晋惠公。常言道：国家不能一日无君。因此，秦穆公扶持晋文公即位，实现秦晋联盟。谁知后来，晋文公死后，联盟瓦解，秦晋两国不再友好，反而又成了两个水火不相容的国家，交战自然也就成了不可避免的“见面方式了”。

有一天，秦穆公乘马车外出，不巧的是马车坏了。车夫卸下马鞍将马放到一边去吃草，然后几个人合力修车。忽然，有一匹驾辕的马受惊逃跑了。这匹马跑出很远，也跑累了，恰巧有一群农夫发现了这匹肥壮的马，结果不管三七二十一，大家决定抓住它。

秦穆公与随行的几个人一起去寻找那匹马，在岐山南面的村庄，他们看到农夫们正在分马肉，秦穆公走近向前一看，惊呼：“这是本王的骖乘之马呀！”众人一听，都吓得慌忙跪下，连连磕头如春米，哭喊着说：“小民不知！小民不知啊！”秦穆公见状，看看已经被杀死的马，心想，即使杀了这几个宰马的农夫也不能让马复活，何不顺水推舟呢？于是他灵机一动，不但没有降罪于他们，反而躬身示意他们无罪平身，同时无不惋惜地说：“我听说，有德有才的人不因为畜牲而杀人。我还听说，吃马肉而不喝酒，恐怕马肉会伤了食肉人的身体。”于是秦穆公命人取来美酒送给他们，便转身离去。

又过了一年，秦国和晋国又展开了一场激战。晋国士兵包围了秦穆公的兵车，晋国大夫梁由靡抓住秦穆公车上右边的马，随后有人举起长矛击中了秦穆公的铠甲，眼看秦穆公就要被活捉。正在这危急时刻，曾经在岐山南面分吃马肉的农夫们听说秦穆公正在与晋国交战，于是聚集村庄里三百多人，疾步如飞地赶来救驾。说时迟，那时快，闻讯赶来的农夫们竭尽全力与晋军拼杀，终于秦穆公得救了。这时秦军的救兵也已经赶到，一场殊死拼杀后，结果大胜晋军，并且俘虏了晋惠公。

这个故事告诉我们，一个人，或许点滴善举就能如甘露滋润他人心田。正因为秦穆公视臣民如子，平时注重施行仁爱之政，从而使他的名声显扬，所以在关键时刻，能够得到臣子、百姓的拼死效力，最终扭转乾坤。所以说，身为一国之君，只有对百姓宽容豁达，才更容易得到百姓的知恩图报。正所谓：得民心者得天下！

便宜三策　视听

【原文】

视听之政[1]，谓视微形，听细声。形微而不可见，声细而不可闻，故明君视微之几，听细之大，以内和外，以外和内。故为政之道，务於多闻，是以听察采纳众下之言，谋及庶士[2]，则万物当其目，众音佐其耳。故《经》云[3]："圣人无常心，以百姓为心。"目为心视，口为心言，耳为心听，身为心安。故身之有心，若国之有君，以内和外，万物昭然[4]。观日月之形，不足以为明；闻雷霆之声[5]，不足以为听，故人君以多见为智，多闻为神。

夫五音不闻[6]，无以别宫商；五色不见，无以别玄黄[7]。盖闻明君者，常若昼夜，昼则公事行，夜则私事兴。或有吁嗟之怨而不得闻[8]，或有进善之忠而不得信。怨声不闻，则枉者不得伸；进善不纳[9]，则忠者不得信，邪者容其奸。故《书》云："天视自我民视，天听自我民听"，此之谓也。

【注释】

①视听：看到的和听到的。

②庶（shù）士：众士，众多人士。

③《经》：指《道德经》。云：说。

④昭然（zhāo rán）：明明白白，显而易见。

⑤闻：听，听到。雷霆（léi tíng）：极响的雷，比喻震怒。

⑥五音：指中国五声音阶中的角、徵、宫、商、羽五个音级。

⑦五色：既指青、黄、赤、白、黑，也泛指各种色彩。古代以此五者为正色。玄黄：指天地的颜色，玄为天色，黄为地色。

⑧吁嗟（yù jiē）：叹词，哀叹，叹息，表示忧伤或有所感。

⑨进善不纳：有人进谏忠善良言却不给予采纳。

【译文】

所谓注重“视听”的为政之道，就是说，处理政务时能看到不被重视的细微问题，能听到细弱的声音所反馈的意见。由于形体微小就不容易被看到，声音细弱就不容易被听到，所以圣明的君王能从极其微小的事物中看到极大的隐患，能从极其细弱的声音里听出巨大的反响，从而达到以内和于外观、以外和于内涵的效果，达到主观与客观一致。因此为政之道，在于务必能做到多听，这样就能凭借听到的进行观察、分析，然后酌情采纳下属的意见，使下情能上达，以便巩固国本，安定民生。能够采纳臣子以及庶民的意见，则万物都能成为他的眼睛，众多声音都能辅佐他的耳朵，所以君王无所不知，无所不晓。因此《道德经》中说：“圣人没有恒常不变的思维定式，完全以百姓的需要为心中所想。”眼睛是替心去看的，口是替心去发表言论的，耳朵是替心去听取意见的，身体是因为心而健康成长的。所以说，身体里有心，就像国家有君主一样，只要内外和谐，那么万事万物中的道理就都能明明白白了。双眼只看到日月的形状，还称不上是眼睛明亮；双耳仅听到雷霆轰鸣之声，还不足以证明听觉灵敏，所以作为君王要以多看为智慧，以多听为神明。多关心百姓疾苦，才是圣明之君。

未曾听过音乐，就无法分辨宫商等音阶的高低；不观察万物，就无法辨别天地之间万物的颜色变化。我听说圣明的君王常常是昼夜忙碌，白天

处理国家大事，夜晚处理私人琐事。即使这样，有时候哀怨叹息的声音也还是听不到，有时候大臣进谏忠善良言还是得不到采信。像这样听不到哀怨之声，就会使冤枉得不到申明；进谏忠善之言得不到采纳，那么忠臣就得不到信任，反而使奸邪之人有容身之处得以姑息养奸。故而《尚书》中说："天子察看民意要从我的百姓看起，天子听取民声要从我的百姓心声开始倾听"，说的就是关于"视听"的道理。

【故事链接】

汉昭帝智辨忠奸

汉武帝晚年疾病缠身，临终前，他决定立八岁的弗陵为皇太子，同时嘱托霍光、金日磾（mì dī）、上官桀三人共同辅佐新帝执政。汉武帝死后，弗陵即位，史称"汉昭帝"。

这三个辅政大臣当中，霍光与上官桀二人的意见常常不一致，矛盾很深。原因是霍光在汉武帝时期与匈奴交战屡立战功，深得汉武帝宠信，并因功劳大而升为大将军，从此更加一心一意辅佐汉昭帝。而上官桀则与汉昭帝的哥哥燕王刘旦的关系很好。刘旦因为没能当上皇帝而耿耿于怀，昭帝继位后，上官桀与刘旦密谋，一旦时机成熟，就推翻昭帝，拥立刘旦为皇帝，所以认为真心辅佐汉昭帝的霍光是他们篡权阴谋的最大障碍，于是处心积虑想陷害他，总想置他于死地。

有一次，霍光外出检阅御林军，事后将一个较有才华的校尉调到府中任用。上官桀知道这件事以后就开始小题大做，于是命人模仿燕王刘旦的口气和笔迹给汉昭帝写了一封信，派经过乔装打扮的心腹送到宫里。

十四岁的汉昭帝看到这封自称是燕王的来信中写道："据闻大将军霍光外出检阅御林军，乘坐与皇上一样的车子，并自作主张，擅自调用校尉，可见他有异心。皇兄我担心皇上安危，愿回京城保护皇上。"汉昭帝看完先是大惊，随后又若无其事地微微一笑。第二天早朝，霍光听说燕王上书告发他，心中害怕，便躲在偏殿等待发落。汉昭帝上朝不见霍光，便问："大将军为何没来早朝？"上官桀幸灾乐祸地说："定是因为被燕王告发，不敢入朝。"汉昭帝命人传霍光上朝。霍光见到汉昭帝，慌忙摘下帽子，伏在地上叩头请罪，上官桀见霍光请罪，觉得这是一个落井下石的好机会，刚想趁势诬告几条罪名，只见汉昭帝却和颜悦色地对霍光说："大将军请戴上帽子，朕知道有人在陷害你！"霍光听了既高兴又奇怪，恭恭敬敬地给皇帝叩头，说："陛下，为何如此说？"昭帝说："大将军检阅御林军的地点离京城不远，调用校尉也是近日之事，那燕王远在千里之外，怎能这么快就得到消息呢？即使知道了，马上派人来上书，也不会如此之快赶到京城。况且

大将军倘若真想谋反，怎能只调一个校尉？如此便知，这写信之人才是别有用心！”众位大臣听罢，个个点头称赞这位少年皇帝，直呼“吾皇圣明”！

汉昭帝深知此事非同小可。一个圣明的君王应该能从极其微小的事物中看到极大的隐患，能从极其细弱的声音里听出巨大的反响，所以他决定严查此事，不能让奸佞之人的谗言混淆视听，更不能让忠良整日在防不胜防的谗毁之中无法专心辅佐朝政，于是下令捉拿散布谣言进呈假信的人。上官桀怕事情败露，连忙咽下准备诬告之词，禀告皇上，说：“区区小事，不必认真追究。”汉昭帝不仅没有听从，反而对他的忠诚产生了怀疑。后来，汉昭帝果然发现了上官桀和燕王刘旦的阴谋，于是派霍光将他们一网打尽，才使国家避免了一场内乱。

汉昭帝年仅二十一岁便因病去世，他在位时间虽然不长，却能明辨忠奸、任用贤良，坚持实行汉武帝晚期制定的与民休养生息政策，缓解了汉武帝后期穷兵黩武带来的社会矛盾，使天下太平，四夷宾服。

便宜四策 纳言

【原文】

纳言之政[1]，谓为谏诤[2]，所以采众下之谋也。故君有诤臣，父有诤子，当其不义则诤之，将顺其美，匡救其恶[3]。恶不可顺，美不可逆；顺恶逆美，其国必危。

夫人君拒谏，则忠臣不敢进其谋，而邪臣专行其政，此为国之害也。故有道之国，危言危行[4]；无道之国，危行言孙[5]，上无所闻，下无所说。故孔子不耻下问[6]，周公不耻下贱，故行成名著，后世以为圣。是以屋漏在下，止之在上，上漏不止，下不可居矣。

【注释】

①纳言：有居高位而广纳群言、广征贤论的意思。

②谏诤（jiàn zhèng）：指直言规劝，使人改正过错。

③匡救（kuāng jiù）：匡正补救，扶正挽救。

④危言危行：说正直的话，做正直的事。危：正直。

⑤危行言孙：行动小心翼翼，感觉时刻会有危险似的。孙：通“逊”，言语上也要谦虚、谨慎。

⑥不耻下问：乐于向学问或地位比自己低的人学习，不觉得不好意思。耻：以……为耻。问：请教，指人好学。

【译文】

身为一国之君，应当采用广纳众议的执政之道，就是说要虚心接受直言劝谏的言论，这样就能采纳下边众人的智慧谋略了。因此，为人君者可有直言进谏的臣子，为人父者则可有直言不讳进行规劝的子女，当他们行为不符合道义规范时，就会有人告诫他们，及时匡正补救他们的恶行，从而使他们重新服从美德。对于恶行不可以顺从他意，对于善政美德不可以违逆；倘若顺从恶行而去违逆正道，那么他的国家必将遭遇危机。

如果身为人君专断固执，不纳忠谏之言，那么忠臣不敢进谏自己的谋略，致使良策无法上达，反而使奸邪谗佞之臣趁机独揽专权、危害国家，这是国家的祸害。因此，政治清明的国家，臣子能说正直的话，做正直的事；而昏庸无道的国家，在朝者尽是趋炎附势、言语谄媚的人，忠臣反而要谨言慎行，时刻都有潜在的危险。这样就会使居上位的君王听不到好的谋略，在下者没有机会述说，进而使朝政日渐腐败。所以，孔子不以向比自己低下的人请教学问而感到羞耻，周公不以与地位低贱的百姓结交而感到耻辱，所以他们最终都能成就伟大的学问，被后世所景仰，被尊奉为"圣人"。因此，虽然屋顶漏水向下流淌，但若想止住漏水人却在屋顶之上，若上边的漏洞不及时修补止住漏水，下边就无法居住了。

【故事链接】

善于纳言者胜

如果身为人君专断固执，不纳忠谏之言，那么忠臣就不敢进谏自己的谋略，致使良策无法上达，反而使奸邪谗佞之臣趁机独揽专权危害国家，这是国家的祸害。相反，如果身为一国之君，能够采用广纳众议的执政之道，能够虚心接受直言劝谏的言论，那么就能够通过采纳众人的智慧，从而充实自己的智慧谋略了。

五代时，梁太祖开平元年（1907），朱温废除唐哀帝，自行称帝，建都开封，国号为“梁”，后人称其为梁太祖。朱温在称帝前后，基本上统一黄河中下游地区，革除了一些唐朝积弊，奖励农耕，减轻租赋。但他残暴成性，战争中滥行杀戮，曾与据有太原的晋王李克用、李存勖（xù）父子连年作战。这一年，王镕与晋王李存勖（后唐开国皇帝）合兵南下，准备攻打梁国，很快晋军进驻赵州。于是梁太祖一路上联合各州人马四万余人，自河阳（今河南省）渡过黄河入柏乡，准备决战。

晋王亲自率领晋军进驻野河北岸，与梁军隔岸对峙。晋王李存勖与大将周德威一同谋议破敌之策。晋王认为趁着现在我方士气正旺，应速战速决；周德威却反对说：“敌势正盛，不宜强攻。况且我军多是骑兵，在攻城作战中也难以发挥作用。不如暂时按兵不动，等梁军士气衰退再伺机出击。”晋王听后很不高兴地离开了。周德威见无法说服晋王，只好又对监军张承业说：“我军与梁军仅一水之隔，倘若梁军造桥或者暗中水下偷渡，过河作战，我军必败无疑。若我军退守鄗（hào）邑，引诱梁军离开营垒，然后再采用敌进我退、敌退我攻的战术，同时派一队精锐轻骑抢掠梁军的粮草物资，不出月余，必能击败梁军。”张承业觉得此计甚妙，马上去劝说晋王。晋王派人询问梁军降卒，得知梁军果然正暗中制造浮桥准备偷袭，于是晋王采纳了周德威的建议，退守鄗邑。

周德威随后命三百骑兵到梁军营前挑战，梁军派遣大将王景仁率兵迎战，王景仁本想一鼓作气歼灭晋军，没料到晋军且战且退，很快将梁军一直引向鄗邑之南。晋王见敌军几乎倾巢而出，正好杀个痛快，于是想立即

开战。只听周德威又说道："且慢！此刻梁军轻装远程应战，粮草辎重不多，即使携带干粮，也没有时间进食，不如等到傍晚时分，人饥马乏准备进食的时候，我们再趁势攻击，必获全胜！"晋王觉得少些伤亡就能取胜，这的确是一条妙计，于是听从周德威的劝谏，选出精兵良将先去吃饭休息，留一部分人在阵前按兵不动。

等到傍晚时分，梁军既饥饿难耐，又不敢放下武器去吃饭，果然士气大落。周德威见时机已到，立即下令发起猛攻，与晋王率领的队伍瞬间形成夹击之势，使梁王的精锐兵力损失惨重，而梁王曾经为之骄傲的"龙骧""神捷"军兵全军覆没。

正因为晋王善于采纳忠臣良将的谏言，所以才逆转了梁晋争霸的不利形势，为其之后南下攻没后梁、建立后唐天下创造了有利条件。

便宜五策 察疑

【原文】

察疑之政，谓察朱紫之色，别宫商之音。故红紫乱朱色，淫声疑正乐。乱生於远，疑生於惑。物有异类，形有同色。白石如玉，愚者宝之；鱼目似珠，愚者取之；狐貉似犬[①]，愚者蓄之；栝蒌似瓜[②]，愚者食之。故赵高指鹿为马[③]，秦王不以为疑；范蠡贡越美女[④]，吴王不以为惑。计疑无定事，事疑无成功。故圣人不可以意说为明，必信夫卜，占其吉凶[⑤]。《书》曰："三人占，必从二人之言。"而有大疑者，"谋及庶人[⑥]"。故孔子云："明君之治，不患人之不已知，患不知人也[⑦]！"不患外不知内，惟患内不知外；不患下不知上，惟患上不知下；不患贱不知贵，惟患贵不知贱。故士为知己者死，女为悦己者容[⑧]，马为策己者驰，神为通己者明[⑨]。故人君决狱行刑[⑩]，患其不明。或无罪被辜[⑪]，或有罪蒙恕；或强者专辞，或弱者侵怨[⑫]；或直者被枉，或屈者不伸；或有信而见疑[⑬]，或有忠而被害，此皆招天之逆气，灾暴之患，祸乱之变。

惟明君治狱案刑，问其情辞，如不虚不匿，不枉不弊[⑭]，观其往来，察其进退，听其声响，瞻其看视。形惧声哀[⑮]，来疾去迟，还顾吁嗟[⑯]，此怨结之情不得伸也。下瞻盗视，见怯退还，喘息却听，沉吟腹计[⑰]，语言失度，来迟去速，不敢反顾[⑱]，此罪人欲自免也。孔子曰："视其所以，观其所由，察其所安，人焉廋哉[19]！人焉廋哉！”

【注释】

①貉（hé）：哺乳动物，外形像狐，穴居河谷、山边和田野间，杂食鱼、鼠、蛙、虾、蟹和野果、杂草等。

②栝蒌（guā lóu）：又叫果赢、天瓜等，是一种分布在我国甘肃东南部、陕西南部、江西、湖北西南部等地的中药材，具有清热化痰等功效。

③指鹿为马：指着鹿说是马，比喻故意颠倒黑白，混淆是非。典出《史记·秦始皇本纪》。

④范蠡：字少伯，楚国人，春秋末期政治家、军事家、经济学家和道家学者。曾献策扶助越王勾践复国，后隐去。

⑤必信夫卜，占其吉凶：必定会相信那个卜卦的结果，通过占卜预测吉凶。卜：古代一种用火烧灼龟甲，观其裂纹以预测吉凶的行为。

⑥谋及庶人：与平民百姓共商国家大事，比喻广泛征求意见。庶人：百姓。

⑦不患人之不己知，患不知人也：出自孔子的《论语·学而》，意思是不担心百姓不懂他为政的苦心，而担心自己不了解民意。患：担心，忧虑。不己知：即“不知己”。

⑧士为知己者死，女为悦己者容：豪杰壮士愿意为赏识、懂得自己的人而死，女子愿意为喜欢自己的人去打扮容颜。

⑨马为策己者驰，神为通己者明：马为鞭策自己的主人而奔驰，神明为笃信自己的通灵者而显灵。

⑩决狱行刑：判决案件，执行刑罚。

⑪或无罪被辜：有的人无罪却被判处有罪。

⑫或强者专辞，或弱者侵怨：有的是强横的人自己说了算，有的是懦

弱的人被侵犯而心怀怨恨。

⑬信而见疑：诚实守信的人却被怀疑。

⑭不虚不匿，不枉不弊：不说谎，不隐瞒，不转弯，不作弊。

⑮形惧声哀：身体恐惧得发抖，声音显出了悲哀。

⑯还顾吁嗟（yù jiē）：回去时不住地回头看，连连叹息。

⑰沉吟腹计：口中低声自语，腹内暗暗算计。

⑱不敢反顾：不敢回头观看。顾：看。

⑲人焉廋（sōu）哉：出自《论语·为政》中："子曰：视其所以，观其所由，察其所安。人焉叟哉？人焉叟哉？"意思是一个人如果经过上述三个方面的考察，那么还有什么能被隐藏和掩饰的呢？那么还有什么能被隐藏和掩饰的呢？廋：隐藏；藏匿。

【译文】

所谓的察疑之政，就是像察看朱色、紫色的区别，鉴别宫、商之音的音阶一样。所以执政者应当明察秋毫，不能让红紫色扰乱了朱红色，不能让浮靡不正的乐声混淆了雅正之乐声。祸乱往往发生在政令实施不到的地方，谣言总是因众心疑惑而产生。事物虽然有不同的类别，但外表形状、颜色有时也有相同之处。白色的石头很像玉，愚蠢的人就把它当作宝贝；鱼目好似珍珠，愚蠢的人就把它取出来当作珍珠收藏；狐貉的长相似犬，愚蠢的人就把它当作家犬蓄养起来；苦涩的栝蒌似瓜，愚蠢的人就把它当作瓜类食用。所以就有了秦国的赵高故意指鹿为马，而秦王对此却不加以怀疑；范蠡将越国美女西施进贡给吴王，是想用女色迷惑吴王，而吴王却不认为被迷惑，结果酿成灭国大祸。如果计策有疑点破绽，就无法成事；如果政事祸乱，就无法成就功业。所以圣人行事都不会凭空想象就任意行动，一定会去相信那个卜卦的结果，凡事通过占卜预测吉凶。《尚书》上说："有三个人一同占卜，则须遵从其中两个人的结果。"若再有较多疑问，那么就要征询百姓的意见了。所以孔子曾说："圣明的君主治理国家，不担心百姓不懂自己为政的苦心，而是担心自己不了解民意。"同理，不忧虑外在的不了解内在，只忧虑内在的不了解外在；不担心下边的人不了解上边的统治阶层，只担心上边的统治阶层不了解底层人民的生活状态；不担心地位卑贱的人，了解地位高贵的人，只担心地位高贵的人，不了解地位低贱的人。所以说，豪杰壮士愿意为赏识自己、懂得自己的人而死，女子愿意为喜欢自己的人去打扮容颜，马为鞭策自己的主人而奔驰，神明为笃信自己的通灵者而显灵。所以君王在审理案件时最担忧不能查明真相，导致有的人无罪却被判处有罪，有的人犯罪却得到宽恕；有的强横的人不招供却得意扬扬，有的弱者无能被侵犯欺凌而心怀愤恨；有的人公正耿直却被冤枉，有的人含屈受冤却得不到伸张；有

的人忠诚老实却被怀疑，有的人是忠心耿耿的信义之士，却遭受迫害。这些都是败德的事，必会引来天上的违逆之气，酿成祸患，甚至演变成战乱。

所以明君处理刑案、问案时，首先要观察犯人的言行举止，询问他案情，倘若犯人不说谎、不隐瞒、不转弯、不作弊，再观看他的来去行走动作，观察他的行为举止，倾听他的声音，观看他看人的神色。如果犯人形体战栗，声音凄切悲哀，来得快，走得慢，而且还不住地回头叹息，这就是心有冤屈郁结在胸中得不到伸展的表现。如果向下看时贼眉鼠眼，畏惧胆怯，言语反复，前后矛盾，口中低声自语，腹内暗暗算计，来时脚步迟缓，离开时行动迅速，举止畏畏缩缩，不敢直视判官，这人必定是罪犯而且急欲脱罪。孔子说："观察一个人的所作所为，察明他行为的动机，再看他是否心安理得，如果经过上述三个方面的考察，那么还有什么能被隐藏和掩饰的呢！那么还有什么能被隐藏和掩饰的呢！"

【故事链接】

范蠡巧用疑兵之计

吴王阖闾在攻打越国之战中受伤后大败，他临死前告诉他的儿子夫差，说："一定不要忘记越国杀父之仇！"公元前 494 年，越王勾践听说吴国日夜练兵准备发兵报仇，于是他想先发制人，但是范蠡极力劝谏说："上天没有对敌国降下灾殃，就不要进攻敌国；敌国百姓没有发生内乱，也不要首先挑起事端。现在我国还不够殷实富强，大王就产生了过分的野心，想就此时发兵挑战，既违背天意，又不顺乎人情，这不仅危害大王的自身安全，而且对国家也有害，必会此战凶多吉少啊！"可是勾践根本不听范蠡劝谏，

执意出兵。正如范蠡所预料的一样，越国大败。

按照吴越双方议和条件，越王勾践将带着妻子到吴国当奴仆，他想带文种同去。范蠡说：“在国境以内，治理百姓的事，我比不上文种。在国境以外，制定对抗他国的策略，需要当机立断的事，文种却比不上我。所以没有谁比我更适合随同大王到吴国为奴了。”越王说：“好吧！这次全听你的安排。”

来到吴国后，吴王夫差觉得范蠡是个难得的人才，就劝他离开越王到吴国为相，并答应给他享不尽的荣华富贵，可是范蠡毫不动摇，假意卑微地说：“我听说亡国之臣，不敢谈论政治；败军之将，不敢说自己勇敢。臣在越国不忠不信，没能劝阻越王，以至于获罪。承蒙大王开恩，我君臣才得以保命，罪臣无能，甘愿为奴，一心为大王打扫庭院。”吴王一听只好作罢，竟被他的忠诚所感动。

越王听取了范蠡意见，忍受吴王夫差对他的所有屈辱，卧薪尝胆整整三年。这期间，吴王的谋臣伍子胥多次谏言吴王杀死越王，吴王都没听，嘲笑越王是一个没有骨气的人，不足为患，于是三年期满就将越王等人放回越国。刚一回到越国，越王就向范蠡请教如何才能使越国快速强大起来。范蠡回答说：“凡事可效法大地。只有大地能包容万物成为一个整体，养育万物不失时机。时令不到，万物不能勉强生长；人事没有到最终的转折点，也不能勉强完成。目前吴国强盛，我们尚且没有能力打败他们，在天时还没对我国有利之前，请大王专心安抚和教育民众，等待时机。”

于是越国开始巩固军事力量，重视军队训练，提高士气；劝农桑，务积谷，促进经济发展；越王恤民、亲民，布施恩泽于民，弘扬善良，剪除邪恶，使社会一片祥和安定。但这一切又不能让吴国有所察觉，所以一切都在秘密进行。为了提高军事力量，范蠡重建国都城池，同时建了一座小城，一座大城。小城是建给吴国看的，而大城建得残缺不全，甚至面对吴国的方向没筑城墙，这样就可以迷惑吴王夫差了。为了进一步迷惑夫差，范蠡又投其所好，派人送给吴王碧玉珠宝，进献美女西施，以此消磨夫差的意志。

伍子胥看出范蠡使用美人计惑乱君心，于是多次劝谏吴王杀死西施，并趁越国衰微之际发兵消灭越国。可是吴王夫差急于进军中原，并没有听伍子胥之言，而是率领大军攻打齐国去了。当伍子胥再度劝夫差暂不攻齐而先灭越时，夫差竟然听信太宰谗言，派人送一把宝剑赐死伍子胥。

此刻，越国经过多年的精心准备，国力强大了，因此，范蠡建议勾践立即兴兵伐吴。结果吴军大败，吴王夫差逃到姑苏台向勾践乞和不成，最终蒙面自杀。直到临死之前，吴王夫差才恍然大悟，悔恨自己愧对伍子胥的一片忠心，以至于造成亡国自杀的结果。

便宜六策　治人

【原文】

治人之道，谓道之风化，陈示所以也。故《经》云："陈之以德义而民与行，示之以好恶而民知禁。"日月之明，众下仰之；乾坤之广，万物顺之。是以尧、舜之君①，远夷贡献；桀、纣之君②，诸夏背叛，非天移动其人，是乃上化使然也。故治人犹如养苗，先去其秽。故国之将兴，而伐於国，国之将衰，而伐於山。明君之治，务知人之所患，皂服之吏③，小国之臣。故曰：皂服无所不克，莫知其极，克食於民，而人有饥乏之变，则生乱逆。唯劝农业，无夺其时；唯薄赋敛④，无尽民财。如此，富国安家，不亦宜乎？夫有国有家者，不患贫而患不安。故唐、虞之政，利人相逢，用天之时，分地之利，以豫凶年，秋有余粮，以给不足，天下通财，路不拾遗⑤，民无去就。故五霸之世，不足者奉於有余。故今诸侯好利，利兴民争，灾害并起，强弱相侵，躬耕者少，末作者多，民如浮云，手足不安。

《经》云："不贵难得之货，使民不为盗；不贵无用之物，使民心不乱。"各理其职，是以圣人之政治也。古者，齐景公之时，病民下奢侈⑥，不遂礼制。周秦之宜，去文就质，而劝民之有利也。夫作无用之器，聚无益之货；金银璧玉，珠玑翡翠，奇珍异宝，远方所出，此非庶人之所用也。锦绣纂组，绮罗绫縠⑦，玄黄衣帛，此非庶人之所服也。雕文刻镂，伎作之巧，难成之功，妨害农事，辎軿出入⑧，袍裘索襗⑨，此非庶人之所饰也。重门画兽，萧墙数仞⑩，冢墓过度⑪，竭财高尚，此非庶人之所居也。

《经》云："庶人之所好者，唯躬耕勤苦，谨身节用，以养父母。"制之以财，用之以礼，丰年不奢，凶年不俭，素有蓄积，以储其后，此治人之道，不亦合于四时之气乎？

【注释】

①尧：传说是中国上古时期部落联盟首领，"五帝"之一，史称"唐尧帝"。舜：舜帝，姓姚，传说目有双瞳而取名"重华"，号有虞氏，故称虞舜，他死后禅位于禹。

②桀：夏朝最后一个帝王，是中国历史上有名的暴虐、荒淫的国君之一。纣（zhòu）：中国商代最后的君主，相传也是一个暴君。

③皂服：旧时小吏所穿的黑色衣服，亦借指小吏。

④赋敛：征收赋税。

⑤路不拾遗：出自《韩非子·外储说左上》。意为不把别人丢失在路上的东西捡走，形容社会风气好。

⑥齐景公：我国春秋时期齐国国君。齐景公是一个既有治国的壮怀激烈，又贪图享乐的君主。奢侈（shē chǐ）：指挥霍浪费钱财，过分追求享受。

⑦纂（zuǎn）组：指赤色绶带，泛指精美的织锦。绮罗（qǐ luó）：泛指华贵的丝织品或丝绸衣服。绫（líng）：一种很薄的丝织品，一面光滑，像缎子。縠（hú）：古称质地轻薄、纤细透亮、表面起皱的平纹丝织物。

⑧辎軿（zī pēng）：辎车和軿车的并称。后泛指有屏蔽的车子。

⑨袍：长衣服的统称。古代指装有旧丝棉的长衣。裘：毛皮衣服。索：索取。襗（zé）：贴身衣裤。

⑩萧墙：古代国君宫殿大门内、外面对大门起屏障作用的矮墙，又称“塞门”；亦指室内屏风。数仞（rèn）：此处形容墙很高。仞：古代计量单位。

⑪冢（zhǒng）：高而大的坟。

【译文】

治人之道，就是用高尚的道德、风俗去教化和引导人们，并陈述这样做的原因以及展示给他们应该怎样去做。所以《诗经》书上说：“以德义教化百姓，百姓就不会悖德忘义；教诲人民怎样识别是非，百姓行为举止就有分寸。”因为太阳和月亮都能发出光亮，所以天下众人都去仰望它；天和地辽阔无边，能够孕育万物，可使万物顺应环境自由生长。正因如此，尧帝、舜帝这两位明君也顺应自然恩泽广布，促使边远的民族也都前来进贡，甘愿归服；而夏桀、商纣王这两位暴君却因残暴败德，促使华夏诸侯联合背叛他们，这并非上天所指使的，而是他们的造化使然。所以，统治百姓犹如培养幼苗，一定要先拔去杂草、除掉污秽。所以要使国家兴盛，就要先去除祸根，致力于国力建设，国家将要衰亡，人们就会放弃本业而逃奔山林川泽。作为圣明的君主治理国家，务必要知道人民所忧虑的不仅有地方官府中的黑衣小吏，还有周边小国的臣僚。因此，说：皂服小吏是百姓的克星，他们的私欲没有极限，疯狂地广征暴敛、苛捐杂税，使百姓匮乏，而百姓饥饿贫乏就会导致叛逆的暴乱发生。所以，只要平时注重农业，劝勉农民发展农业，不争夺农时并加以侵扰；只要能减少赋税，不刮尽百姓财物，就能使百姓安居乐业。这样一来，可使国家富强、人民安定，不也是很好的办法吗？身为有国有家的人，不忧虑国家贫穷而忧心国家不够安定。所以尧、舜二帝治理国家的政策，让人人都能得到利益，顺应天时开拓土地，与人民一起耕作，共同分享地利，及时观测天象，预测凶年，年年秋收以后储备余粮，以备荒年不足之需，天下钱财为人民共享，人民不缺吃穿，所以百姓路不拾遗，没有背井离乡之人。以前春秋五霸时代，财力贫弱者开始为富人耕作。延续至今的诸侯变得贪财好利，只顾在民间争夺一己私利，天灾人害一并兴起，相互侵扰形成弱肉强食的社会，躬身耕作的农人逐渐减少，从事末等行业的人增多，互相争利，以致人心惶惶，百姓如浮云般四处流动，无处安身。

《道德经》上说："居上位者不把金银当宝贝，百姓就不会去当盗贼；居上位者不常使用奢侈无用的器物，民心就不会大乱。"能使百姓各自安于自己的职业，这才是圣人治理国家的盛民政治。古时候，齐景公生活奢侈，他统治下的臣民也追求奢侈，礼制就无法实行。周朝与秦朝前期的政风良好，去除纹饰，崇尚俭朴，而且劝勉百姓拥有好习惯，从而促使民风敦厚。那种制作无用的器具，聚敛无益的货物，诸如金银璧玉，珠玑翡翠，奇珍异宝，都是出自远方民族，这些都不是平凡百姓日常所必须使用的。诸如精美的织锦绣品，绮罗绸缎的丝织用品，各种各样的染色布帛，这些都不是平凡百姓身上所能穿戴的。诸如雕、文、刻、镂，这些使用高超技艺的精巧制作，耗时费工，妨碍农事，却没有重要用途。至于乘坐豪华的高蓬大车出出入入，身穿精致的裘皮长袍，索取名贵的贴身衣裤，这些也都不是平凡百姓所能享用的装饰。诸如那些在大门上绘画兽面图案，刻意筑高围墙装点门面，大肆修建高大的坟茔墓穴，过度炫耀财富、追求高雅时尚，也都不是平凡百姓所能居住的。

《孝经》上说："平民百姓最喜好的生活，仅仅是躬身耕耘土地，勤奋刻苦，谨身节用，以侍奉父母。"所以为政者要控制财货流通，并以礼义教化百姓，使他们能够勤俭刻苦，所以丰收之年不奢侈，灾荒之年不用过于节俭，平时有积蓄，就可以为以后作储备，不必忧愁荒年时货物缺乏，这样的治民之道，不也合乎了四时的变化吗？

【故事链接】

诸葛亮为官节俭，力戒奢华

诸葛亮祖上位居大汉高官，所以诸葛亮出身于"诗书世家"。天资聪颖的诸葛亮从小在叔叔的影响下博学多才，跟随叔叔转任流徙的时候，看见天下百姓的凄苦，他幼小的心灵就埋下了拯救苍生的种子。只可惜，后来诸葛家世败落，诸葛亮只好流落在隆中山野，过上了躬耕南阳的隐居生活。

诸葛亮虽然隐居在隆中山野，但他可知天下事。刘备在水镜先生和徐庶的推荐下，与两位结义兄弟关羽、张飞一起"三顾茅庐"，请他出山。诸葛亮被刘备求贤若渴的精神所打动，所以决定跟随刘备打造“三分天下”的局面。诸葛亮出山以后所做的第一件事，就是帮助刘备扩大军队。因为当时刘备手下只有几千人马，这么少的武装力量，肯定是难以抵御强敌的。于是，为了储备力量，诸葛亮建议把荆州一带没有户籍的游民加以选拔训练。刘备依照他的办法去做，果然从中选拔了不少壮丁。他们个个生龙活虎，看到“刘皇叔”刘备“双耳垂肩”，一副仁慈的面相，顿时觉得恢复汉室江山有望，于是热血沸腾地甘愿加入刘备麾下，很快就使刘备大军扩充到万余人。这支军队经过诸葛亮精心训练，成为刘备开创基业的核心武装力量。

之后的岁月里，诸葛亮成为刘备的军师，他不仅要替刘备谋划作战策略，还要部署后方的军需生产、物资储备以及思想教化。他常常遵循经书上的忠告提醒刘备，说：“以德义教化百姓，百姓就不会悖德忘义；教诲人民怎样识别是非，百姓行为举止就有分寸。”他不仅宣导他人遵循法治，自己也能做到以身作则。他号召军民在休兵养息期间，勤于躬耕，储备余粮，以备荒年不足之需。他治理军民犹如培养幼苗，善于发现端倪，能够首先拔去杂草、除掉污秽，想尽办法使国家兴盛，倾心致力于国家建设。

由于关羽大意失荆州，被陆逊击败而被俘身亡。刘备痛失荆州是小，关键是痛失二弟云长如同被斩断臂膀，所以他不顾诸葛亮劝阻，执意发兵攻打东吴，致使盛怒之下的刘备在这一场大战中，被陆逊火烧七百里连营而身受重伤、败逃而归。刘备临终之时，在白帝城将儿子刘禅托付给诸葛亮，希望诸葛亮能够忠心幼主，帮助蜀汉扫平乱世。诸葛亮谨记刘备的遗言，帮助刘禅处理朝政，尽管新帝刘禅是多么不堪的君主，他也依旧不负重托。

身为丞相，诸葛亮深知：“屋漏在下，止之在上，上漏不止，下不可居也。”他不仅带头廉政，竖起一面旗帜。同时还把廉政作为一项重要的政治、法律去践行，因此对蜀汉国情发展产生了重大影响。诸葛亮时期的廉政建设，首先表现在对蜀汉宫城规模和惠陵规模的严格控制上。

在诸葛亮执政时期，年轻的后主刘禅不思进取，不管百姓是否饥饿贫乏，也不知担忧会不会因此导致叛逆的暴乱发生，只知道自己花天酒地。他“常欲采择以充后宫”，当时负责宫中事务的董允认为“古者天子后妃之数不过十二，今嫔嫱已具，不宜增益”。可是刘禅却执拗不听，董允无奈，只得告知诸葛亮，最终在诸葛亮的劝说下，刘禅才做出退步。当时，可谓是“及备殂没，嗣子幼弱，事无巨细，亮皆专之”。在政事决策与梳理方面，无论大小事务，全都由诸葛亮审理决定，可勤于政事的诸葛亮终因太过劳累而病死在北伐途中。

诸葛亮劳碌一生，虽然北伐没有成功，但他以无上的智慧，在蜀汉时期创造了一种廉政奉公的政治氛围，引领“为官节俭，力戒奢华”之风，造就了一个闪光的廉政时代。

便宜七策 举措

【原文】

举措之政[①]，谓举直措诸枉也。夫治国犹於治身：治身之道，务在养神；治国之道，务在举贤。是以养神求生，举贤求安。故国之有辅，如屋之有柱；柱不可细，辅不可弱；柱细则害，辅弱则倾。故治国之道，举直措诸枉，其国乃安。

夫柱以直木为坚，辅以直士为贤；直木出於幽林，直士出於众下。故人君选举，必求隐处，或有怀宝迷邦，匹夫同位；或有高才卓绝，不见招求；或有忠贤孝弟[②]，乡里不举；或有隐居以求其志，行义以达其道；或有忠质於君，朋党相谗[③]。

尧举逸人[④]，汤招有莘[⑤]，周公采贱[⑥]，皆得其人，以致太平。故人君悬赏以待功，设位以待士，不旷庶官，辟四门以兴治务，玄纁以聘幽隐[⑦]，天下归心[⑧]，而不仁者远矣。

夫所用者非所养，所养者非所用；贫陋为下，财色为上；谗邪得志，忠直远放，玄纁不行，焉得贤辅哉？若夫国危不治，民不安居，此失贤之过也。夫失贤而不危，得贤而不安，未之有也。为人择官者，乱；为官择人者，治。是以聘贤求士，犹嫁娶之道也。未有自嫁之女，出财为妇。故女慕财聘而达其贞[⑨]，士慕玄纁而达其名，以礼聘士[⑩]，而其国乃宁矣[⑪]。

【注释】

①举措：任用与废黜。

②孝弟：亦作“孝悌”，孝顺父母，敬爱兄长。

③朋党：指集团，派别，多为争夺权力、排斥异己、互相勾结而成。谗：诽谤攻击。

④尧举逸人：尧帝举用隐居的贤人。

⑤汤招有莘（shēn）：商汤娶有莘氏之女。后来商汤得到有莘国贤士伊尹的辅佐，使国家强盛。有莘：古国名，其国故址一说在今河南省开封市。

⑥周公采贱：周公选用地位低下的贤人委以重任。周公：姬姓，名旦，是周文王姬昌第四子，周武王姬发的弟弟，曾两次辅佐周武王东伐纣王，并制作礼乐，史称“周公”。西周初期杰出的政治家、军事家、思想家、教育家，被尊为“元圣”“儒学先驱”。

⑦玄纁（xuán xūn）：后世帝王用作延聘贤士的礼品，黑色和浅红色的布帛。

⑧天下归心：形容天下老百姓心悦诚服，万众归心。出自《论语·尧曰》。

⑨慕：爱慕。聘：聘礼。

⑩以礼聘士：送上厚礼征聘贤士。

⑪其国乃宁矣：他的国家就会安定了。

【译文】

关于任用与废黜的政治策略，就是要起用正直贤能的人才，贬抑那些行为不端的小人，这样才能使国家长治久安。治国犹如修养身心：修养身心之道，莫过于养神调气；而治国之道，在于务必选贤举能。因此，养神可以健身，而举用贤能，国家就会安定。故而国家必须有辅佐之臣，有了辅佐之臣犹如房屋有了用于支撑的柱子；可这柱子不可太细，而辅臣不可太软弱无能；柱子太细房子就不稳固，国家的辅臣软弱无能，那么国家就会倾覆。所以治国之道的关键，在于多方起用贤士，贬抑那些行为不端的奸佞小人，这样一来，国家才会安定。

房子的支柱以竖立直木较为坚固，而国之辅臣以能直言进谏的忠直耿介之人为贤士；直木多生长于幽静的深山林木之中，而忠直耿介之士多潜藏于众多的布衣百姓之中。所以君王选求贤才，一定要到隐蔽的乡里之间，他们有的是怀才不遇，只能任凭国家遭受祸乱，最终流落民间与普通人混在了一起；有的虽是才智过人，却得不到君王的招纳、任用；有的虽是忠贤孝悌之人，却未被乡里所荐举；有的是曲高和寡，甘愿隐遁山林追求自己崇高的品德，宁愿力行大义，以便达到自己心目中的道德标准，也不愿在朝廷中与小人同流合污；有的人本质忠诚，一心事君，却遭到奸佞朋党所诽谤陷害。

从前，尧帝从隐逸之人中选取人才，选中了舜；商汤招纳贤士，在有莘氏中聘请到伊尹，周公到低贱的平民中选举人才，他们都是在这些卑微的地方得到了辅助国家的卓越贤才，以至于建立了太平盛世。所以君王应当制定厚赏来求取等待建功立业的人，设置高官爵位来等待贤才前来胜任，出身卑微的百姓能出仕为官，人人都能胜任相应的职位，则可百废俱兴，君王拿出贵重的礼物去延聘隐士，就可以使天下归服，万众一心，那么不讲仁义的罪恶小人都远离了。

如果所任用之人并非自己国家所培养之人，自己国家所培养之人并不能被自己所任用；把贫穷丑陋之人看作是下等人而不去任用，把富人、长相俊美的人当作上等人去亲近任用；让谗毁他人的邪恶之徒得志，忠诚耿介的正直之士却被流放远方不予任用，不拿出贵重的礼物去延聘贤能隐士，又怎能得到贤德之人的辅佐呢？如果国家处于危险不安之中，却不知道及时整治，百姓就无法安居乐业，这就是缺失贤士辅佐国家的过错了。像那种缺失贤士辅佐而国家不面临危亡，得到贤人辅佐而国家不安定的现象，这是从来没有过的。因为某人的私欲需要而设置官位，必定会造成国家混乱；而根据官职需要去选拔合适的人才，国家才会得到有效治理。所以说，国家聘用人才、寻求正直贤士，犹如嫁女娶妻的道理。没有谁家出嫁女儿，还要拿出家中财物主动去做别人家媳妇的。所以，闺中女子思慕有人拿出贵重财物下聘迎娶，从而显达坚守贞操之名；贤士冀求君王以贵重的礼物招聘任用，从而显达自己的高节之名。如此可见，君王若能以厚礼聘用贤士，那么他的国家就会安宁兴盛了。

【故事链接】

尧帝禅位于舜

相传在上古时期，自从尧帝执政以来，天下天平，百姓安居乐业。但是他已经执政几十年，渐渐觉得年纪大了，力不能支，于是，他就想选举一位有贤德才干的人继承帝位。

有一天，尧帝召集“四岳”一起商量，想在他们四人当中选举一人为帝，也算是完成了他牵挂已久的帝位传承之事，可是这四个人异口同声地说：“我等才德疏浅，不足以担当皇帝之位。”其中有一人略带讨好地建议说：“陛下，不如让公子丹朱继位。”谁知尧帝气愤地说：“犬子丹朱粗野，好闹事，不能以天下苍生安乐为己任，何以为帝？”尧坚决不同意。这时有人推举虞舜，说他是个德才兼备、很能干的人才。原来，舜也是黄帝的后代，他的父亲瞽叟（gǔ sǒu）是黄帝的七世孙，其人性顽劣，不喜欢自己的儿子舜，而且舜的继母对他也很刻薄，就连他的弟弟象也时常欺辱他，所以他父亲对舜就更加粗暴了。但舜从不忌恨他们，依旧以宽仁的态度善待他们，从没有半点不敬。所以，舜不到二十岁的时候，就以孝行而远近闻名了。

尧帝听完很高兴，决定考验他，于是把自己的两个女儿娥皇和女英嫁给了舜，以考察他的品行和能力。果然，舜不但使两个妻子相互礼让，而且能与全家和睦相处。足见舜在各方面都表现出卓越的才干和高尚的人格魅力，甚至出现了“舜耕历山，历山之人皆让畔；渔雷泽，雷泽上人皆让居”的现象。就是说，只要是他劳作过的地方，都能兴起礼让的风尚。他带领人们就地取材制作陶器，解决了很多盛装物品的难题。可以说，无论他走到哪里，人们都愿意追随，因而“一年而所居成聚（聚即村落），二年成邑，三年成都（四县为都）”。尧帝得知这些情况后很高兴，赐予舜绨（chī）衣（细葛布衣）和琴，赐给他牛羊，还为他修筑了仓房。

舜得到了这些赏赐，他的父亲和弟弟象又开始嫉妒心泛滥，想合谋杀掉舜，然后霸占这些财物。于是，瞽叟设计让舜去修补仓房的屋顶，然后在下面纵火焚烧仓房。好在聪明的舜临危不惧，拿起两只斗笠作翼，从房上跳下来才幸免于死。后来瞽叟又生一计，他让舜掘井，当井挖得很深了，瞽叟和象就在井口上面填土，想将舜活埋在里面。幸亏舜事先有所警觉，在井底旁边挖了一条通道，才逃过一劫。躲了一段时间后，瞽叟和象以为阴谋得逞，便将舜的财物瓜分一空。当舜逃出来以后，面对陷害他的家人，非但没有报复，反而既往不咎，一如既往地孝顺父母，友于兄弟，而且比以前更加诚恳谨慎了。

后来尧帝让舜参与政事，管理百官，接待宾客，经受各种磨炼。舜不但将政事处理得井井有条，而且知人善任。比如“八元”“八恺”，舜知道他们有贤名，于是遣使“八元”管理土地，让“八恺”管理教化。另外臭名昭著的“四凶”，被舜流放到边远荒蛮之地，永不任用。

经过尧帝多年来的各种考验，尧帝最后禅位于舜，这也充分体现了古代“以人为本，任人为贤”的进步思想。

便宜八策 考黜

【原文】

考黜之政，谓迁善黜恶①。明主在上，心昭於天，察知善恶，广及四海，不敢遗小国之臣，下及庶人，进用贤良，退去贪懦②。明良上下，企及国理，众贤雨集，此所以劝善黜恶，陈之休咎③。故考黜之政，务知人之所苦。

其苦有五：或有小吏因公为私，乘权作奸；左手执戈，右手治生④，内侵於官，外采於民，此所苦一也。或有过重罚轻，法令不均；无罪被辜⑤，以致灭身；或有重罪得宽，扶强抑弱⑥，加以严刑，枉责其情，此所苦二也。或有纵罪恶之吏，害告诉之人，断绝语辞，蔽藏其情，掠劫亡命⑦，其枉不常，此所苦三也。或有长吏数易守宰⑧，兼佐为政，阿私所亲⑨，枉克所恨⑩，逼切为行，偏颇不承法制，更因赋敛，傍课采利⑪，送故待新，夤缘徵发，诈伪储备⑫，以成家产，此所苦四也。或有县官慕功，赏罚之际，利人之事，买卖之费，多所裁量，专其价数，民失其职⑬，此所苦五也。

凡此五事，民之五害。有如此者，不可不黜，无此五者，不可不迁。故《书》云：“三载考绩，黜陟幽明⑭。”

【注释】

①考黜（chù）：考察政绩以定黜陟。迁善黜恶：提拔品德端正、政绩

突出的官吏，降职或罢免行为不端的邪恶官吏。迁：迁任，提拔。黜：降职或罢免。

②贪懦：贪婪与怯懦。

③陈之休咎：列述官吏的吉凶善恶、成绩与过错。休咎：吉凶，善恶。

④左手执戈，右手治生：左手拿着武器，使用权柄欺压百姓，右手假意拯救苍生，实则捞取钱财。

⑤无罪被辜：没犯罪却被冤枉定罪而受罚。辜：罪。

⑥扶强抑弱：扶持强者，却打压攻击弱者。

⑦掠劫亡命：抢劫掠夺之后，逃亡在外的人。

⑧长（zhǎng）吏数易守宰：高级官员凭借权力屡次调换地方官员。长吏：古称地位较高的官员；高级官员。守宰：泛指地方官员。

⑨阿私所亲：包庇、偏袒自己的亲信。阿私（ē sī）：意思是私心偏袒，不公道。

⑩枉克所恨：冤枉攻击自己所忌恨的人。

⑪赋敛（fù liǎn）：征收税赋。傍课采利：依靠赋税，从中摘取利益。

⑫夤缘（yín yuán）：攀附上升，比喻靠拉拢关系向上巴结。徵（zhēng）发：征敛抽税，派遣劳役。徵：同“征”。诈伪储备：意为欺诈造假，假借为国家储备之名侵吞公共财产。

⑬民失其职：此指百姓失去了自己正常应该得到的利益。

⑭三载考绩，黜陟幽明：官吏上任三年后，必须考核政绩，然后决定升迁光明磊落、政绩突出之人，罢黜徇私舞弊的阴暗小人。

【译文】

所谓考黜之政，就是善于提拔品德端正、政绩突出的官吏，降职或罢免行为不端、邪恶不轨的官吏。圣明有为的国君在上，心中明亮可鉴于天，通过观察就能知道人心善恶，能够德泽广布于天下，遍察全国政务的施行情况，不敢遗漏小国的官吏，甚至下层的普通百姓，推举进用忠臣贤良，罢黜和辞退贪婪软懦的人。如果上面为官者清明，那么在下位者自然贤良，共同企望国政得到治理，那么朝中贤才就会多如雨点密集，这样做也是为了勉励善政、罢黜邪恶，向人们陈述官吏的吉凶善恶、功绩与过错。所以制定考黜官员的政策，务必要先去了解百姓受官吏压迫的痛苦有多少。

这里所说的苦难有五种：有的小官吏假借职权牟取私利，他们倚仗权势作威作福；他们左手拿着武器，使用权柄欺压百姓，右手假意拯救苍生，实则捞取钱财，将百姓的生死玩弄于股掌之间，对内欺瞒上司，对外压榨百姓，搜刮民脂民膏，这是百姓遭受的第一种苦难。有的官吏断狱不公，执法不严，有的人罪恶深重却得到轻微处罚，草草了事；而有的人没有犯罪却被冤枉定罪而受到重罚，甚至被处死。就这样扶持强者，却打压攻击弱者，官吏欺善怕恶，乱施严刑，使无辜之人备受迫害，这是百姓遭受的第二种苦难。有的官吏纵容罪恶之人横行霸道，陷害告状之人，截断申述路径和言辞，隐藏实情，致使含冤之人遭受抢劫掠夺而亡命天涯，百姓冤屈得不到伸张，如此徇私勾结的行为，这是百姓遭受的第三种苦难。有的高级官员凭借权力屡次调换地方官员，对于刚到任的长官极力谄媚，以赢得长官的信任，对于仇人，则刻意逼迫陷害，官吏偏听偏信，不按法制行事而有失偏颇，更严重的是，官官相护，假借征收赋税之机巧立名目，搜括民财牟取暴利，借助送旧迎新之际，为了达到攀附权贵的目的，胡乱征敛抽税，派遣劳役，表面上是为国家储备以防患未然，暗中却欺诈造假，侵吞公共财物而成为自家财产，这是百姓遭受的第四种苦难。有的县官贪求财富与功名权势，施行赏罚之际，总是考虑事情是否有利于自己，甚至介入民间买卖交易的资费，利用职权垄断价格，与民争利，使百姓失去了自己正常应该得到的利益，这是百姓遭受的第五种苦难。

凡是以上五种官吏所做之事，是危害百姓最深的五种行为。有这样五种行为的人，不可不罢黜免职；没有这五种恶行的官吏，不能不予以升官奖赏。所以《尚书》上说："官吏上任三年期间，必须考核政绩，然后再决定升迁光明磊落、政绩突出之人，罢黜徇私舞弊的阴暗小人。"

【故事链接】

以赏示信，以罚立威

诸葛亮说："圣明有为的国君因为高高在上，所以心中明亮可鉴于天，通过观察就能知道人心善恶。能够德泽广布于天下，遍察全国政务的施行情况，不敢遗漏小国的官吏，甚至下边的普通百姓。推举进用忠臣贤良，罢黜和辞退贪婪软懦的人。如果上面为官者清明，那么在下位者自然贤良。”

在古代，皇帝的身份高贵居于九重之上，以九五之尊自称天子，所以他的决定关系到天下苍生的命运走向。显而易见，身为一国之君，“勤政敬天”与“为政公义”才是经久不衰、可让子孙万代效法的治国之道。

隋朝末年，隋炀帝荒淫无道，致使民不聊生，因此，各地人民纷纷起兵反隋，镇守太原的李渊也举兵发动起义。由于李渊在当地声望较高，所以没过几天，军队就扩充了一万多人。李渊对所属将士不分地位贫富贵贱，都以义士相称，全军上下团结一气。李渊号令长子李建成、次子李世民一同领兵出征。由于他二人武艺高强，且能与士兵同甘共苦、身先士卒，所以将士们都深受鼓舞，斗志昂扬，故而取得了节节胜利。

李渊号令队伍中所有官兵，在行军作战中，一定要纪律严明，做到秋毫不犯。中途见到瓜果蔬菜不付钱不吃，如果发现有偷吃果农作物的，立即进行处罚，并马上找到失主按价付钱。因此，李渊的军队深受百姓称颂，大家都愿意加入到他的队伍中来，很快就发展到三万多人。

李渊带兵攻克霍邑的时候，异常高兴。于是立即下令各部论功行赏。这时，有军吏提出疑问说：“军中义士虽然不分贵贱，但毕竟其中有主有奴，有贫也有富，况且官与吏等级有所不同，难道赏罚都能平等对待吗？”

李渊听到后顿时觉得十分为难，如果赏罚问题不能处理得当，恐怕就会影响军中士气，对未来征战是否顺利会有很大影响。古往今来，将是将，卒是卒，倘若奖赏的时候一视同仁，恐怕将领会闹情绪。可他又转念一想，像钱九陇、樊兴这样都是奴隶出身但战功显著之人，难道就因为身份低贱而埋没他们的功劳吗？诸如马三宝的才能是人所共知的，对他能另眼看待吗？另外，军中多数都是贫民，可他们作战无不骁勇直前，如果奖赏军功的时候不公正，那么就会使薄赏者觉得辛苦付出没能得到应有的回报，势必会心灰意冷，削弱部队的战斗力。

经过几番利弊权衡，李渊决定抛开等级观念，以赏立信，以罚立威。他当众宣布：“两军交战，刀枪弓矢不分贫富贵贱，而使用这些武器之人又怎能有贵贱之分呢？所以从今以后，一视同仁，不分将与卒，全部论功行赏！若有违反军纪之人，也同样按律处罚！”此号令一出，全军上下无不雀跃欢腾。由于李渊能够坚持贯彻论功行赏、一视同仁的政策，所以那些贫民出身的人消除了自卑感，毫无顾忌地奋勇杀敌，以求获得战功之时能够加官封爵，从此显耀门庭。

李渊这种严明法治、赏罚分明的治军、治国方式被传承下来，直到后来唐太宗李世民继位治理国家时，也能做到仁政爱民，行王道、持中庸、求平衡，因而开创了“贞观之治”的盛世局面，为大唐盛世奠定了不可撼动的基础。

便宜九策 治军

【原文】

治军之政，谓治边境之事，匡救大乱之道，以威武为政，诛暴讨逆[1]，所以存国家、安社稷之计。是以有文事，必有武备，故含血之蠹[2]，必有爪牙之用，喜则共戏，怒则相害[3]；人无爪牙，故设兵革之器，以自辅卫。故国以军为辅，君以臣为佐；辅强则国安，辅弱则国危，在於所任之将也[4]。非民之将，非国之辅，非军之主。故治国以文为政，治军以武为计；治国不可以不从外，治军不可以不从内。内谓诸夏，外谓戎狄[5]。戎狄之人，难以理化，易以威服。礼有所任，威有所施。是以黄帝战於涿鹿之野[6]，唐尧战於丹浦之水；舜伐有苗[7]，禹讨有扈[8]，自五帝三王至圣之主，德化如斯，尚加之以威武，故兵者凶器，不得已而用之。

夫用兵之道，先定其谋，然后乃施其事。审天地之道，察众人之心，习兵革之器，明赏罚之理，观敌众之谋，视道路之险，别安危之处，占主客之情，知进退之宜，顺机会之时，设守御之备，强征伐之势，扬士卒之能，图成败之计，虑生死之事，然后乃可出军任将，张擒敌之势，此为军之大略也。夫将者，人之司命，国之利器，先定其计，然后乃行。其令若漂水暴流，其获若鹰隼之击物[9]；静若弓弩之张，动如机关之发，所向者破，而勍敌自灭[10]。将无思虑，士无气势，不齐其心，而专其谋，虽有百万

之众，而敌不惧矣。非雠不怨[11]，非敌不战。工非鲁般之目，无以见其工巧；战非孙武之谋，无以出其计运。夫计谋欲密，攻敌欲疾，获若鹰击，战如河决，则兵未劳而敌自散，此用兵之势也。故善战者不怒，善胜者不惧。是以智者先胜而后求战，闇者先战而后求胜[12]；胜者随道而修途，败者斜行而失路，此顺逆之计也。将服其威，士专其力，势不虚动，运如圆石，从高坠下，所向者碎，不可救止。是以，无敌於前，无敌於后，此用兵之势也。

【注释】

①诛暴讨逆：诛杀凶暴、讨伐叛逆之人。

②蠹：泛指蛀蚀器物的虫子。比喻祸害国民的人和事。

③喜则共戏，怒则相害：高兴的时候一起嬉戏，愤怒的时候相互伤害。

④於：同“于”。

⑤戎狄（róng dí）：先秦时代华夏对西方和北方的非华夏部落的统称，即北狄和西戎的合称。

⑥黄帝战於涿鹿之野：蚩尤发动叛乱，不听黄帝的命令。于是黄帝联合其他诸侯的军队，在涿鹿郊野与蚩尤作战，终于擒获并杀死了蚩尤。黄炎二帝联盟与蚩尤进行涿鹿之战的地方，为中华第一古战场。

⑦舜伐有苗：指华夏部落联盟与苗蛮部落联盟发生的战争之一。有苗：即三苗，是古代一个部落。

⑧禹讨有扈：有扈氏，是夏代时期一个部落或酋邦。传说禹时曾发生过“攻有扈”“以行其教”的战争。

⑨鹰隼（sǔn）：泛指凶猛的鸟，比喻凶猛或勇猛。常用于比喻天性凶狠而令人畏惧的、勇猛的人。

⑩勍敌（qíng dí）：强敌。

⑪雔（chóu）：同“仇”，深切的怨恨；仇敌。

⑫闇（àn）：同“暗”，暗处。

【译文】

所谓治军之政，就是指如何妥善治理边境之事，是匡正挽救天下大乱之道，通常是以威武雄壮之力攻伐为原则，诛杀凶暴，讨伐叛逆造反之人，是赖以保卫国家社稷安全稳定之计。所以治理国家既要有文治，也一定要有武器装备加强防御，因此要像含血的蠹虫一样，必须生有爪牙当作辅助工具，高兴的时候一起嬉戏，愤怒的时候相互伤害。人没有那样的爪牙，故而制造兵器铠甲等设备用来保卫自己。所以，国家需要依靠军队来保护，君王需要良臣来辅佐；辅臣力量强大则国家安宁，辅臣力量虚弱则国家危险，这一切都在于所任用的将帅如何。不是受人民拥戴的将帅，就不是国家的最好辅臣，也不是军队的真正主帅。所以，治理国家必须以文官作为辅佐朝政之人，治理军队则以尚武作为军中大计；治理国家不能不考虑外部形势，治理军队不能不考虑内部情况。这里所说的“内部”就是我们华夏各地，所说的“外部”就是指北狄和西戎。那些北狄和西戎之人，难以用道理说服教化，却很容易以威猛的武力使他们屈服。有的需要以礼相待收服任用，有的需要施加武力迫使他们屈服。所以黄帝在涿鹿之野开战大败蚩尤，唐尧帝在丹浦之滨取得战争胜利；舜帝讨伐有苗氏大获全胜，禹讨伐有扈氏“以行其教”，从五帝三王直到现在的圣明之主，像他们这样贤德圣明之人，还需要使用武力增加威武之势，所以军队用兵是凶器，是在万不得已的情况下才使用。

所谓的用兵之道，就是要先去制定战胜敌人的计谋，然后才具体实施如何战斗之事。审视天时、地利的有利条件是否具备，观察所有部下的心理变化，加强训练将士们的战斗力，严明赏罚制度，侦察敌人的战略部署，检视行军道路的险易程度，鉴别安全与危险之处，预测敌我双方的主观与客观条件的情况，掌握进攻与退守的有利时机，顺应进攻的机会之时，做好进攻与防守的准备，增强征伐的态势，充分发挥士卒的才能，谋划成功与失败应该怎样应对的计策，详细考虑生死存亡的大事，然后才能委任将帅出兵迎战，摆开擒获敌人的阵势，这些都是行军作战的重大策略。那些成为将帅的人，掌握着军中上下的命运，是国家锐利的武器，应该先制订作战计划，然后才能行动。将领的命令一发，士兵们就像是能将巨石浮起来的洪流一样气势凶猛，他们将要擒获敌人时，就像鹰隼袭击食物一般；安静时就像张开的弓弩，行动起来就像踩动机关发射弓弩一样迅猛，将士们都能所向披靡，即使强大的敌人也难逃灭亡。将帅若没有深思熟虑的良好谋略，那么士兵就没有夺人的气势，三军上下人心不齐，再加上将帅独断专行，那么即使有百万大军，敌人也不会惧怕。不是深仇大恨就不必怨恨，不是仇敌就不开战。工匠没有鲁班那样的眼目，所以就无法发现其中制作的精巧；两军交战时，若没有军事家孙武的计谋，就无法想出灵活的作战计划。那作战的计谋越严密，攻破敌人的速度就越快，擒获目标时就像鹰隼袭击猎物一般迅猛，作战时我军将士的气势像河水决堤一般汹涌直前，那么我们的军兵尚未疲劳而敌军就已经自动溃散逃亡，这就是用兵的威势了。所以，善战者不轻易发怒，善于取胜的人无所畏惧。因此，明智的将帅首先胜券在握，然后再寻求作战机会，而愚昧不明的将帅则是先与敌人交战而后求取胜利的机会；胜利者是遵循正道而去修正路途，失败者是因为走入邪路而失去了正确的道路，这就是顺势和逆势的道理了。将士们都能服从他的威望，士卒专心为他效力，造成势不虚动的态势，行动起来如同陡峭山峰上的圆石从高处坠落而下，所碰到的物体将被击碎，甚至无法挽救和阻止。所以，无论是在正面与敌人交锋，还是从背后袭击敌人，都能纵横无敌，这就是善于用兵的气势了。

【原文】

故军以奇计为谋，以绝智为主；能柔能刚，能弱能强，能存能亡；疾如风雨，舒如江海；不动如泰山，难测如阴阳；无穷如地，充实如天；不竭如江河，终始如三光[①]，生死如四时，衰旺如五行[②]；奇正相生，而不可穷。故军以粮食为本，兵以奇正为始，器械为用，委积为备[③]。故国困於贵买，贫於远输。攻不可再，战不可三，量力而用，用多则费。罢去无益，则国可宁也；罢去无能，则国可利也。夫善攻者，敌不知其所守；善守者，敌不知其所攻。故善攻者不以兵革，善守者不以城郭。是以，高城深池，不足以为固；坚甲锐兵，不足以为强。敌欲固守，攻其无备；敌欲兴阵，出其不意[④]。我往敌来，谨设所居；我起敌止，攻其左右；量其合敌，先击其实。不知守地，不知战日，可备者众，则专备者寡。以虑相备，强弱相攻，勇怯相助，前后相赴，左右相趋，如常山之蛇，首尾俱到，此救兵之道也。故胜者全威，谋之於身，知地形势，不可豫言。议之知其得失，诈之知其安危，计之知其多寡，形之知其生死，虑之知其苦乐，谋之知其善备。故兵从生击死，避实击虚。山陵之战，不仰其高；水上之战，不逆其流；草上之战，不涉其深；平地之战，不逆其虚；道上之战，不逆其孤。此五者，兵之利，地之所助也。

夫军成於用势，败於谋漏；饥於远输，渴於躬井；劳於烦扰，佚於安静；疑於不战，惑於见利；退於刑罚，进於赏赐；弱於见逼，强於用势；困於见围，惧於先至；惊於夜呼，乱於闇昧[⑤]；迷於失道，穷於绝地；失於暴卒，得於豫计。故立旌旗以视其目[⑥]，击金鼓以鸣其耳，设斧钺以齐其心[⑦]，陈教令以同其道，兴赏赐以劝其功，行诛伐以防其伪[⑧]。昼战不相闻，旌旗

为之举；夜战不相见，火鼓为之起；教令有不从，斧钺为之使。不知九地之便，则不知九变之道。天之阴阳，地之形名，人之腹心，知此三者，获处其功。知其士乃知其敌；不知其士，则不知其敌；不知其敌，每战必殆。故军之所击，必先知其左右士卒之心。五间之道⑨，军之所亲，将之所厚，非圣智不能用，非仁贤不能使。五间得其情，则民可用，国可长保。故兵求生则备，不得已则斗；静以理安，动以理威，无恃敌之不至，恃吾之不可击。以近待远，以逸待劳⑩，以饱待饥，以实待虚，以生待死，以众待寡，以旺待衰，以伏待来。整整之旌，堂堂之鼓，当顺其前，而覆其后；固其险阻，而营其表，委之以利，柔之以害，此治军之道全矣。

【注释】

①三光：古人称自然界发光的三种物体为三光，分别为日、月、星。

②四时：指春、夏、秋、冬四季。五行：中国古代哲学的一种系统观，广泛用于中医、堪舆、命理、相术和占卜等方面，包含金、木、水、火、土五种动态，称为“五行”。

③奇正（qí zhèng）：古时兵法术语。古代作战以对阵交锋为正，设伏掩袭等为奇。由《易经》中的阴阳变化之理及古代兵家刚柔、奇正、攻防、彼己、虚实、主客等对立关系相互转化的思想推演而成。委积：储备粮草。

④攻其无备：出自《孙子兵法·计篇》。指趁敌人还没有防备时就采取行动。出其不意：原指在别人意想不到的时候行动，后泛指出乎对方的意料之外。

⑤於：同“于”。闇昧：“闇”同“暗”，愚昧，昏庸；不光明磊落。

⑥旌旗：旗帜。

⑦斧钺（yuè）：斧与钺。泛指兵器，亦泛指杀戮。在上古时代是用于作战的兵器，同时也是军权和统治权的象征。

⑧诛（zhū）：把罪人杀死。伐：讨伐，声讨。

⑨五间之道：亦作“五闲之道”，五种离间方法。《孙子·用间》：“用间有五：有因间、有内间、有反间、有死间、有生间。五间俱起，莫知其道……因间者，因其乡人而用之。内间者，因其官人而用之。反间者，因其敌间而用之。死间者，为诳事於外，令吾间知之，而传於敌间也。生间者，反报也。”

⑩以逸待劳：指在战争中做好充分准备，养精蓄锐，等疲乏的敌人来犯时给以迎头痛击。

【译文】

所以军队要善于运用出奇制胜的谋略，以非凡奇绝的智慧进行筹谋作为主要思路；能柔能刚，能弱能强，能存能亡；迅疾时如暴风骤雨，舒缓时如江海滔滔不绝；沉稳如泰山岿然不动，阵型变幻莫测如阴阳变幻；像大地一样没有穷尽，像天那样辽阔充实；像江河一般取之不竭，光辉就像日月星辰那样始终如初，面对生死如同四季轮回那样宠辱不惊，兴衰之理就像金木水火土那样相克相生；而奇正相生相养之道，永远不会穷尽。所以军队以粮食充足为根本，用兵作战要以奇正之道为原则，各种军事器械作为攻击用具，粮草储备等军需物资一定要准备完善。所以国家往往因为物价上涨导致无力购买而困顿，由于路途遥远造成运输军需物资十分困难。发起进攻时不可两次征发兵役，与敌人交战后不可三次运粮，所以出征前一定要量力而行，征用过多就会造成国家资源浪费。舍弃那些没有实际意义的战争，那么国家就可以安宁了；舍弃那些没有能力获胜的战争，那么国家就不会劳民伤财了，这样是对国家有利的。至于那些善于进攻的将帅，可使敌人不知自己该如何防守；善于防守的将帅，可使敌人不知自己该从哪里进攻。所以善于进攻的将帅不倚仗军队和装备而使敌人降服，善于防守的将帅不倚仗城郭建筑牢固而使敌人无法攻克。因此说，拥有高城深池，不足以称为坚不可摧；拥有坚甲锐兵，不足以称为强大。敌人打算固守，我方就采取攻其无备；敌人想要发兵布阵，我方就采取出其不意的策略率先进攻。在敌我双方往来交战过程中，我们一定要严密防守起居的营寨，防范敌人偷袭；我军已发兵，但敌军按兵不动时，可以攻其左右两翼；估计敌军准备全军集中兵力进攻时，就先攻击敌军主力。如果不知道在哪里设置防守之地，不知道开战日期，那么需要准备的事项可就多了，相反，需要准备的事项就相对减少。出兵作战应该深思熟虑、相互防备，强与弱交互攻击，勇敢与怯懦相互协助，前后要相互照应，前仆后继，左右相互奔跑救助，就像常山之蛇一般，攻击它的中段时它的头尾都来救应，这就是救兵之道。所以能够获胜的军队始终保持全军上下一致的威严，将领的智谋藏在胸中，善于熟知地形地势，并能巧妙利用，其能量之大不可预言。反复商议对策就能知道交战的有利因素与不利条件，用计谋欺骗敌人就能知道敌人军事部署的安危状况，通过观察计算探知敌人的兵力多少，根据敌军阵型部署推算出其中哪里是生地、哪里是死地。侦察敌情思考他们士气所体现的状态，就可以知道将士们心中的苦与乐，通过具体分析谋划敌情，就能知道敌军防备体系是否完备。故而用兵打仗要善于利用有利形势的生地去攻击不利形势下的死地，避开敌人实力雄厚之地，去攻击他们布局薄弱的地方。在高山丘陵之地作战，不要处于低势而去仰攻居于高处的敌人；在水上与敌人交战，不要逆着水流；在草原林木之地交战，不能深入草木；在开阔平坦之地交战，不放过攻击敌人空虚的地方；在山道上与敌军交战，不放过敌人孤军突进的队伍。这五种策略，是军队借助占据有利地形而用兵的方法。

军队作战取得胜利在于能够掌握全局善于运用形势，而失败在于谋略有疏漏；士兵由于远途运输而饥饿，因为找不到可以打井的水源而口渴；因为过分忧虑而精神疲劳，因为安静而显得安逸；发兵而不出战会使士兵生疑，看到小利就贪图会造成混乱；对于擅自后退的人要处以刑罚，对于奋勇杀敌的人要论功赏赐；对于懦弱不前的人要适度逼迫，对于强势急躁的人要善于因势利导；发现被包围了就会有身陷困境的感觉，先到达战场会使敌人感到恐惧；夜间呼喊是惊慌的表现，如果将领愚昧无能，那么军队就会混乱；迷失道路就会迷乱前进的方向，陷于绝地就会没有出路可逃；对待属下士卒暴虐就会失去威信，凡是能够预先谋划安排，就会得到好的结果。所以军队中设立旌旗是为了让大家能够清楚看到指挥方向，鸣金击鼓是为了能让大家用耳朵听到号令，设置斧钺的权威是为了使全军上下能够齐心协力，向将士宣布军令是为了使将士们能够同心同德、行动一致，动用赏赐机制是为了激励士卒杀敌

立功，施行诛杀讨伐罪人是为了防备那些虚伪奸佞之人违犯命令。白天交战不能听到口令，无法相互配合作战，就可以举起旌旗发号施令；夜间交战相互看不见身形手势，就可以使用火把和战鼓进行指挥；对于不服从教令的人，就使用斧钺去执行军纪。不精通各种地形灵活运用的便利，就不懂得利用地形多变的奥妙所在。天之阴阳规律，地之形势属性，人之心中所想，能够了解并掌握这三者变化规律的人，就能从中获益而取得成功。如果能了解敌军将士的情况，就能了解敌情而去战胜敌人；如果不能了解敌军将士的情况，就不能知道敌情；不知道敌情而去与敌人交战，每次交战必然会失败。故而行军作战所能取胜的关键，就是必须要先了解敌军中上下将士的思想状况。所谓的五间之道，就是孙子兵法中所提到的五种离间方法，是军中将领最为亲近，也是将帅最为厚爱的策略，不具有圣明才智的人不能用“间”计，不具备德仁忠贤之人不能使用“间”计。如果使用“五间”之法得到敌军虚实情况，那么百姓也可以利用，国家就能保障长久安全。士兵为了求取生存就会精心准备战斗，迫不得已的情况下就会殊死搏斗；军队安营扎寨的时候要时刻考虑到环境安全，出兵的时候要有雄壮的军威、理智行动，不可以倚恃自己强大而敌人不敢轻易进攻就疏忽大意，要倚恃我方军备充实、万众一心而达到坚不可摧。战略部署上，还要依靠近居好地之势，等待迎战远道而来的敌军；做好充分准备，养精蓄锐，等疲乏的敌人来犯时就给以迎头痛击；以我方饱食状态，等待饥饿疲惫的敌军进击；以我方的实力雄厚，等待时机攻打敌人兵力虚弱的地方；以我军占据有利地形，等待攻击处于不利地形的敌军；以我军兵多将广等待时机，对阵敌人的劣势兵力；以我军士气旺盛，等待时机进攻士气衰微的敌人；以我军设好的埋伏，等待前来进攻的敌人。整齐的旗帜，响亮的战鼓，应当顺应阵前交战，同时也要令声势覆盖后方；固守险阻，同时还要保护好营寨；庄重而又从容地告知作战应得的利益，用怀柔之心诉说危害使其慑服，这样一来，治军的方法和策略就完备了。

【故事链接】

诸葛亮以信治军

诸葛亮说："治理国家既要有文治，也一定要有武器装备加强防御。"而无论文治还是武治，都离不开确立诚信。他还说："自古以来善于率军作战的将领，一定要做到言而有信。如果将领之于奖赏与惩罚制度上不守信用、因人而异、有失偏颇，那么下边的吏卒就会逐渐不守信用。长此以往形成一种风气，就会使贤良之人退隐潜藏，因此，作战必然会遭致失败。"这都是诸葛亮参悟的用兵之道，在现实之中，也被广为推广。

三国时期，曹魏政权与蜀汉之间的战争较多。可以说，从曹操与刘备之间开战开始，一直到他们的继位者接管朝政，战争从来没有间断过。

魏明帝继位不久，就亲自率领军队与诸葛亮率领的蜀汉军队展开了争夺关陇的战争。魏明帝驾车来到长安，任命骠骑将军司马懿担任曹魏大军的主将，率领张郃所辖的雍州、凉州劲旅共计二十多万，秘密行军，直奔剑阁。

由于连年征战，将士们都有思乡情绪，况且常年长途跋涉，千辛万苦的生活也使多数人感到厌倦，军中时有怨言。为此，诸葛亮曾制定了服役期限等制度。可眼下，在曹魏大军渐渐逼近的紧要关头，诸葛亮手下所带兵马仅仅十余万，其中却有四万人因服役期满，需要退役还乡。倘若在用人之际，按照规定准时让他们退役回家，势必会造成因为与曹魏大军兵力悬殊而难以抵御的局面，将会使原本就处于劣势的蜀军陷入更加艰难的困境之中。这下可急坏了一些部将。面对即将到来的两军对峙，战争一触即发。就目前蜀军兵力匮乏的情况，本来就已经很难取胜，倘若再放走这四万服役期满之人，而国内援兵离此地甚远，很难及时赶到，简直是鞭长莫及啊！

鉴于此，参军向诸葛亮建议说：“丞相，请延期服役一个月，或者可等到战事结束后，再让老兵们退役还乡。”诸葛亮听后，果断地拒绝了，说：“我率兵作战，向来以信用为根本。为了获得土地而失去信用，这正是古人常犯的错误。这些背井离乡、在外征战多年的老兵，早就归心似箭，期待着和家人重逢；他们的亲人也早已在家中计算他们服役期满的归期，盼望着能够早日相见。如今，就算是大敌当前，形势紧迫，我们也没有理由耽误他们返乡的行程，无论怎样，道义岂可偏废！”于是，下令各部让服役期满的老兵按时还乡，早日和家人团聚。

在没有下达命令之前，有些期满老兵担心不能让其按时回乡，常常忧心忡忡、窃窃私语，如今听到诸葛亮遵守诚信让他们按时回家的决定，反而被诸葛亮信守承诺的品格所感动。于是这些老兵不但没走，反而坚定地留了下来，并无比感慨地说：“丞相的大恩大德，我们铭记于心，虽死也不能忘啊！此刻魏军来战，正是用人之际。我们愿意英勇奋战，等取得胜利再返回家园！”诸葛亮也被这些老兵的忠诚所感动，几次劝说他们按时还乡，他们都不肯离去，诸葛亮只好答应他们留下来一起抵御魏军。

就这样，诸葛亮重新按照现有兵马排兵布阵，顺利击退了司马懿，打得魏军落花流水，取得了又一战事胜利。

便宜十策 赏罚

【原文】

赏罚之政，谓赏善罚恶也。赏以兴功，罚以禁奸；赏不可不平，罚不可不均。赏赐知其所施，则勇士知其所死；刑罚知其所加，则邪恶知其所畏。故赏不可虚施，罚不可妄加，赏虚施则劳臣怨，罚妄加则直士恨[①]，是以羊羹有不均之害[②]，楚王有信谗之败。

夫将专持生杀之威：必生可杀，必杀可生，忿怒不详[③]，赏罚不明，教令不常，以私为公，此国之五危也。赏罚不明，教令有不从；必杀可生，众奸不禁；必生可杀，士卒散亡；忿怒不详，威武不行。赏罚不明，下不劝功；政教不当，法令不从；以私为公，人有二心。故众奸不禁，则不可久；士卒散亡，其众必寡；威武不行，见敌不起；下不劝功，上无强辅；法令不从，事乱不理；人有二心，其国危殆[④]。

故防奸以政，救奢以俭；忠直可使理狱[⑤]，廉平可使赏罚。赏罚不曲，则人死服。路有饥人，厩有肥马[⑥]，可谓亡人而自存，薄人而自厚。故人君先募而后赏，先令而后诛，则人亲附，畏而爱之，不令而行。赏罚不正，则忠臣死於非罪，而邪臣起於非功。赏赐不避怨雠，则齐桓得管仲之力[⑦]；诛罚不避亲戚，则周公有杀弟之名[⑧]。《书》云："无偏无党，王道荡荡；无党无偏，王道平平。"此之谓也。

【注释】

①直士：正直、耿直之士。

②羊羹有不均之害：化用了《战国策》中“羊羹一杯以失国”的典故。相传战国时期，有一个国家的国君设宴款待天下名士，因为当时羊羹数量不多，结果没有司马子期那一份。司马子期对此怀恨在心，后来他到楚国谋生，得到楚国国君的重用，结果他亲自率兵攻灭那个国家。那个国君逃亡后仰天长叹：“没想到，一杯羊羹竟使我丢掉了国家！”

③忿怒（fèn nù）：愤怒，忿恨嗔怒。

④危殆（dài）：意思是（形势、生命等）十分危险，危急。

⑤理狱：审理罪案。

⑥厩（jiù）有肥马：马厩里养着膘肥体壮的骏马。厩：马厩，马棚。

⑦赏赐不避怨雠（chóu），则齐桓得管仲之力：因为赏赐有功之臣不记恨怨仇，所以才有了齐桓公得到贤才管仲辅助的力量，最终得以成就霸业。

⑧诛罚不避亲戚，则周公有杀弟之名：因为诛杀惩罚罪人不回避亲戚，所以才有了周公大义灭亲诛杀弟弟的美名。

【译文】

所谓的“赏罚之政”，就是执政者要制定奖善惩恶的制度。奖赏是为了鼓励下属建功立业，惩罚是为了禁止奸邪之人的罪恶；奖赏不可以不公平，惩罚制度不可以不均衡。如果赏赐的时候要让部下明白所得赏赐的原因，那么部下就知道自己应该怎样舍生忘死；如果让部下知道所受到的刑罚为什么而施加，那么邪恶之徒就知道自己应该畏惧什么。所以赏赐不可以虚假施行，惩罚也不可以胡乱施加，赏赐虚假施行就会引起有功之臣的怨气，惩罚胡乱施加就会引起忠诚正直之人的愤恨，所以就出现了战国时期有一个国王因为分羊羹不均衡而遭受了灭国之祸，楚王也遭遇了相信谗言而败亡的悲惨命运。

将领靠专属权力建立威望，从而把持了属下的生杀大权：倘若独断专行，往往会误杀好人，应该活着的被杀死，必须杀死的却还活着，如此纵容恶人，喜怒无常，赏罚不分明，教令经常变更，假公济私，都会使部属不知所从，这是对于国家的五种危害。如果赏罚不分明，那么将领所发布的命令就会有人不服从；倘若纵容恶人，该杀的不杀，那么各种败坏道德的奸邪之人就无法禁止；倘若枉杀无辜，那么士卒就会因为恐惧而四散逃亡；倘若将领喜怒无常，那么很难树立威严。倘若赏罚不公，下属就不会相互劝勉、争相报国立功；倘若政教纲领实施不当，法令自然也就无人服从；倘若将帅假公济私，士卒们就会生有二心。所以说，如果众恶不止，那么国家必不能长久；如果士卒离心离德，四处逃散，那么再庞大的军队也必定会变得兵少将寡；将领不够威武，号令无法施行，那么士卒见到敌人就会显得软弱无能；属下无心作战，将领没有贤士辅佐，就无从激励士气建立功业；如果法令无人听从，事物就会混乱没有条理；如果人人有二心，那么国家就将面临崩解的危险了。

因此要杜绝罪恶，必须先使政治清明，要想阻绝奢侈，必须崇尚节俭；让忠直之士去审理讼狱，让清廉之士去执行赏罚。如果赏罚严明公正了，那么人人都能死心踏地去致力效忠。如果路旁到处都有饥民，而官吏的马厩里却养着膘肥体壮的骏马，这就可以称得上是不管别人死、只顾自己活，薄视别人而厚待自己了。所以身为一国之君，一定要先招募贤臣订立赏罚条例，而后才实施刑赏，先颁布政令，然后才实行诛罚制度，这样才能令百姓心悦诚服、亲近归附，心生敬畏而又极其爱戴君王，不用强制命令，就能甘心服从。如果赏罚不能公正严明，那么忠臣无罪也会被迫害而死，而奸臣没有功绩反而备受重用。因为赏赐有功之臣却不记恨曾经的

怨仇，所以才有了齐桓公得到贤才管仲的辅佐，最终得以成就霸业；诛杀、惩治罪人不回避亲戚，所以才有了周公大义灭亲诛杀弟弟的美名。《尚书》上说："无偏无党，王道荡荡；无党无偏，王道平平。"这些所说的就是这个道理。

【故事链接】

石碏（què）大义灭亲

春秋前期，卫国的君主卫庄公有三个儿子，其中州吁最受庄公宠爱。正因为过分宠溺，所以使他养成残忍暴戾的性格，喜好武斗，无恶不作，成为国家大害。

石碏是春秋时卫国大夫。他为人耿直，体恤百姓疾苦。他曾多次劝谏庄公要管教约束州吁，说："我听说疼爱孩子，应当用正道去教导他，不能使他走上邪路，骄横、奢侈、淫乱、放纵都是导致邪恶的原因。国君仁义，臣下恭行，为父慈爱，为子孝顺，为兄爱护，为弟恭敬，这是六件顺理的事。而背离顺理去效法违理的事，就是招致祸害的根由啊！作为英明的君主，应当尽力除掉祸害，而现在陛下却纵容公子，如此加速祸害的到来，这样怎么能行呢？"但庄公不听劝谏，任凭州吁更加放纵，胡作非为。

石碏的儿子石厚与州吁交往甚密，石碏多次忠告儿子禁止与之交往，但石厚根本不听，经常与州吁出去打猎、为非作歹。石碏大怒，用鞭子抽打儿子，并锁入房内。可是石厚竟然越窗逃到州吁府内，干脆不回来了，继续跟随州吁胡作非为，祸害百姓。

庄公死后，卫桓公继位。石碏见新帝生性懦弱无为，一气之下告老还乡，不再参与朝政。后来州吁听计于石厚，害死卫桓公夺取了王位。州吁、石厚为了制服国人，立威邻国，使用暴力镇压，可越是这样就越适得其反。州吁见百姓不拥戴自己，就跟石厚商量对策。州吁听了石厚的建议，派大臣带着重礼去请石碏回来辅政，然而石蜡推说病重，拒绝回朝，石厚只好回家向父亲请教安定君位的方法。石碏回答说："能朝见周天子，君位就能安定了。"石厚问："怎么才能朝见周天子呢？"石碏答道："陈桓公现在正受周天子宠信，陈、卫两国友好，如果你们现在去请求陈桓公向周天子请命，就一定能成功。"石厚十分高兴，就让州吁赶紧备厚礼，一起奔赴陈国。

他俩做梦也没想到，石碏已经写好血书派人提前送到陈国。血书上写着："这两个人正是杀害我们国君的凶手。我们卫国民不聊生，都是州吁与我的逆子石厚所致。此二逆不诛，百姓难活，而我年老体衰，力不从心。现二贼子已驱车前往贵国，实为老夫之谋。请将这二贼处死，便是我卫国之大幸了！"陈桓公看罢，果真命人将州吁、石厚抓住。刚要斩首，有人说："石厚为卫国石碏之子，应慎重行事，请卫国自己来处决为妥。"于是，卫国派遣右宰丑前去杀了州吁。石碏则派家奴到陈国杀死了石厚。

后来，有君子评论这件事说："石碏真是一位正直君子！他痛恨州吁祸国殃民，把助纣为虐的儿子石厚也一起杀了，真是大义灭亲啊！"

便宜十一策　喜怒

【原文】

喜怒之政，谓喜不应喜无喜之事，怒不应怒无怒之物；喜怒之间，必明其类[①]。怒不可犯无罪之人，喜不从可戮之士[②]；喜怒之际，不可不详。喜不可纵有罪，怒不可戮无辜；喜怒之事，不可妄行。

行其私而废其功，将不可发私怒，而兴战必用众心，苟合以私忿而合战[③]，则用众必败。怒不可以复悦，喜不可以复怒，故以文为先，以武为后。先胜则必后负，先怒则必后悔；一朝之忿，而亡其身。

故君子威而不猛，忿而不怒[④]，忧而不惧，悦而不喜。可忿之事，然后加之威武，威武加则刑罚施，刑罚施则众奸塞。不加威武，则刑罚不中；刑罚不中，则众恶不理，其国亡。

【注释】

①必明其类：一定要明确其中的界限。

②从：古同“纵”，放任。戮（lù）：杀；羞辱，侮辱。

③苟合：苟且聚合，任意结合。私忿（fèn）：私人愤恨，个人的怨恨。

④忿而不怒：愤恨而不发怒。忿：恨，愤恨。

【译文】

所谓的“喜怒之政”，就是身为将领应注意随时控制自己的情绪。高兴时不应为那些不值得高兴的事而高兴，发怒时不应为那些不值得发怒的事物而发怒；喜和怒之间，一定要分清喜怒的类别属性。生气时，不可迁怒无罪的人，高兴时，不能放任罪大恶极的可杀之人；高兴与恼怒之时，不能不详查情由之后再行发落。高兴时不可以放纵有罪之人，恼怒时不可以滥杀无辜；喜怒之时处理事务，千万不能随意轻率执行。

倘若将领行使权力去牟取私利，那么就会使自己的功业颓废败落，身为将帅千万不能因为发泄私愤而发动战争，而应该借助万众一心的气势合力兴兵出战，假如因为私人的愤恨而聚合众人发起进攻，而且只凭自己的血气之勇，那么他所指挥的军队必然会失败。另外，如果正发怒时不可以突然又转为高兴，正高兴时不可以又突然转为愤怒，所以将领必须先修文德，而后再研习武功。先取得胜利随后则会产生自负思想，就会因轻敌而失败；如果首先发怒而且意气用事，那么事后必定会后悔；因为一时的愤怒而丧失理智，往往会自取灭亡，甚至身败名裂。

所以有才德的君子威武而不野蛮凶猛，愤恨而不发怒，内心忧虑而不恐惧，心里高兴而不喜形于色。遇到可愤恨之事，就施加以威武气势去解决，只有施加威严，刑罚才能发挥效力，只有让刑罚发挥效力，一切奸邪罪恶才能得到禁绝。倘若无法树立威严威信，刑罚就无法准确

施行；刑罚无法准确施行，那么众多奸恶跋扈之人就无法管束，奸恶跋扈之人得不到治理，那么他的国家就会灭亡。

【故事链接】

张飞之死

诸葛亮在谈论关于将帅控制情绪的文章中说："身为将领，应当时刻注意控制自己的情绪。高兴时不应为那些不值得高兴的事而高兴，发怒时不应为那些不值得发怒的事物而发怒；喜和怒之间，一定要分清喜怒的类别属性。生气时，不可迁怒无罪的人，不可因一时高兴，就放任罪大恶极的可杀之人，恼怒时也不可以滥杀无辜。喜与怒之时处理事务，千万不能随意轻率执行。"

公元 184 年，"黄巾起义"爆发，刘备在涿县组织了一支义勇军参加了剿灭"黄巾军"战争，义士张飞与关羽一起跟随刘备辗转各地、出生入死。关、张二人敬佩刘备的宽厚仁慈，刘备敬慕他二人的侠肝义胆，于是三人情同兄弟，甚至寝则同床；刘备出席各种宴会时，关羽、张飞都要侍立在刘备身旁。因他二人勇武过人，都被称为"万人敌"。

张飞敬爱君子，但性情耿直、脾气暴躁，就算后来当上将军，也从不知道细心去体恤士卒，因此刘备常常告诫他说："身为将官，一定要多多体恤部下。可你偏偏刑罚部下过重，而且经常在酒后鞭打士卒，之后还让他们侍奉在你身边，这是取祸之道啊！"可是张飞自以为武艺高强，属下人谁也不敢反抗，甚至每一次他发号施令，个个都唯命是从，所以他依旧为所欲为。

由于关羽刚愎自用，自恃英勇无敌，不依照诸葛亮的破兵之计，麻痹大意，结果在争夺荆州之战中，被陆逊使计击败，不得不败走麦城，但最终还是没有逃脱战败而亡的结局。关羽死后，最痛心的是刘备和张飞。刘备几次想发兵攻打东吴为二弟报仇，但都被诸葛亮劝阻。张飞独守蜀地如坐针毡，但得不到命令又不敢擅自发兵。由于张飞思念关羽，旦夕号泣。又因为一心想为二哥关羽报仇，所以整天借酒浇愁，火暴脾气越发难以控制，常常因为一点小事，不分青红皂白，也不管谁对谁错，看谁不顺眼就暴打一顿，因此下属谁也不敢接近他，个个都对他敬而远之，甚至有人对他恨之入骨。

刘备不忘关羽之仇，但诸葛亮、赵云等人都认为目前蜀国兵力不足，再加上长途跋涉，很难取胜，又担心倾巢出动会被曹魏大军偷袭后方，所以屡次阻挠讨伐东吴之事，意在等待时机成熟再发兵。可是暴脾气的张飞耐不住性子，总嚷着向刘备讨令攻伐吴国。这一次又勾起刘备报仇之心，于是不听赵云等人劝阻，决意立即发兵攻打东吴，同时调集张飞兵马，一同攻伐东吴。

张飞得令自是摩拳擦掌，火速回到阆中，限令领军部将三日内制办白旗白甲，三军挂孝伐吴。末将范疆、张达觉得时间紧迫，无法完成任务，要求宽限几天，于是入帐禀报张飞说：“白旗白甲，一时无可措置，须宽限几日方可完成。”张飞大怒，不但鞭打了他们，而且还说如果明天办不好，就杀了他们。范、张二人心中害怕，况且此刻因为禀报实情而遭到张飞鞭背，难免心存怨恨。于是二人一商量，决定先下手为强。他们知道张飞每次喝得大醉的时候都会呼呼大睡，曾因酒后大睡而贻误战机被军师惩罚，说明他在醉酒后防备意识最弱，可以在这时候下手杀死他。所以他俩就乘着张飞醉卧大睡之机，悄悄潜入张飞的营帐，趁其不备，举起短刀狠狠地连连刺向张飞的心脏和腹部。只听张飞大叫一声，已无力搏击，结果当场死亡。说时迟，那时快。只见二人长出一口气，迅速割下了张飞的首级，连夜投奔东吴孙权去请功。

张飞被其部将范疆、张达所害之后，军营中的都督马上派快马禀告刘备，刘备听到后悲痛至极，仰天长叹，哭泣道："噫！飞亦死矣！"

一位骁勇无敌的大将张飞，驰骋疆场、所向披靡，却死在了小小的无名小卒手中，真是悲哀啊！但仔细思量，他不是死于武艺不精，而是死于不能控制自己的喜怒情绪所带来的后果之上。所以诸葛亮说："有才德的君子威武而不野蛮凶猛，愤恨而不发怒，内心忧虑而不恐惧，心里高兴而不喜形于色。"这不仅仅用于治军，治理国家的君王也要引以为戒。而现代社会的我们，也同样应该注重情绪管理，因为不能掌控情绪，就有可能失控人生。

便宜十二策 治乱

【原文】

治乱之政，谓省官并职，去文就质也。夫绵绵不绝①，必有乱结；纤纤不伐，必成妖孽②。夫三纲不正，六纪不理，则大乱生矣。故治国者，圆不失规，方不失矩③，本不失末，为政不失其道，万事可成，其功可保。

夫三军之乱，纷纷扰扰④，各惟其理。明君治其纲纪⑤，政治当有先后。先理纲，后理纪；先理令，后理罚；先理近，后理远；先理内，后理外；先理本，后理末⑥；先理强，后理弱；先理大，后理小；先理上，后理下；先理身，后理人。是以理纲则纪张，理令则罚行，理近则远安，理内则外端，理本则末通，理强则弱伸，理大则小行，理上则下正，理身则人敬，此乃治国之道也。

【注释】

①绵绵不绝：形容数量很多，连续不断。出自《孔子家语·观周》。

②纤纤：细微的事物；微小的祸端。伐：砍伐，除掉。妖孽（niè）：比喻邪恶的事或人。

③规：画圆形的工具。比喻事物的规则、成例。矩：画直角或方形用的曲尺。

④纷纷扰扰：既指凌乱的样子，也形容思绪纷乱。

⑤纲纪：指治理；大纲要领。

⑥先理本，后理末：先治理根本，然后治理末梢。末：不是根本的、主要的事物。与“本”相对。

【译文】

所谓的“治乱之政”，就是要整顿政治，必须先裁减冗官，合并官职，去除文饰的虚职，委任具有实质意义的官职。如果那些闲散无用的官员连绵不断，就很容易群聚结党，造成政务紊乱；如果那些细微的紊乱不及时修正或砍掉，必将形成邪恶趋势，危害国家政务。如果全国上下都不遵守“三纲六纪”，就会致使世风不正，甚至发生大动乱。所以治理国家的君王，就像木工使用规和矩一样，必须行为举止圆满而不失正道，方正而不失其矩，坚固根本而不失其细枝末节的威严。像这样执行法治，就会合乎理法道统，那么万事可成，功业也就可以长久保持了。

军队之所以会纷扰杂乱没有秩序，是因为军队内部各自为政，缺乏统一的管理。所以贤明的君王治理国家一定要遵循纲纪，要有先后次序。必先整顿大纲，然后处理纪目；先颁布戒令，然后执行刑罚；先治理好国都近邻，然后全国都能得到治理；先安抚国内，然后平外；先治理根本，然后治理细枝末节；先治理强者，然后治理弱者；先治理大方面，然后治理小方面；先治理上，然后治理下；先修养自身，然后管理他人。如此一来，法令纲领申明了，纪目也就能舒张普及了；教令实施整理得当，刑罚就可以执行无碍了；国家内部安定强盛，邻国就不敢来侵犯了；根本能够治理顺畅，那么细枝末节也就通畅了；压制强者，则弱者就能得以伸张了；整理大方面，小方面就能畅行无阻了；上面吏治清明，下边的百姓自然就会行为端正了；君王注重整理自身修养而拥有崇高的品德，自然就能得到天下人的景仰，这就是治理国家的基本原则。

【故事链接】

齐桓公尊王攘夷，成就霸业

诸葛亮说：君王治理国家，如果全国上下都不遵守“三纲六纪”，就会致使世风不正，甚至发生大动乱。所以治理国家的君王，就像木工使用规和矩一样，必须行为举止圆满而不失正道，方正而不失其矩，坚固根本而不失其细枝末节的威严。像这样执行法治，就会合乎理法道统，那么万事可成。

齐桓公是春秋五霸之首。自他执政以来，经过对内政、经济、军事等多方面推行改革，才有了雄厚的物质基础和军事实力，并且适时打出了“尊王攘夷”的旗帜，假借周天子之名以伐不服，最终称霸诸侯。当然，一个国家的强大，既离不开君王的圣明与任人唯贤的高贵品质，更离不开优秀贤明的大臣忠心辅佐。

管仲担任齐国宰相后，对齐国进行了一系列改革，使齐国出现了民足国富、社会安定的繁荣局面。因此，齐桓公迫不及待地对管仲说："现在齐国国富民强，可以会盟诸侯了吧？"管仲回复说："天下诸侯当中，强于齐国者很多，比如南有荆楚，西有秦晋，然而他们自逞其雄，不知尊奉周王，所以至今不能称霸诸侯。现在周王室虽已衰微，但仍是天下共主。然而自从周王室东迁以来，部分诸侯自恃强大而不去朝拜，这是丧失礼仪的'不知君父'之举。陛下此时若以'尊王攘夷'相号召，海内诸侯必然会一呼百应。"齐桓公大为震惊，称赞管仲所说言之有理。

齐桓公五年（前681），在管仲的建议下，齐国与宋、陈、蔡、郑等国在齐国的北杏会盟，商讨安定宋国之计。遂国也被邀请，但没来赴会。管仲为了提高齐国的威望，就出兵把爽约的遂国消灭，以示警诫。鲁国本来比较强大，但因后来接连被齐国打败，士气明显不足。看到诸侯国大多数已经甘愿服从齐国，而不服从齐国的遂、谭两国已被消灭，所以鲁庄公有些忐忑了。不久后，齐国与鲁国决定在柯地会盟。会盟规定，只许鲁庄公一人登坛，曹沫二目圆睁，谁也无法阻拦。正当鲁庄公即将签署割让土地的屈辱协议之时，曹沫手执匕首冲上前去，劫持了齐桓公。顿时齐桓公被吓得目瞪口呆。管仲见状迅速上前，拦在齐桓公与曹沫中间，厉声问道："你想怎样？"曹沫正色道："齐强鲁弱，大国侵略鲁国，欺人太甚！现在鲁国快要城破墙毁，你看该怎么办？"齐桓公见势不妙，只好答应归还占领的鲁国土地。得到承诺后，曹沫扔下匕首重新站在群臣之中，面不改色，谈笑如故。

会盟结束，鲁国君臣胜利回国。齐桓公恼羞成怒想立时毁约，但管仲不同意，说："不可以毁约！贪图眼前小利，求得一时痛快，后果是失信于诸侯，失信于天下！权衡利害，不如守约，还是遵守盟约归还鲁国土地为好。"齐桓公听取了管仲的意见，因此保住了信守承诺的美名。

不久后宋国叛齐，因为齐桓公在诸侯中建立了威望，故而请陈、曹出兵合力伐宋，同时向周王室请求派兵伐宋得到应允，最终使宋国屈服。接下来，陈、蔡、卫等国也都陆续屈服齐国，只有郑国还在内乱。管仲因此建议齐桓公出面调解郑国内乱，以此来提高齐国的地位，加速成为霸主的步伐，很快郑国也被齐国征服。齐桓公见郑国也已屈服于齐国管理，就召集鲁、宋、陈等国君在宋国会盟。周惠王也派来召伯参加。这是一次空前盛会，几乎全部中原国家都参加了会盟。在这次盟会上，周天子的代表召伯奉命向齐桓公授予侯伯的头衔，使以鲁国为首的各国诸侯都不敢与齐国抗争，从此，齐桓公成了名副其实的诸侯霸主。

便宜十三策　教令

【原文】

教令之政，谓上为下教也。非法不言，非道不行，上之所为，人之所瞻也①。夫释己教人，是谓逆政；正己教人，是谓顺政。故人君先正其身，然后乃行其令。身不正则令不从，令不从则生变乱。故为君之道，以教令为先，诛罚为后；不教而战，是谓弃之。

先习士卒用兵之道，其法有五：一曰：使目习其旌旗指麾之变②，纵横之术；二曰：使耳习闻金鼓之声③，动静行止；三曰：使心习刑罚之严，爵赏之利；四曰：使手习五兵之便，斗战之备；五曰：使足习周旋走趋之列，进退之宜，故号为五教。教令军陈，各有其道。左教青龙，右教白虎，前教朱雀，后教玄武，中央轩辕④。大将军之所处，左矛右戟，前盾后弩，中央旗鼓。旗动俱起，闻鼓则进，闻金则止，随其指挥，五陈乃理⑤。正陈之法，旗鼓为之主：一鼓，举其青旗，则为直陈；二鼓，举其赤旗，则为锐陈；三鼓，举其黄旗，则为方陈；四鼓，举其白旗，则为圆陈；五鼓，举其黑旗，则为曲陈。直陈者，木陈也；锐陈者，火陈也；方陈者，土陈也；圆陈者，金陈也；曲陈者，水陈也。此五行之陈，辗转相生，冲对相胜，相生为救，相胜为战；相生为助，相胜为敌。

凡结五陈之法，五五相保，五人为一长，五长为一师，五师为一枝，五枝为一火，五火为一撞，五撞为一军，则军士具矣。夫兵利之所便，务知节度。短者持矛戟⑥，长者持弓弩，壮者持旌旗，勇者持金鼓，弱者给粮牧，智者为谋主。乡里相比，五五相保，一鼓整行，二鼓习陈，三鼓起食，四鼓严办，五鼓就行。闻鼓听金，然后举旗，出兵以次第，一鸣鼓三通，旌旗发扬，举兵先攻者赏，却退者斩，此教令也。

【注释】

①瞻：观瞻，引申为仰慕等意思。

②指麾（huī）：指挥。

③金鼓：即四金和六鼓，四金指錞、镯、铙、铎；六鼓指雷鼓、灵鼓、路鼓、鼖鼓、鼛鼓、晋鼓。古代军队行军作战时离不开金鼓，命令军队行动与进攻就打鼓，即鸣鼓而攻；而命令军队停止或退回就击钲，即鸣金收兵。

④轩辕（xuān yuán）：即黄帝，古华夏部落联盟首领，中国远古时代华夏民族的共主，是五帝之首，被尊为中华“人文初祖”。此处借指战阵中心。

⑤五陈乃理：五种阵法就基本掌握了。陈：通“阵”，战阵。

⑥矛戟（máo jǐ）：古书中也称“棘”，是将戈和矛结合在一起，具有勾啄和刺击双重功能的格斗兵器，杀伤力比戈和矛都要强；也指矛和戟，泛称兵器。

【译文】

所谓的“教令之政”，就是在上的统治者对下级的言传身教。不合法令的话不说，不合道义的事不做，君王和将领在上边的所作所为，都是下边百姓和士卒所仰慕的。那种放任自己不管，却专门去教训别人的行为，是违背情理的政治；首先端正自己的言行，然后再去教化别人，这可以称为顺情合理的政治。所以，身为人君者一定要先端正自己的言行，然后才能施行自己的政令。如果自身不端正，那么发布政令就不会有人服从，而政令得不到服从就会发生政变、祸乱。所以说，这也是为君之道，应该先发布命令，而后对百姓进行教化，然后再对于不服从命令的人进行惩罚。如果对百姓不进行教育，就派遣到战场去作战，这无疑是将百姓抛弃到战场上送死。

因此，一定要先让士卒们熟习排兵布阵的作战之道，具体训练内容有五种：一是使士卒们用眼睛熟习战场上旌旗指挥的变化以及纵队与横队交互变化的战术；二是使士卒们用耳朵熟悉怎样辨听金钲与战鼓的声音，让他们能在金鼓的指挥下准确地行动与静止、进攻与后退；三是使士卒们从思想上习惯于刑罚制度的威严，知道进爵封赏的好处；四是使士卒们双手熟练掌握五种兵器的使用方法以及战前各种准备；五是使士卒们的双脚双腿习惯于转向、跑步之类的动作与队列，能够做到进退自由，因此这些又可以称为“五教”。此外，教令军阵排列，各有其道。其中左阵教青龙阵，右阵教白虎阵，前阵教朱雀阵，后阵教玄武阵，中央为轩辕阵、大将军居于轩辕阵，左边排列长矛，右边排列长戟，前边士兵使用盾，后边士兵使用强弩，中央战士执掌旌旗和战鼓。旌旗挥动，参战的将士就要立即配合行动，听到击鼓就前进，听到鸣金就停止进攻，一切行动听从主将的指挥，经过训练，这五种阵法就基本掌握了。训练正阵之法，以挥旗和击鼓为主：第一次击鼓，士兵举起青龙旗，队列则演变为直阵；第二次击鼓，士兵举起红旗，队列则演变为锐阵；第三次击鼓，士兵举起黄旗，队列则演变为方阵；第四次击鼓，士兵举起白旗，队列则演变为圆阵；第五次击鼓，士兵举起黑旗，队列则演变为曲阵。这里所说的直阵，就是木阵；锐阵，就是火阵；方阵，就是土阵；圆阵，就是金阵；曲阵，就是水阵。这便是“五行阵法”，金、木、水、火、土各阵之间辗转变化，相生相发，冲突对抗，相助为胜，相生相依，相互救助，相胜为战；相生为援，相辅为胜，同心协力只为战胜敌人。

凡是结合成五阵之法的士兵，必须五五相互联保，意思就是每五个人组成一长，每五长组成为一师，每五师为一枝，每五枝为一火，每五火为一撞，每五撞为一军，那么军中将士都齐备了。至于那作战中所讲究的有利的方便条件，这就务必需要懂得节制和善于调度了。可以让身材矮小的人手持矛戟，让身材高大的人手持弓弩，体格健壮的人挥舞旗帜，勇敢机智的人负责鸣金击鼓，身体较弱的人负责在后方供给伙食、粮草和放牧，让聪明睿智的人帮助主将出谋划策。这样就能使乡里相连，五五相保。第一次击鼓整理行装，第二次击鼓练习列阵，第三次击鼓开始吃饭，第四次击鼓严正军纪，做好战前准备，第五次击鼓就可以出发了。两军交战时，时刻注意听清击鼓和鸣金的声音，然后根据举旗的号令，按照相应的次序出兵。听到鸣一金就停止进攻，听到击鼓三通，旌旗则开始高扬，对于此刻领先发兵进攻的人要给予奖赏，畏惧后退的人要处以斩杀之刑，这就是军中必守的教令。

【故事链接】

戴胄“犯上改令”守道义

戴胄生性忠直，坚贞有才干。他在隋朝末年曾任门下录事，后来归顺于秦王李世民门下。李世民发动“玄武门兵变”即位后，将他迁任大理少卿、太子左庶子，后来升任为宰相辅佐朝政。因他既熟知律法、通晓文案，又喜欢犯言直谏，所以深受唐太宗的赏识。

戴胄担任王世充的太尉府官属时，得知王世充意欲篡位，他曾进谏说："君臣犹如父子，理应休戚与共，有始有终。希望您能效仿古人伊尹、周公，专心辅佐王室，使国家安定，方为天下之幸！"王世充见他屡次直谏，扰乱自己的计划，竟将他怒贬为郑州长史去镇守虎牢关。王世充最终没听他劝阻，后来兵变称帝两年左右，就被秦王李世民攻陷而亡国。

唐太宗深知戴胄的才干，想让他出任大理少卿时，说："大理寺关乎人命，戴胄清廉正直，实乃最合适人选。"戴胄不负众望，他不仅公正廉明，还善于决断，从没出现过冤假错案，被人称为开国以来最称职的尚书左丞。

以前，每逢遭遇水旱等自然灾害，都要依靠国家的"正仓"拨粮赈灾，但正仓存粮还要供应军需所用，因此远远不足以解决赈济灾民的问题。贞观二年（628），戴胄上表唐太宗，建议效仿隋朝设立"义仓"，让官员、有实力的百姓平时缴纳富裕的部分粮食，以备饥荒。唐太宗觉得有道理，就采纳了他的建议，并让他与魏征一同担任谏议大夫，检点朝政得失。

常言道，再有才能的人也有"短板"。李世民的股肱之臣杜如晦临终前请求皇上让戴胄主管吏部，于是唐太宗便让戴胄代理吏部尚书。可他虽有才干，却不通经史，故而在任职吏部期间，涉及"奖掖法吏，抑制文士"之时，总是受到非议的舆论与讥讽。不久后，唐太宗只好免去戴胄吏部尚书的职务。

贞观五年（631），唐太宗打算大兴土木，重修洛阳宫。戴胄连忙进谏道："陛下，目前关中、河西都在增置军队以防外族进犯，此前修复九成宫之时，青壮年已被役使殆尽，试问还有多少可驱使之人呢？如今战乱刚刚平息，民间人口短缺，若家中一人服役，全家必将无人耕种而废于农事，甚至难以维持生计，这样恐怕会引起百姓的怨恨，乃至叛乱。"唐太宗恍然大悟，不无感慨地说："戴胄与我并无骨肉之亲，却能忠直体国，知无不言，可见他的一片赤诚之心啊！”

针对伪造资历、贿赂买官的腐败现象，唐太宗曾气愤地说：“诏令天下，即日起若不自首，一经查出，定判死罪！”此威令一下，彻查到底，果真有官员被查出伪造资历，于是被戴胄判处流放。唐太宗得知后，质问戴胄：“我曾下令，不自首者死罪，你却判他流放，这不是让我失信于天下吗？”戴胄镇定自若地回答说：“陛下如果直接下诏处死他们，臣不敢过问。但陛下既然将他们交予法司，臣就要依法办案了。”唐太宗生气地说：“你只管自己守法办案，却让我失信于民吗？”戴胄正义凛然地说：“制定的法律是布告天下、取信于民的大法，而陛下那日所说不过是一时怒言罢了。身为君王凭借一时气愤之言就杀人，这怎么可以呢？现在已将案犯流放荒蛮之地不再任用，这是忍小忿而存大信啊！”太宗听罢，转而欣慰地说：“国家执行法律有失，你能加以纠正，我还担忧什么呢？”于是，就更加宠信他了。

后来戴胄病逝，唐太宗悲痛万分，甚至罢朝三日，赐其谥号为“忠”，同时命虞世南为他撰写碑文。唐太宗见戴胄住宅简陋，没有祭祀之所，遂命官府为他设立庙宇，以飨后世。

便宜十四策　斩断

【原文】

斩断之政[1]，谓不从教令之法也。其法有七：一曰轻，二曰慢，三曰盗，四曰欺，五曰背，六曰乱，七曰误，此治军之禁也。当断不断，必受其乱，故设斧钺之威以待，不从令者，诛之。军法异等，过轻罚重，令不可犯，犯令者斩。

期会不到[2]，闻鼓不行，乘宽自留[3]，避回自止，初近后远，唤名不应，车甲不具，兵器不备，此为轻军[4]，轻军者斩。受令不传，传令不审，迷惑吏士，金鼓不闻，旌旗不睹，此谓慢军，慢军者斩。食不禀粮，军不省兵，赋赐不均，阿私所亲[5]，取非其物，借贷不还，夺人头首，以获其功，此谓盗军[6]，盗军者斩。变改姓名，衣服不鲜，旌旗裂坏，金鼓不具，兵刃不磨，器仗不坚，矢不著羽，弓弩无弦[7]，法令不行，此为欺军，欺军者斩。闻鼓不进，闻金不止，按旗不伏，举旗不起，指挥不随，避前向后，纵发乱行，折其弓弩之势，却退不斗，或左或右，扶伤举死，自托而归，此谓背军，背军者斩。出军行将，士卒争先，纷纷扰扰，车骑相连，咽塞路道[8]，后不得先，呼唤喧哗，无所听闻，失乱行次，兵刃中伤，长短不理，上下纵横，此谓乱军，乱军者斩。屯营所止，问其乡里，亲近相随，共食相保，不得越次，强入他伍，干误次第[9]，不可呵止，度营出入，不由门户[10]，不自启白，奸邪所起，知者不告，罪同一等，合人饮酒，阿私取受，大言警语，疑惑吏士，此谓误军，误军者斩。斩断之后，此万事乃理也。

【注释】

①斩断之政：指果断处斩违法乱纪之人的政令。

②期会不到：按照约定的时间没有到来。

③乘宽自留：乘着时间宽松擅自停留。

④轻军：轻视军法、藐视军法之意。

⑤阿（ē）私：偏私，不公道。

⑥盗军：偷盗军需物资。

⑦矢不著羽，弓弩无弦：箭杆上没有箭羽，弓弩上没有搭箭矢的弦。比喻设备不完善。

⑧咽塞路道：堵塞道路。

⑨干误：干扰耽误。

⑩不由门户：不从门户中出入。

【译文】

所谓的“斩断之政”，就是对不服从军令者施行严厉的惩治手段。其中，将士不服从军令的表现大致有七种：一是轻，二是慢，三是盗，四是欺，五是背，六是乱，七是误，这些都是在治理军纪之中必须勒令禁止的。在禁止过程中，应当立即决断却不当即决断的，一定会给军队带来祸乱，所以军队应该设立斧钺等刑具严阵以待，对于不服从命令的人进行严厉惩治，甚至将其诛杀以除后患。军法的惩治方式根据罪行的程度有所不同，通常放过罪行轻微的人，及时给予教育，对于罪行严重的人坚决严惩不贷，从而令将士们不敢触犯，让他们知道触犯军令者就会被斩首。

诸如约定的时间内不到达的，听到击鼓声不执行命令，趁着时间宽松擅自停留，逃避任务，擅自停止行动，初战时离敌人很近，但交战之后离敌人越来越远，呼唤他的名字不及时回应，战车盔甲不齐全，兵器不完备，这种情况就叫“轻军”，凡是轻军者一定要处斩。接受命令不及时传报，或者传达命令不详细严谨，散布谣言蛊惑官吏和士兵，听到鸣金击鼓却充耳不闻，看到旌旗指挥却视而不见，不听从号令指挥，这种情况就叫“慢军”，凡是慢军者一定要处斩。军队粮食供给不足，军队长官不关心士兵，征收与赏赐不能做到人人平等，只偏袒自己的亲信，谋取本不属于自己的公共财物，借物、贷款都不能及时偿还，掠夺别人作战斩取的人头，以此获得自己的功名，这种行为叫“盗军”，凡是盗军者，一定要处斩。随便改换姓名，穿着的衣服不整洁，撕裂损坏旌旗，金鼓不完备，兵刃不打磨，器械不坚固，箭矢不安装箭尾羽毛，弓弩机上没有弓弦，制定法令却不严格执行，这种情况就叫“欺军”，凡是欺军者一定要处斩。听到击鼓声却不进攻，听到鸣金声响起也不知道收兵止步，看到旌旗向下指示也不知道伏地卧倒，看到举起旗

帜不知道奋起进攻，不跟随指挥行动，逃避向前，争先退后，放纵乱跑，没有纪律，折断自己的弓弩破坏气势，借口后退而不积极战斗，有时候向左，有时候向右而扰乱阵型，借故救死扶伤却擅自逃回营地，这种行为就叫“背军”，凡是背军者一定要处斩。军队即将出发之时，士卒相互拥挤争先而行，使队伍纷乱熙攘，战车与骑兵紧紧相连，导致路道阻塞，后边的队伍也不能顺利前进，相互呼唤，吵嚷喧哗，所有的命令都仿佛听不见，队列混乱失去次序，手持兵刃相互碰撞伤害，长短兵器的队列安排不合理，致使上下纵横，交错混乱，这种形态就叫“乱军”，凡是乱军者一定要处斩。安营扎寨休息的时候，到处打听谁是自己的同乡，然后与同乡过于亲近，紧密相随，甚至共进饮食、相互袒护，不听从安排擅自超越编次，强行加入其他队伍，干扰其他队伍的排列秩序，别人提醒也不能喝止他的行为，随意信步出入营寨，不从门户出入，犯了错误却不主动报告说明，遇到奸邪之事发生，知道内情也不主动报告，这样的情况罪同一等，另外，纠集他人在一起饮酒取乐，私自接受他人馈赠，大量传播预言战斗形势不好的话语，以此来蛊惑军心，这就叫“误军”，凡是误军者一定要处斩。果断处斩以上这些严重违反军纪的人之后，军中的所有事务就都能治理顺畅了。

【故事链接】

诸葛亮挥泪斩马谡（sù）

诸葛亮说：行军打仗，必须严令三军遵守“斩断之政”。所谓的“斩断之政”，就是对不服从军令者施行的惩治手段。其中将士不服从军令的七种表现，都是在治理军纪之中必须勒令禁止的。在禁止过程中，对于不服从命令的人，一定要严厉惩治，甚至将其诛杀，以除后患。

刘备死后，诸葛亮继续辅佐蜀国后主刘禅实现统一大业，发动了一场北伐曹魏的战争。诸葛亮任命邓芝为中监军，与大将赵云佯攻郿城，组成"疑兵"阵势吸引曹魏主力，占据箕谷（今陕西汉中市北），与之相持拖延时间。自己则亲率十万大军，突袭魏军据守的祁山（今甘肃）。出征前，诸葛亮力排众议，任命参军马谡为讨敌先锋，镇守战略要地街亭（今甘肃秦安县东北）。临行前，诸葛亮再三嘱咐马谡："街亭虽小，关系重大。那是通往汉中的咽喉要道，切不可麻痹大意。倘若街亭失守，我军必败！"并告诫他，一定要按计划"靠山近水安营扎寨，谨慎小心，不得有误！"

马谡到达街亭后，看到这里的地势，觉得没有必要按照诸葛亮的指令依山傍水安营扎寨，于是自作主张，将军营安扎在远离水源的街亭山坡。当时，副将王平提出："街亭一无水源，二无粮道，若魏军围困街亭，切断水源，阻断粮道，我军将不战自溃。请主将三思，务必遵守丞相指令，依山傍水，巧布精兵。"马谡不但不听王平劝阻，反而狂傲自信地说："我马谡通晓兵法，世人皆知，就连诸葛丞相也偶有求计于我之时，而你王平虽半生戎马，却不晓兵书，岂知布阵之法？"接着又扬扬自得地指向山冈说："此地居高临下，大可势如破竹、置死地而后生，这是兵家布阵之道。我将大军布于山上，使之绝无反顾，这正是获胜秘诀！"王平再次极力谏阻："如此布兵危险至极，万万不可！"马谡见王平不服，便火冒三丈地说："丞相委任我为主将，军中之事便由我定夺！如若兵败，我甘愿革职斩首，绝不怨怒于你！"王平再次义正词严，说："出兵作战事关重大，丞相嘱我多加督促。唯恐将军擅作主张，请以蜀汉江山为重！请以蜀国百姓命运为重！恳请将军遵循丞相指令，依山傍水布兵！"马谡依旧固执己见，将蜀军布于山林中，远离水源。

魏明帝得知蜀将马谡占领街亭，立即派骁勇善战的大将张郃（hé）领兵抗击。张郃进军街亭以后，看到马谡扎营竟然“舍水上山”，心中大喜，立即传令士兵切断蜀军的水源，阻断蜀军粮道，将马谡军队死死围困于山上，然后看准风向，下令纵火烧山。蜀军本就已经饥渴难忍，现在又面临大火烧山，为了逃命，早已不战自乱。张郃立即命令乘势进攻，结果蜀军大败。

这一仗，多亏王平事先勘察地形，在大火烧山之际果断带领残军杀出一条血路，才幸免于全军覆没。而马谡失守街亭，使战局骤变，迫使诸葛亮只得退回汉中。面对违反军令的马谡，诸葛亮虽有爱怜，但又不能不严肃军纪，故而诸葛亮下令将马谡革职入狱，斩首示众。有人出面求情，诸葛亮不准许。因为他知道，如果免马谡一死，便将失去人心。事到如今，只能强忍悲痛，杀无赦了。随后，诸葛亮擦干眼泪，破格擢升王平为讨寇将军。自己则以用人不当为由，请求自贬官职，以此自罚，而北伐之战，只能暂告失败。

便宜十五策　思虑

【原文】

思虑之政，谓思近虑远也。夫人无远虑，必有近忧①，故君子思不出其位。思者，正谋也②；虑者，思事之计也。非其位不谋其政，非其事不虑其计。大事起於难，小事起於易。故欲思其利，必虑其害；欲思其成，必虑其败。是以九重之台③，虽高必坏。故仰高者不可忽其下，瞻前者不可忽其后。是以秦穆公伐郑，二子知其害；吴王受越女，子胥知其败④；虞受晋璧马，宫之奇知其害⑤；宋襄公练兵车，目夷知其负⑥。凡此之智，思虑之至，可谓明矣。夫随覆陈之轨⑦，追陷溺之后，以赴其前，何及之有？故秦承霸业，不及尧舜之道。夫危生于安，亡生於存，乱生於治。君子视微知著⑧，见始知终⑨，祸无从起，此思虑之政也。

【注释】

①人无远虑，必有近忧：人如果没有长远打算，一定很快就会有忧患降临。

②思者，正谋也：反复思考，是为了使自己的谋略正确。

③九重之台：即九层之台，古代时王侯享乐之所。春秋战国时期，列国多有此台。

④吴王受越女，子胥知其败：越王勾践被吴王打败以后，知道吴王好色，于是听计于范蠡，献出越国美女西施给吴王。当时伍子胥识破美人计，

劝说吴王不要接受，吴王自恃强大而不听劝阻，结果最终被越国所灭。

⑤虞受晋璧马，宫之奇知其害：晋献公准备攻伐虢（guó）国，所以向虞国献上碧玉和骏马以求借路通行。虞国大夫宫之奇看出此事对本国的危害极大，于是立即向虞王阐明“唇亡齿寒”的道理，进行阻止，但虞王不听劝谏，结果晋献公灭虢国回返途中，入驻虞国，乘其不备又将虞国灭掉。

⑥宋襄公练兵车，目夷知其负：宋襄公十二年，宋、齐、楚三国在鹿上（今山东巨野县东南）会盟，宋襄公号召齐、楚两国君王广邀天下诸侯，举行一次有史以来最盛大的衣裳之会（各国都不带兵车，只穿礼服前往的友好盟会），共推宋襄公为盟主。这时宋襄公的庶兄左师目夷觉得宋襄公此去赴会凶多吉少，于是进谏，让他多带兵马以防不测，宋襄公生性仁义，觉得不妥，结果盟会上楚平王凶相毕露，为夺盟主，将宋襄公擒获。

⑦轨：轨迹。

⑧视微知著：形容看到细微迹象，就能知道它的发展趋势。

⑨见始知终：意思是指看见事物的开始阶段，就能预见到它的最终结果。

【译文】

所谓的“思虑之政”，就是要思考眼前事，忧虑未来，善于做好打算。也就是说，人如果没有长远打算，一定很快就会有忧患降临，故而睿智的君子善于结合当下而去思考眼前事物，详细规划未来。反复思考，是为了使自己的谋略正确；仔细考虑的目的，就是想通过思考确定处理事务的计策。不在某个职位上，就不去谋划那个职位相关的事务，不属于自己职位范畴内的事务，就不必去考虑相关事物的计策。一般来说，成就大事在起步时候较为艰难，促成小事的时候，起步相对比较容易。所以要想做好一件事，在思索这件事即将带来的利益的同时，也一定要考虑它所带来的危害；在考虑事物即将成功的同时，也一定要考虑它有可能造成失败的因素。因此说，高耸入云的九层之台，也定会有坍塌损坏的时候。故而抬头仰望高处的时候，不可以忽视它的下方潜藏的危险，观看前方的人时，不能忽视身后存在的隐患。当年秦穆公攻伐郑国时，蹇叔和王孙满预知到了这场战争所带来的危害；当年吴王接受越王勾践进献的越国美女西施时，伍子胥就已识破美人计，知道她必会败坏朝政；虞王接受晋献公奉送的碧玉、骏马借道攻伐虢国的时候，虞国大夫宫之奇就已经预知到了此事对本国的危害了；宋襄公训练兵车战术，准备在鹿上之盟与楚平王争霸诸侯的时候，目夷就已经预测到宋襄公必败的结果了。凡是像这样未卜先知的大智慧，都是他们深思熟虑所能达到的结果，可以称作极其明智了。如果没有这种睿智的深思远虑，只知道胡乱跟随从前覆亡的轨迹盲目走下去，追随失败者沦陷溺亡的后尘，甚至全力以赴奔到它的面前，哪里还来得及呢？所以说，秦始皇虽然承袭并建立了千秋霸业，但还是赶不上尧、舜二帝的治国之道。危机往往产生于安定，灭亡往往产生于存在，动乱往往产生于太平治世。由此可知，睿智的君子从细微迹象中就能看出它的发展趋势，看见事物的开始阶段就能预见它的最终结果，如果能做到这些，那么祸患就无从出现，这就是善于思前想后、处理事务的原则和益处了。

【故事链接】

人无远虑，必有近忧

诸葛亮说：“人无远虑，必有近忧，故君子思不出其位。”一般来说，成就大事在起步时候略显艰难，促成小事的时候，起步相对比较容易。所

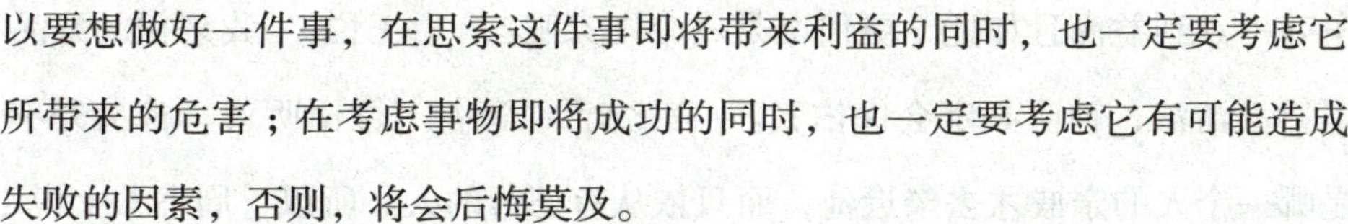

以要想做好一件事，在思索这件事即将带来利益的同时，也一定要考虑它所带来的危害；在考虑事物即将成功的同时，也一定要考虑它有可能造成失败的因素，否则，将会后悔莫及。

《左传·僖公五年》曾记载了这样一个故事：晋献公想去攻伐虢国，为了减少长途跋涉造成的不必要损失，于是决定向虞国借路伐虢。可是浩浩荡荡的大军想穿城而过，晋献公又不知虞国君主是否能同意这件事，所以很为难。这时，晋国大夫荀旬息献计说：“陛下不必着急，如果挑选一些美女、宝玉、骏马送给虞国的国君，他既贪图财利，又慑于大王的威力，一定会答应借路的。”晋献公觉得有道理，于是采纳他的计策，派使者送到虞国。

果然，虞国君主看到白得这么多的礼物，又怕得罪晋国君主，于是答应让晋军穿城而过。可是，虞国大夫宫之奇觉得此事不妥，恐怕会有祸患发生，于是急忙进宫劝阻虞王说：“虢国是虞国的外围屏障，倘若虢国灭亡，那么虞国必定会跟着灭亡。晋国借道征伐虢国的野心显而易见，我们不能让他得逞，如此放任外国军队通过国土，如同引狼入室，这样的祸患不能不防啊！仅路过一次就已经足够令人担忧了，难道还能让他返回后再次路过吗？俗话说：‘马车的辅板与车子相互依存，如果嘴唇缺失了，那么牙齿就会寒冷’，这所说的道理就如同此刻虞国和虢国的关系。”虞国君主却说：“晋国是我的宗族之亲，难道他们还会害我吗？”宫之奇回答说：“太伯、虞仲都是周太王的儿子。因为太伯逃亡在外而没有随侍在周太王的身边，所以就失去了继位的机会。虢仲、虢叔都对王室建有功勋而且都记录在册，记录功勋的典册还都收藏在朝廷的盟府呢。如今晋国将要去消灭虢国，而虢国与晋国的血缘关系比虞国与晋国的血缘关系还要近，现在晋国连虢国都要灭掉，他们对虞国又有什么可爱惜的呢？亲近的人相互间为了争夺一点利益尚且如此，更何况是一个国家呢？”虞王说：“我祭祀的祭品丰盛又清洁，神明必定会保佑我。”宫之奇回答说：“微臣听说，神灵并不是哪一个人的亲戚才去亲近他，而只依从有德行的人。所以《周书》上说：‘上天没有私亲，只对有德行的人才加以辅助。’所以说，神明所凭依的只在于德行。今天虢国之所以没有被灭掉，靠的就是我们虞国在中间拦挡；虞国之所以没有被消灭，是因为有虢国在后方作保障。如果我们借路给晋国，那么虢国在早上灭亡，虞国就会在晚上被消灭。所以，千万不能借路给晋国啊！”可是，不管宫之奇怎样劝说，虞王就是不听，最后还是答应了晋国使者的请求，同意晋国大军借道征伐虢国。

宫之奇见劝谏无用，于是收拾家当，带领自己的族人离开了虞国，他哀叹道：“虞国过不了今年的腊祭了。晋国只需在此通过一次，那么无须再出兵，就能获得虞国了。”

果然，这年冬季，晋国灭掉了虢国。晋军获胜回来时，又以借道通行为借口，住在了虞国的馆舍，然后乘其不备袭击了虞国，并俘获了虞王，从此虞国灭亡。

便宜十六策　阴察

【原文】

阴察之政，譬喻物类①，以觉悟其意也②。外伤则内孤，上惑则下疑；疑则亲者不用，惑则视者失度③；失度则乱谋，乱谋则国危，国危则不安。是以思者虑远，远虑者安，无虑者危。富者得志，贫者失时，甚爱太费，多藏厚亡，竭财相买，无功自专，憂事众者烦④，烦生於怠。船漏则水入，囊穿则内空；山小无兽，水浅无鱼，树弱无巢；墙坏屋倾，堤决水漾；疾走者仆，安行者迟；乘危者浅，履冰者惧⑤，涉泉者溺，遇水者渡，无楫者不济，失侣者远顾，赏罚者省功，不诚者失信。唇亡齿寒⑥，毛落皮单。阿私乱言，偏听者生患。善谋者胜，恶谋者分。善之劝恶，如春雨泽。麒麟易乘，驽骀难习⑦。不视者盲，不听者聋。根伤则叶枯，叶枯则花落，花落则实亡。柱细则屋倾，本细则末挠⑧，下小则上崩。不辨黑白，弃土取石，虎羊同群。衣破者补，带短者续。弄刀者伤手，打跳者伤足。洗不必江河，要之却垢；马不必骐骥⑨，要之疾足；贤不必圣人，要之智通。总之，有五德：一曰禁暴止兵，二曰赏贤罚罪，三曰安仁和众，四曰保大定功，五曰丰挠拒谗，此之谓五德。

【注释】

①譬喻（pì yù）：比喻，打比方。物类：就是说事物的出现必然会有它

的开端，或者可以说是始祖。

②觉悟：醒悟明白，由迷惑而转变为明白，也指对道理的认知进入到一种清醒的有所领悟的状态。

③失度：失去法度。

④懮（yōu）：忧烦、愁苦的样子。

⑤履冰者惧：行于冰上的人难免恐惧。比喻身处险境，戒慎恐惧之至。

⑥唇亡齿寒：嘴唇没有了，牙齿就寒冷。比喻双方息息相关，荣辱与共。

⑦麒麟易乘，驽骀难习：神兽麒麟虽然很容易得以骑乘，低劣的马却很难训练。驽骀（nú tái）：指劣马。引喻为低劣的才能，平庸无能。

⑧柱细则屋倾，本细则末挠：顶梁的柱子纤细，房子就会倒塌，树木的根部细弱，树冠就会弯折。形容治理国家必须广聚人才。

⑨骐骥（qí jì）：千里马的别称。出自《楚辞·离骚》。

【译文】

所谓的“阴察之政”，比如说事物的出现必然会有它的开端一样，身为君王或将领，一定要勤于反省自己，以便在自我审察的过程中悟出处事道理。如果受到外国入侵，那么国内的政治与经济就会被削弱，如果在上的统治者心存疑虑而没有主张，那么下属就会不知所措而迷失方向；如果上面心存疑虑没有主张，那么下面的亲信忠良就得不到重用；如果内心迷惑，那么看待问题的时候就会失去法度而产生偏差；失去法度就会产生错误混乱的谋略，错误混乱的谋略就会使国家面临危险，国家面临危险，那么百姓生活就会不安稳，从而国家难以安定。所以，思考问题的时候一定要考虑长远，考虑长远国家才会安定，没有长远打算的国家就会面临危险。得富贵的时候得意扬扬，贫穷困厄的时候就会失去很多摆脱困境的大好时机，过度的贪欲必然会有更大的耗费，过度敛聚必然会有过多丧失，为了购买物品而竭尽财力，没有功劳却又独断专横，心中有过多忧虑的事情，会使自己思绪烦乱，思绪烦乱就容易产生懈怠情绪。船底有漏洞就会使大量的水涌入船内，口袋破了，那么里面的东西就会漏空；山小林稀不会有大型野兽出没，水浅则无鱼，树干细弱，则鸟儿就不会在树干上筑巢栖息；围墙坍塌就会使房屋倾倒，堤坝决口水就会肆意奔流；快步疾走的人容易摔倒，安稳步行的人总是迟缓到来；乘坐高大的船容易搁浅，行于冰上的人难免恐惧，涉足幽深泉水的人容易溺亡，遇到水的时候都会想办法渡过，但没有船桨的人是无法摆渡过去的，失去同伴的人更要有长远考虑，务必要按照功劳大小行使赏罚权力，因为不诚实的人必会失信于他人。嘴唇没有了，牙齿就会寒冷，而毛脱落以后，皮面就会单薄。偏袒私情就会有人歪曲事实、胡言乱语，偏听偏信就会产生祸患。善于谋划的人容易取胜，错误的谋略往往会形成歧路而走向失败。运用好的谋略去修正错误的计划就像沐浴春雨一样。神兽麒麟很容易得以骑乘，但低劣迟钝的老马却很难训练。不善于观察事物变化的人就像盲人一样，不善于听取他人意见的人就像聋子一般。根部受到伤害则叶子就会枯萎，叶子枯萎则花儿就会凋落，花儿凋落则果实就随之消亡。顶梁的柱子纤细了，房子就会倒塌，树木的根部细弱了，树冠就会弯折，下端弱小，那么上端就容易崩塌。不能分辨黑白，往往会弃土取石，如同令老虎和羊同在一群。衣服破了的时候要及时缝补，衣带短小的时候要及时接续。玩弄刀剑的人容易伤到自己的手，打闹跑跳的人容易伤到自己的双脚。濯洗衣物不一定非要到江河之中，重要的是能够除去污垢；骑马不一定非要寻找千里马，重要的是能够跑得飞快；选用贤士不一定都是圣人，重要的是他有通达的才智。总之，执政者都要反观自己是否拥有这五德：一是禁止发动非正义的暴力战争；二是奖

赏贤人，惩罚罪恶；三是安抚仁人志士，使举国上下和谐安定；四是保卫国家安定，抵御外敌而建功立业；五是丰富言论，拒绝谗言、毁谤之词陷害忠良，这就是执政者应该修养的“五德”。

【故事链接】

曹刿（guì）自荐，智胜齐军

鲁庄公十年（前684），强大的齐国想继续扩充土地，所以开始对鲁国发起进攻。鲁庄公宣告天下，广征文才武将，准备迎战齐桓公。

当时，鲁国平民出身的曹刿得知这个消息以后，打点行装，准备前去应聘，他的乡亲们知道后纷纷赶来劝说：“当权者自会谋划此事。你不过是一个平民而已，又何必冒死前去呢？”曹刿坚定地说：“我虽是一介平民，但熟读兵书。当权者深居宫室高阁，却浅陋无知，何谈能够深谋远虑！”于是毅然决然地进宫中去拜见鲁庄公。

鲁庄公见来人一表人才，眉宇间透着一股自信的底气，便问道：“大战在即，你匆匆而来，可有破敌之计？”曹刿没有正面回答，躬身行揖拜之礼，道：“请问大王凭借什么跟齐国作战？”鲁庄公回答说：“自我执政以来，衣食养生之类的东西，我不敢独自享有，每一次都要将其分给身边的人。”曹刿回答说：“这种小恩小惠只有你身边之人获益，却不可能遍及天下百姓，那么天下百姓又凭什么听从您的指挥呢？”鲁庄公又说：“祭祀用的猪牛羊和玉器等祭供用品，我从来不敢夸大数目虚报，一定对神说实话。”曹刿答说：“这只是小小信用，又怎能比得上取信于民？仅仅如此，神灵是不会保佑您获胜的。”鲁庄公露出惊异的神色，接着又说：“面对大大小小的诉讼案件，我会勒令逐一明察，即使我不能亲身审察的案件，我也一定能根据实情合理判决。”曹刿面露喜悦之色，说：“这才是对天下百姓尽了君王应尽的职责。凭这点就可以与强国对战了！作战时请允许我跟随大王一同前去。”

鲁庄公欣然答应，并且和曹刿同乘一辆战车，率领鲁国大军来到长勺之地迎战齐军。鲁庄公蓄势待发，想一鼓作气率先出击，可曹刿却说：“大王且慢！请少安毋躁，待到齐军击鼓三次之后，我军再击鼓反击。”齐国军队接连两次击鼓，鲁国军队都无动于衷，等到齐国军队不耐烦地击鼓三次以后，曹刿说：“击鼓手，我军可以击鼓进军了！”只见憋足了劲儿的鲁国将士如同开闸的洪水般涌入齐军，个个奋勇厮杀，结果齐军仓皇败退。鲁庄公刚想下令驾驶车马乘胜追击，曹刿却阻止说：“等等！现在还不可以！”说完纵身跳下战车，仔细察看了齐军逃跑时车轮碾压出来的痕迹，然后转身登上战车，扶着战车向远处瞭望齐军撤退的队形，发现队形散乱不堪，这才对鲁庄公说：“大王，

可以追击了！”于是鲁庄公挥师追击。

获得胜利后，鲁庄公问曹刿取胜的原因。曹刿说：“为将者，要善于观察，然后对比自己，之后才能果断出击；而士卒作战，要靠勇气。通常第一次击鼓能够振作士气；若不出击，那么第二次击鼓，就会使士兵们的勇气低落；而到了第三次击鼓时，士兵们的勇气就基本耗尽了。而此刻我军尚未击鼓，勇气正旺盛，所以一鼓击起便如同猛虎出洞，故而击败了敌军。可是齐国是兵力雄厚的大国，他们当时撤退是真是假难以推测，我担心他们是佯败而设有伏兵。但我下车观察到他们车轮的痕迹十分混乱，上车远望他们的旗帜纷纷在慌乱中倒下，所以断定他们的确是仓皇败退，这才下令追击他们，所以一举获胜。”鲁庄公听罢，十分佩服，立即对曹刿进行封赏。

可见，胜利既不是一蹴而就的，也不是靠胡乱猛打猛冲得来的，而是凭借谋略、智慧。一双善于观察的眼睛，加上勤于思考的大脑，就能设计出以弱胜强、以小取大的正确路线，创造出不可估量的奇迹。

《兵要十则》是张澍编纂的《诸葛亮集》中的一部分，是编者自《太平御览》及《北堂书钞》中辑录的只言片语。这是诸葛亮从事军事实践中总结出来的“以军治军”所必须遵循的要领，也是后人研究诸葛亮兵法以及军事思想的重要资料。《兵要十则》中讲述行军、扎营时需注意的要点，强调了军事纪律、良将品德、用人选贤的要领以及杜绝朋党、战术训练等方面的言论。虽然都是简短片段，却是精华，可以说都是经验之谈，对于当今的军事、营销管理等方面也颇有借鉴参考价值。

兵要一

【原文】

军已近敌，罗落常平明以先发[①]，绝军前十里内[②]，各案左右下道，亦十里之内[③]。数里之外，五人为部，人持一白幡[④]，登高外向，明隐蔽之处[⑤]。军至，转寻高而前。第一见贼，转语后第二[⑥]，第二诣主者[⑦]，白之[⑧]。凡候见贼百人以下，但举幡指；百人以上，便举幡大呼。主者遣疾马往视察之。

【注释】

①军已近敌，罗落常平明以先发：《诸葛孔明全集》作“军已近敌罗落，常平明以先发”。罗落：犹罗列，分布排列。此指负责侦察、巡逻的士兵。平明：天亮的时候。

②绝：远隔，隔绝。

③案：依，按照。亦：也。

④白幡（fān）：白旗。

⑤明隐蔽之处：探明隐蔽地方所有的敌情。

⑥语：相告，转告。出自《左传·隐公元年》：“公（庄公）语之故。”

⑦诣：前往，到达。《诸葛孔明全集》作“第三诣主者”。

⑧白之：向上级军官禀报发现的敌情。

【译文】

我方军队已经渐渐接近敌军，负责侦察、巡逻的士兵常常在天亮以前就已经先行出发了，他们要将远离敌军阵前十里以内的敌情统统侦察清楚，然后再各自按照左右两边的小路，也是在十里范围之内继续侦察。先锋部队继续在几里之外出发，设置五人为一部，每人手持一面白旗，登上最高处，面向外边敌军方向瞭望，探明隐蔽之处的敌情。等大军到来之后，转而迅速跑到前方，继续寻找高处瞭望。第一组的人发现敌情后，迅速转告第二组的人，第二组的人迅速到主管将官面前，向他详细汇报所发现的情况。凡是侦查发现敌方有百人以下埋伏的情况，就举旗指明敌人所在位置；发现有百人以上敌兵的时候，就高举旗帜大声呼喊。这时，主将就派遣快马奔向前方探明情况。

兵要二

【原文】

凡军行营垒[1]，先使腹心及向导前觇审知[2]，各令候吏先行[3]，定得营地，壁立军分数，立四表候视[4]，然后移营。又先使候骑前行，持五色旗，见沟坑揭黄，衢路揭白[5]，水涧揭黑，林薮揭青[6]，野火揭赤，以本鼓应之。立旗鼓，令相闻见。若渡水逾山，深邃林薮，精骁勇骑搜索数里无声[7]，四周绝迹。高山树顶，令人远视，精兵四向要处防御。然后分兵前后，以为镇拓，乃令辎重老小[8]，次步后马，切在整肃[9]，防敌至。人马无声，不失行列。险地狭径，亦以部曲鳞次[10]，或须环回旋转，以后为前，以左为右，行则鱼贯，立则雁行[11]。到前止处，游骑精锐，四向散列而立，各依本方下营。一人一步，随师多少，咸表十二辰[12]，竖大旗，长二丈八尺，审子午卯酉地，勿令邪僻[13]，以朱雀旗竖午地，白虎旗竖酉地，玄武旗竖子地，青龙旗竖卯地，招摇旗竖中央[14]。其樵采牧饮，不得出表外也[15]。

【注释】

①营垒：建于军营四周的防御建筑物；堡垒。

②腹心：值得信赖的人，心腹。前觇（chān）审知：向前察看，并且仔细了解情况。觇：观看，偷偷地察看。

③候吏：即候人。古代掌管整治道路、稽查奸盗或迎送宾客的官员。此指观察敌情路况的小吏。

④壁：类似墙壁，一种用于防御的工事。立四表候视：树立四个标志，

以待后来识别。

⑤揭：举起，高举。衢（qú）路：指四通八达的道路。

⑥林薮（sǒu）：丛林和沼泽。借指山野丛林。

⑦骁（xiāo）：勇猛，骁勇。

⑧镇拓：镇守、扩展。辎重（zī zhòng）：军用器械、粮草、营帐、服装等军需物资的统称。

⑨次步后马：随从的人马。切在整肃：最重要的是要保持整齐严肃。切：主要，切要。

⑩部曲：古代军队编制单位。引申为军队的组织或行列，后也作军队或士兵的代称。鳞次：像鱼鳞般紧密排列的样子。

⑪鱼贯：像群鱼游水一样先后相继涌入。雁行：指并行、平列而有次序。出自《诗经·郑风·大叔于田》："两服上襄，两骖雁行。"

⑫咸表十二辰：意为都用十二地支来标记驻军的位置。十二辰：这里当指十二支，即子、丑、寅、卯、辰、巳、午、未、申、酉、戌、亥的总称，古代曾用以计时。此外，属相也是由地支决定的。

⑬勿令邪僻：不能让怪异、邪恶之事产生。

⑭朱雀：亦称"朱鸟"，中国古代神话中的南方之神，后为道教所信奉，同青龙、白虎、玄武合称四方四神。白虎：西方之神。青龙：亦称"苍龙"，称为东方之神。玄武：称为北方之神。招摇旗：主招摇星的军旗。招摇：古星名，在北斗星勺柄端。

⑮其樵采牧饮，不得出表外也：士兵们在打柴放牧时，不允许走到标记之外。

【译文】

凡是军队出征行军过程中都要营建堡垒，所以每到一个地方，将帅都要先派遣一位心腹亲信和向导到前方察看，详细了解情况，然后派遣观察敌情路况的小吏先去确定扎营地点，扎营地点选定以后，便树立标记，标明军队驻扎的几处点位，同时派人站立四周，负责观察敌人动向，一切准备就绪以后再移动军营。接下来再一次先派侦察兵骑马先行，手里拿着五种颜色的小旗帜，看见水沟坑洼之地就举起黄旗，看到四通八达的道路就举起白旗，看到山涧的时候就举起黑旗，遇到丛林和沼泽就举起青旗，遇到野火燃起就举起红旗，并击打本营军鼓相告知。同时迅速树立大旗，敲响军鼓，让军营各处将士都能听到、看见。如果需要渡水爬山，或者是遇到深邃的山林、大沼泽、湖泊之类的地貌，就要派遣精锐骁勇的骑兵火速向前搜索数里之远，如果不见动静，再仔细巡逻四周，没有人影踪迹之后才可以继续前进。如果遇到高山和大树，就令人攀登最高处向远方观望，同时派遣部分精兵向四处扩散，寻找险要之地进行设置防御。以上各种工作安排妥当以后，将士兵分为前后两部分，一部分用于镇守，一部分用于随时拓展道路前进，然后才令辎重车辆以及军中老小，依次跟随在步兵和马队之后继续前进，最重要的是，要保持队伍整齐严肃，以防敌人忽然到来偷袭我军，就这样保持人马无声行进，而且队伍行列整齐，没有掉队现象。如果遇到地势险要、道路狭窄的情况，也要注意行军次序，依旧按照军队编制，像鱼鳞排序一般顺次前进。有时候需要前后左右调转站位，若使队伍后军调为前军，左军调为右军，这时也必须做到行军速度不变，就像鱼贯而入一般，站立时就像大雁在空中飞行似的整齐有序。到达前方宿营休息的地方，负责巡营的骑兵队伍和精锐部队，迅速四向散开、列队而立，各自按照自己应该守卫的方位安营扎寨。每一人占一步之远的位置，可根据本营将士人数的多少确定占位距离，都用十二地支来标记驻军的位置。首先竖起大旗，大旗高为二丈八尺，以此旗为中心，分别在对应子午卯酉等十二地支的位置树立旗帜，以防出现偏差，为了不让怪异、邪恶之事产生，通常以朱雀旗竖立在午地，白虎旗竖立在酉地，玄武旗竖立在子地，青龙旗竖立在卯地，招摇旗竖立在中央。特别强调的是，谁也不许随意越界，就算是士兵们在打柴放牧的时候，也不许走出标记之外。

兵要三

【原文】

人之忠也，犹鱼之有渊[1]，鱼失水则死，人失忠则凶[2]。故良将守之[3]，志立而名扬。

【注释】

①犹：犹如，好像。渊：本义指回旋的水，引申指深潭、深水。

②凶：凶险，不幸，不吉利。

③故：所以，因此。良将：品质优良的将领；能征善战的将领。

【译文】

人有忠诚的品德，犹如鱼拥有回旋的水一般，鱼离不开水，离开水就会死掉，人丧失了忠诚，就会降临不幸。因此，品质优良的将领坚守忠诚，这样一来，志向得以确立而且能使自己名声显扬。

兵要四

【原文】

不爱尺璧而爱寸阴者[①]，时难遭而易失也[②]。故良将之趋时也[③]，衣不解带[④]，足不蹑地[⑤]，履遗不蹑[⑥]。

【注释】

①尺璧：直径约一尺的大块璧玉，极为珍贵。出自《淮南子·原道训》："不贵尺之璧而重寸之阴。"

②易：容易。失：失去，丧失。

③趋时：抓紧时机；追赶时机。

④衣不解带：日日夜夜，不脱下衣服休息。形容为做好每一件事，放弃了休息。

⑤足不蹑地：双脚不踩地，形容每天忙到脚不沾地的地步。蹑：踩。

⑥履遗不蹑：鞋坏掉了，不等提好就忙着赶路。蹑：通"摄"，拾取，拾起。

【译文】

不珍爱一尺有余的大块碧玉而去珍爱每一寸光阴的人，常因为时机难以遇到而容易失去。所以品质优良的将领为了追赶时机，常常是忙得休息时衣带都顾不上解开，双脚好像飞起来一般不踩地，甚至鞋子掉了，不等就忙着赶路了。

兵要五

【原文】

贵之而不骄，委之而不专①，扶之而不隐②，免之而不惧③，故良将之动也，犹璧之不污④。

【注释】

①委之而不专：委派他重任而不专权。

②扶之而不隐：对于良将要善于扶持他，但是不要隐讳他的缺点。扶：辅助，扶持。

③免之而不惧：罢免部将官职的时候，不要惧怕他。

④故良将之动也，犹璧之不污：因此，所调动使用的将领，都像美玉般不染污浊而纯洁无瑕。

【译文】

作为一位优秀的将领，地位尊贵但不骄纵，委派他重任而不专权，扶持他但不隐讳他的缺点，因事罢免他的官职而不惧怕他，因此，所调动使用的将领，都像美玉般不染污浊而纯洁无瑕。

兵要六

【原文】

良将之为政也①，使人择之，不自举②；使法量功，不自度③。故能者不可蔽，不能者不可饰，妄誉者不能进也④。

【注释】

①良将：优秀的将领。为政：从事政务。

②使人：用人。不自举：不自己推荐。

③使法量功，不自度：使用法规去衡量他人功德，不私自猜想揣度。

④妄：虚妄，引申为荒诞，胡乱之义。进：引进，提拔任用。

【译文】

作为一位优秀的将领处理政务，在使用人才方面一定要做好选择，通常不自己推荐，而是让别人举荐后择优录用；善于使用法规去衡量他人功德，而不私自凭空臆想揣度。因此，贤能干练的人不被埋没，笨拙无能的人不因为善于掩饰而被任用，虚妄称扬的人也不能被引进提拔了。

兵要七

【原文】

言行不同，竖私枉公①，外相连诬②，内相谤讪③，有此不去，是谓败乱。

【注释】

①竖私枉公：树立自己的私人关系，违反律法，损害公共利益。枉：歪曲，引申为损害之意。

②连诬：相互勾结诬告他人。诬：说假话冤枉别人。

③谤讪（bàng shàn）：诽谤、讥笑。

【译文】

言行不一致，整天忙于树立自己的私人关系，违反律法，损害公共利益，对外相互勾结诬告他人，对内则恶意攻击，相互诽谤讥讽，有这样的现象，如果不清除出去，这就可以称作腐败混乱了。

兵要八

【原文】

枝叶强大[①]，比居同势[②]，各结朋党[③]，竞进憸人[④]，有此不去，是谓败征。

【注释】

①枝叶：此处比喻权属之下或从属的范围。

②比居：犹言比邻而居。此指部将的势力与将帅相同。

③朋党：为了私利而互相勾结在一起的同类人。

④竞进憸（xiān）人：竞相引进求取名利的奸佞小人。憸：奸邪，奸佞。

【译文】

在军营中，有些部将或小官吏们的势力像枝叶一般强大，他们的势力与将帅相同，为了个人私利而互相勾结在一起，各自形成私党，竞相引进求取名利的奸佞小人，如果这样的现象不能尽早除掉，那么这就是失败的征兆。

兵要九

【原文】

有制之兵①，无能之将，不可以败②；无制之兵，有能之将，不可以胜。

【注释】

①有制之兵：指训练有素的士兵。

②不可以败：不可能因此失败。

【译文】

在军纪严明的军营中，都是训练有素的士兵，即使领兵打仗的将领没有本事，也不可能因此打败仗；如果全军上下都是不守纪律的乌合之众，即使有精明强干的将领指挥战斗，也不可能因此取得胜利。

兵要十

【原文】

督将已下[①]，各自有幡[②]。军发时[③]，幡指天者胜。

【注释】

①督将：官名，领兵千人，掌征伐。

②幡（fān）：旗帜。一种用竹竿等挑起来垂直挂着的长条形旗子，古时多为仪仗所用。

③军发：军队出发。

【译文】

在军营中，督将以下的军官统率军队出征，他们各自的队伍中都有军旗。在军队开始出发之时，军旗迎风招展，浩浩荡荡指向天空，象征着能够取得胜利。

参考文献

[1] 诸葛亮 . 诸葛亮集 [M]. 北京 ：中华书局，2012.

[2] 冯慧娟 . 诸葛亮兵法 [M]. 辽宁 ：辽宁美术出版社，2019.

[3] 若虚 . 诸葛亮传 [M]. 江苏 ：江苏文艺出版社，2019.

[4] 祝秀侠 . 诸葛亮传 [M]. 北京 ：东方出版社，2009.

[5] 诸葛亮 . 诸葛亮兵法谋略 [M]. 陕西 ：陕西旅游出版社，1991.

[6] 诸葛亮 . 诸葛亮集 [M]. 北京 ：中华书局，1960.

卷四

附录

诸葛亮传

【原文】

诸葛亮字孔明，琅邪阳都人也①。汉司隶校尉诸葛丰后也。父圭，字君贡，汉末为太山都丞。亮早孤，从父玄为袁术所署豫章太守，玄将亮及亮弟均之官。会汉朝更选朱皓代玄。玄素与荆州牧刘表有旧，往依之。玄卒，亮躬耕陇亩，好为《梁父吟》。身高八尺，每自比于管仲、乐毅，时人莫之许也。惟博陵崔州平、颍川徐庶元直与亮友善，谓为信然。

时先主屯新野。徐庶见先主，先主器之，谓先主曰："诸葛孔明者，卧龙也，将军岂愿见之乎？"先主曰："君与俱来。"庶曰："此人可就见，不可屈致也。将军宜枉驾顾之。"由是先主遂诣亮，凡三往，乃见。因屏人曰："汉室倾颓，奸臣窃命，主上蒙尘。孤不度德量力，欲信大义于天下，而智术短浅，遂用猖獗②，至于今日。然志犹未已，君谓计将安出？"亮答曰："自董卓已来，豪杰并起，跨州连郡者不可胜数。曹操比于袁绍，则名微而众寡，然操遂能克绍，以弱为强者，非惟天时，抑亦人谋也。今操已拥百万之众，挟天子而令诸侯，此诚不可与争锋。孙权据有江东，已历三世，国险而民附，贤能为之用，此可以为援而不可图也。荆州北据汉、沔，利尽南海，东连吴会，西通巴、蜀，此用武之国，而其主不能守，此殆天所以资将军，将军岂有意乎？益州险塞，沃野千里，天府之土，高祖因之以成帝业。刘璋暗弱，张鲁在北，民殷国富而不知存恤，智能之士思得明君。将军既帝室之胄，信义著于四海，总揽英雄，思贤如渴，若跨有荆、益，保其岩阻，西和诸戎，南抚夷越，外结好孙权，内修政理；天下有变，则命一上将将荆州之军以向宛、洛，将军身率益州之众出于秦川，百姓孰敢不箪食壶浆以迎将军者乎？诚如是，则霸业可成，汉室可兴矣。”先主曰：“善！”于是与亮情好日密。关羽、张飞等不悦，先主解之曰：“孤之有孔明，犹鱼之有水也。愿诸君勿复言。”羽、飞乃止。

刘表长子琦，亦深器亮。表受后妻之言，爱少子琮，不悦于琦。琦每欲与亮谋自安之术，亮辄拒塞③，未与处画。琦乃将亮游观后园，共上高楼，饮宴之间，令人去梯，因谓亮曰：“今日上不至天，下不至地，言出子口，入于吾耳，可以言不？”亮答曰：“君不见申生在内而危，重耳在外而安乎？”琦意感悟，阴规出计。会黄祖死，得出，遂为江夏太守。俄而表卒[4]，琮闻曹公来征，遣使请降。先主在樊闻之，率其众南行，亮与徐庶并从，为曹公所追破，获庶母。庶辞先主而指其心曰："本欲与将军共图霸之业者，以此方寸之地也。今已失老母，方寸乱矣，无益于事，请从此别。"遂诣曹公。

先主至于夏口，亮曰："事急矣，请奉命求救于孙将军。"时权拥军在柴桑，观望成败，亮说权曰："海内大乱，将军起兵据有江东，刘豫州亦收众汉南，与曹操并争天下。今操芟夷大难[5]，略已平矣，遂破荆州，威震四海。英雄无所用武，故豫州遁逃至此。将军量力而处之：若能以吴、越之众与中国抗衡，不如早与之绝；若不能当，何不案兵束甲，北面而事之！今将军外托服从之名，而内怀犹豫之计，事急而不断，祸至无日矣！"权曰："苟如君言，刘豫州何不遂事之乎？"亮曰："田横，齐之壮士耳，犹守义不辱，况刘豫州王室之胄，英才盖世，众士仰慕，若水之归海。若事之不济，此乃天也，安能复为之下乎！"权勃然曰："吾不能举全吴之地，十万之众，受制于人。吾计决矣！非刘豫州莫可以当曹操者，然豫州新败之后，安能抗此难乎？"亮曰："豫州军虽败于长坂，今战士还者及关羽水军精甲万人，刘琦合江夏战士亦不下万人。曹操之众，远来疲弊，闻追豫州，轻骑一日一夜行三百余里，此所谓'强弩之末，势不能穿鲁缟'者也。故兵法忌之，曰'必蹶上将军'。且北方之人，不习水战；又荆州之民附操者，逼兵势耳，非心服也。今将军诚能命猛将统兵数万，与豫州协规同力，破操军必矣。操军破，必北还，如此则荆、吴之势强，鼎足之形成矣。成败之机，在于今日。"权大悦，即遣周瑜、程普、鲁肃等水军三万，随亮诣先主，并力拒曹公。曹公败于赤壁，引军归邺[6]。先主遂收江南，以亮为军师中郎将，使督零陵、桂阳、长沙三郡，调其赋税，以充军实。

【注释】

①琅邪：亦作“琅琊”“瑯琊”，在今山东省临沂市境内。

②窃命：盗用国家权柄，即专权、窃国。猖獗（chāng jué）：凶猛而放肆。

③辄（zhé）：就，总是。拒塞：拒绝搪塞。

④俄（é）而：不久，一会儿。

⑤芟夷大难（shān yí）：削平大乱。芟：铲除杂草。芟夷：削平。

⑥邺（yè）：中国古地名，也是姓氏。

【译文】

诸葛亮，字孔明，琅琊郡阳都县（今山东省临沂市沂南县）人。他是汉元帝时期司隶校尉诸葛丰的后代。诸葛亮的父亲名为诸葛圭，字君贡，在汉朝末年担任太山郡的郡丞。诸葛亮小时候父亲就去世了，他便跟从叔父诸葛玄一起生活。后来诸葛玄成为袁术所管辖的豫章太守，所以诸葛玄就带着诸葛亮及他的弟弟诸葛均前去官署上任。后来汉朝廷重新选派朱皓，取代了诸葛玄豫章太守的职务，诸葛玄平常和荆州太守刘表有旧交情，就让诸葛亮前去投靠荆州的刘表。诸葛玄过世以后，诸葛亮开始了在田地里辛勤耕种的田园生活，他平常喜欢吟赋《梁父吟》。诸葛亮身高八尺，总是喜欢把自己比喻成古代的管仲、乐毅，当时没有人赞同他的说法，只有博陵的崔州平、颍川的徐庶（字元直）与诸葛亮交情很好，说他确实具有管仲、乐毅一般的才华。

当时先主刘备驻军在新野。徐庶前去拜见刘备，先主刘备很器重徐庶，但徐庶对刘备说：“有一个名叫诸葛孔明的人，就像是一条潜卧的龙啊，将军您怎能没有拜见他的想法呢？”刘备说：“既然这样，先生就请他一块儿来吧。”徐庶说：“这个人，您只可以亲自去拜见他，不能够强迫他屈尊来拜见将军您的。将军您应该委屈大驾，亲自前去拜望他。”因此，刘备马上亲自到诸葛亮居住的茅庐去拜访，总共去了三次，才见到诸葛亮。见面的时候，刘备把人支开，对诸葛亮说：“如今汉朝衰败不振，奸臣窃取国家权柄安身立命，致使天子蒙尘受难。我德行浅薄，却不自量力，想在普天之下伸张大义，可是我自知智慧浅薄，驾驭人力的权术不济，因此小人猖狂不已，直到今日也无法改变。尽管如此，可我胸怀的志向还是没有停止，请您说说我将拿出怎样的策略解决这种局面呢？”诸葛亮回答说：“自从董卓进京兴兵作乱以来，各地的英雄豪杰同时兴起，跨越州郡、占据地盘的人数不胜数。曹操与袁绍相比，名气微弱而且兵力少，然而曹操竟然能够克制袁绍，像这种将地位转弱为强的现象，这不仅仅是因为天意时运的安排，也是因为人的谋略高超啊。

如今曹操已经拥有百万大军，挟制天子，进而以天子的名义号令诸侯，在这种情势下，确实不能和他硬碰硬地争夺锋芒。孙权拥有江东之地，已历经三代治理，如今国内地势险要而且百姓顺从，当地的贤才良将都被国家合理任用，在这种情势下，只可以与他结为盟邦而不可以图谋江东之地。荆州北边据有汉水、沔水，享有南海的全部资源，往东可以连结吴、会二郡，往西可以通达巴、蜀二郡，这是个可以用兵的好地方，但是那里的主人刘表却不能好好据守它，这大概是老天用来帮助将军您的，不知将军您是否有意将它夺取下来呢？益州地势险要阻塞，拥有千里肥沃的田野，是一个天然优越而富庶的好地方，汉高祖刘邦就是凭借这里成就帝王霸业的。只可惜当地刺史刘璋个性懦弱，不明事理，而张鲁横行北方，虽然这些地区百姓众多，国土富有，但他们却不知道怎样抚恤救济百姓，当地那些有才能智慧的人都想得遇贤明的君主。将军您既然是汉朝王室的后代，守信重义的美誉名扬四海，能广泛招揽各地英雄好汉，求取贤人的愿望就像口渴之人急于得到水喝一样急切。如果您能跨越州郡界限，同时拥有荆州、益州，保住这块险阻之地，向西融合各个戎族，往南安抚夷、越等族，对外与东吴的孙权结盟友好，对内修养德操、治理政治。天下局势一旦有了变化，就命令一位上等大将率领荆州的军队向南阳洛阳转移，将军您可以亲自率领益州军队向秦川出发，到那时，天下百姓有谁敢不用箪盛饭、提着壶浆来热烈欢迎将军您的王者之师呢？果真能像这样的话，那么您的霸业就可以完成，汉室江山也可以复兴了。”刘备听后，高兴地说：“先生说得好！”于是，刘备和诸葛亮的交情越来越好，一天比一天更加亲密。关羽、张飞等人看到后心里不高兴，刘备连忙安慰他们说：“我有了孔明辅佐，就像鱼儿有了水一般。希望你们不要再有怨言了。”关羽、张飞这才止住了不满的言行。

刘表的大儿子刘琦也特别欣赏诸葛亮。但刘表却听信后妻的谗言，特别疼爱小儿子刘琮，根本不喜欢刘琦。刘琦因此很苦恼，每次想要和诸葛亮商量如何自保的办法，诸葛亮总是搪塞敷衍他，并没有替他出谋划策。有一天，刘琦请诸葛亮到后花园去游玩观赏，他们一同登上高楼，在喝酒吃饭的时候，刘琦指使侍从离开，并拿走梯子，因此对诸葛亮说："今天我们两人在这里饮酒，向上到不了天，往下到不了地，话从你的嘴巴里说出来，进到我的耳朵里，您现在可以说了吧？"诸葛亮回答说："难道你没看到太子申生因为留在城内而危险，而公子重耳因为逃出城外反而安全了吗？"刘琦内心顿时觉悟了，暗中规划逃出城外的计策。不久后，正好遇到江夏太守黄祖去世，刘琦得到外调出城的机会，于是顺理成章地成了江夏太守。后来刘表去世，刘琮听说曹操前来征伐，连忙派遣使者前去请求归降曹操。刘备在樊城听到这个消息，立即率领军队往南迁移，诸葛亮和徐庶一起跟随刘备南行，但很快被曹军打败，并且俘虏了徐庶的母亲。徐庶为了母亲，万般无奈的情况下，只得辞别刘备去往曹营，临行前他指着自己的心口对刘备说："我本来是想与将军您共同谋求匡扶汉室的霸业，所凭仗的就是这颗忠心。如今我的老母亲已经被曹操俘虏，我的方寸之心已经随之凌乱，对您成就霸业之事也没什么助益了，请允许我就此告别。"随后徐庶就到曹操营中去了。

刘备率兵到了夏口，诸葛亮对刘备说："现在情况已经很危急了，我请求奉主公的命令前去向孙权求救。"当时孙权拥军驻守在柴桑，正在那里旁观曹刘两家谁胜谁败呢。诸葛亮到柴桑以后游说孙权，说："如今天下大乱，将军您起兵占据了整个江东之地，我们主公也收服了众多豪杰驻扎在汉南，从此孙刘两家同时与曹操共争天下。现在曹操已削平国难，各地战乱差不多都已经平定了，随后他攻下了荆州，从此威名震动天下。在这种情况下，即便是英雄豪杰，也没有用武之地了，所以我主刘豫州才率兵来到夏口。孙将军您可以估量一下自己的军事力量，看看怎样对阵曹操。如果您能够凭着吴越之地的军队与曹操抗衡，不如早点与曹操断绝关系；如果无法抵挡曹操，那么你何不解除武装，面向北方的曹操俯首称臣侍奉他呢？现在将军您表面上假托服从的名义，可实际上将军您的内心却犹豫不定，现在事态紧急您却不能立即决断，那么灾祸用不了几天就要降临了！”孙权说：“假如真像你所说的那样，为什么刘备不去向曹操俯首称臣侍奉他呢？”诸葛亮回答说：“田横，只不过是一名齐国的壮士而已，尚且还能坚守节操而不辱没自己的志节投降他人，更何况我主公刘豫州乃是堂堂汉朝王室的后代，英气才华举世无双，众多士人都仰慕他，就像是万千流水归向大海一般。如果霸业无法成功的话，那便是天意所定，我主刘豫州又怎能屈服自己去做曹操的部下呢？”孙权勃然大怒地说：“我也不能拿东吴所有的土地以及十万军队，去受别人控制。现在我的主意已定了！除了刘豫州，没有一个能和我共同抵挡曹操的人。可是，刘豫州刚打了败仗，怎么能挡住曹操所带来的灾难呢？”诸葛亮镇定自若地说：“我主刘豫州大军虽然在长阪被打败，但现在归来的战士以及关羽的部下、水军共有精兵锐甲万人之多，再加上刘琦率领江夏的将士，也不少于万人。然而曹操的军队虽然兵马众多，但远道而来已经疲惫不堪，听说曹军为了追赶我主刘豫州兵马，轻装的骑兵一天一夜要飞奔三百多里，这就是常言所说的‘无论怎样强劲的弓发出的箭，飞到最后时，其力量就连鲁国的细绢也穿不透了’。所以兵法上特别忌讳这种情形，并有‘如此必定会使大将遭到挫败’之说。况且生长在北方的人，不习惯水上作战，再加上荆州投降曹操的百姓，只是被曹操兵势所逼迫罢了，并不是心甘情愿归附的。现在将军您如果真能派遣猛将统领数万军兵，与我主刘豫州同心协力共同谋划，就一定能够打败曹操了。曹军战败以后，必定会退回到北方。这样一来，荆州、东吴的势力就会日益强大，三分天下的鼎足态势就会形成。所以说，成功失败的关键，就在今天了。”孙权听完十分高兴，立刻派遣周瑜、程普、鲁肃等三万水军，跟随诸葛亮去拜见先主刘备，并一起合力抵抗曹操。结果，曹操在赤壁打了败仗，只好率领军队回到建邺。先主刘备因此收获了江南诸郡作为根据地，拜诸葛亮为军师中郎将，让他督管零陵、桂阳、长沙三个郡，征调这三郡的赋税，以此来扩充军中的粮饷。

【原文】

建安十六年，益州牧刘璋遣法正迎先主，使击张鲁。亮与关羽镇荆州。先主自葭萌还攻璋[①]，亮与张飞、赵云等率众溯江，分定郡县，与先主共围成都。成都平，以亮为军师将军，署左将军府事。先主外出，亮常镇守成都，足食足兵。二十六年，群下劝先主称尊号，先主未许，亮说曰：“昔吴汉、耿弇等初劝世祖即帝位，世祖辞让，前后数四，耿纯进言曰：‘天下英雄喁喁[②]，冀有所望。如不从议者，士大夫各归求主，无为从公也。’世祖感纯言深至，遂然诺之。今曹氏篡汉，天下无主，大王刘氏苗族，绍世而起，今即帝位，乃其宜也。士大夫随大王久勤苦者，亦欲望尺寸之功如纯言耳。”先主于是即帝位，策亮为丞相曰：“朕遭家不造，奉承大统，兢兢业业，不取康宁，思靖百姓，惧未能绥。於戏！丞相亮其悉朕意，无怠辅朕之阙，助宣重光，以照明天下，君其勖哉[③]！”亮以丞相尚书事，假节。张飞卒后，领司隶校尉。

章武三年春，先主于永安病笃，召亮于成都，属以后事，谓亮曰：“君才十倍曹丕，必能安国，终定大事。若嗣子可辅，辅之；如其不才，君可自取。”亮涕泣曰：“臣敢竭股肱之力，效忠贞之节，继之以死！”先主又为诏敕后主曰："汝与丞相从事，事之如父。"建兴元年，封亮武乡侯，开府治事。顷之，又领益州牧。政事无巨细，咸决于亮。南中诸郡，并皆叛乱，亮以新遭大丧，故未便加兵，且遣使聘吴，因结和亲，遂为与国。

三年春，亮率众南征，其秋悉平。军资所出，国以富饶，乃治戎讲武，以俟大举。五年，率诸军北驻汉中，临发，上疏曰："先帝创业未半而中道崩殂④，今天下三分，益州疲弊，此诚危急存亡之秋也。然侍卫之臣不懈于内，忠志之士忘身于外者，盖追先帝之殊遇，欲报之于陛下也。诚宜开张圣听，以光先帝遗德，恢弘志士之气，不宜妄自菲薄，引喻失义，以塞忠谏之路也。宫中府中俱为一体，陟罚臧否⑤，不宜异同。若有作奸犯科及为忠善者，宜付有司论其刑赏，以昭陛下平明之理，不宜偏私，使内外异法也。侍中、侍郎郭攸之、费祎、董允等，此皆良实，志虑忠纯，是以先帝简拔以遗陛下。愚以为宫中之事，事无大小，悉以咨之，然后施行，必能裨补阙漏[6]，有所广益。将军向宠，性行淑均，晓畅军事，试用于昔日，先帝称之曰能，是以众议举宠为督。愚以为营中之事，悉以咨之，必能使行陈和睦，优劣得所。亲贤臣，远小人，此先汉所以兴隆也；亲小人，远贤臣，此后汉所以倾颓也。先帝在时，每与臣论此事，未尝不叹息痛恨于桓、灵也。侍中、尚书、长史、参军，此悉贞良死节之臣，愿陛下亲之信之，则汉室之隆，可计日而待也。

“臣本布衣，躬耕于南阳，苟全性命于乱世，不求闻达于诸侯。先帝不以臣卑鄙，猥自枉屈，三顾臣于草庐之中，咨臣以当世之事，由是感激，遂许先帝以驱驰。后值倾覆，受任于败军之际，奉命于危难之间，尔来二十有一年矣。先帝知臣谨慎，故临崩寄臣以大事也。受命以来，夙夜忧叹，恐托付不效，以伤先帝之明，故五月渡泸，深入不毛。今南方已定，兵甲已足，当奖率三军，北定中原，庶竭驽钝，攘除奸恶，兴复汉室，还于旧都。此臣所以报先帝，而忠陛下之职分也。至于斟酌损益，进尽忠言，则攸之、祎、允之任也。愿陛下托臣以讨贼兴复之效；不效，败治臣之罪，以告先帝之灵。若无兴德之言，则责攸之、祎、允等之慢，以彰其咎。陛下亦宜自谋，以咨诹善道[7]，察纳雅言，深追先帝遗诏。臣不胜受恩感激，今当远离，临表涕零，不知所言。”遂行，屯于沔阳。

六年春，扬声由斜谷道取眉，使赵云、邓芝为疑军，据箕谷，魏大将军曹真举众拒之。亮身率诸军攻祁山，戎陈整齐，赏罚肃而号令长明，南安、天水、安定三郡叛魏应亮，关中响震。魏明帝西镇长安，命张郃拒亮，亮使马谡督诸军在前，与郃战于街亭。谡违亮节度，举动失宜，大为张郃所破。亮拔西县千余家，还于汉中，戮谡以谢众。上疏曰：“臣以弱才，叨窃非据，亲秉旄钺以历三军，不能训章明法，临事而惧，至有街亭违命之阙，箕谷不戒之失，咎皆在臣授任无方。臣明不知人，恤事多暗，《春秋》责帅，臣职是当，请自贬三等，以督厥咎。”于是以亮为右将军，行丞相事，所总统如前。

冬，亮复出散关，围陈仓，曹真拒之，亮粮尽而还。魏将军王双率骑追亮，亮与战，破之，斩双。七年，亮遣陈式攻武都、阴平。魏雍州刺史郭淮率众欲击式，亮自出至建威，淮退还，遂平二郡。诏策亮曰：“街亭之役，咎由马谡，而君引愆，深自贬抑，重违君意，听顺所守。前年耀师，馘斩王双[8]；今岁爰[9]征，郭淮遁走；降集氐、羌，兴复二郡，威镇凶暴，功勋显然。方今天下骚扰，元恶未枭，君受大任，干国之重，而久自挹损[10]，非所以光扬洪烈矣。今复君丞相，君其勿辞。”

九年，亮复出祁山，以木牛运，粮尽退军，与魏将张郃交战，射杀郃。十二年春，亮悉大众由斜谷出，以流马运，据武功五丈原，与司马宣王对于渭南。亮每患粮不继，使己志不申，是以分兵屯田，为久驻之基。耕者杂于渭滨居民之间，而百姓安堵，军无私焉。相持百余日。其年八月，亮疾病，卒于军，时年五十四。及军退，宣王案行其营垒处所，曰："天下奇才也！"

亮遗命葬汉中定军山，因山为坟，冢足容棺，敛以时服，不须器物。诏策曰："惟君体资文武，明睿笃诚，受遗托孤，匡辅朕躬，继绝兴微，志存靖乱。爰整六师，无岁不征，神武赫然，威震八荒，将建殊功于季汉，参伊、周之巨勋。如何不吊，事临垂克，遘疾陨丧！朕用伤悼，肝心若裂。夫崇德序功，纪行命谥，所以光昭将来，刊载不朽。令使使持节左中郎将杜琼，赠君丞相武乡侯印绶，谥君为忠武侯。魂而有灵，嘉兹宠荣。呜呼哀哉！呜呼哀哉！"

初，亮自表后主曰："成都有桑八百株，薄田十五顷，子弟衣食，自有余饶。至于臣在外任，无别调度，随身衣食，悉仰于官，不别治生，以长尺寸。若臣死之日，不使内有余帛，外有赢财，以负陛下。"及卒，如其所言。

亮性长于巧思，损益连弩，木牛流马，皆出其意；推演兵法，作八陈图，咸得其要云。亮言教书奏多可观，别为一集。

景耀六年春，诏为亮立庙于沔阳[11]。秋，魏征西将军钟会征蜀，至汉川，祭亮之庙，令军士不得于亮墓所左右刍牧樵采。亮弟均，官至长水校尉。亮子瞻，嗣爵。

【注释】

①葭萌（jiā méng）：古县名。刘备自葭萌进取涪城，就指此地。

②喁喁（yóng yóng）：形容众人景仰归向的样子。

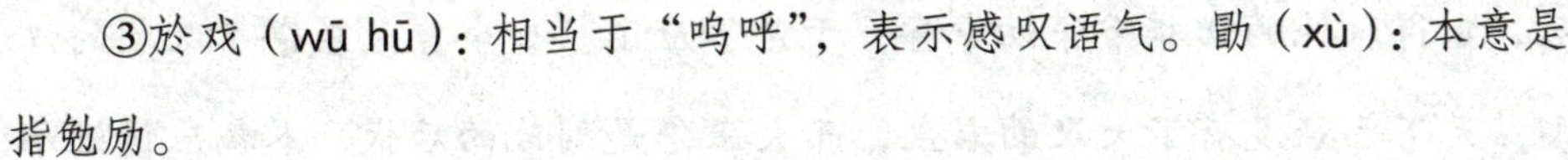

③於戏（wū hū）：相当于“呜呼”，表示感叹语气。勖（xù）：本意是指勉励。

④崩殂（bēng cú）：古时指帝王的死亡。

⑤陟罚臧否（zhì fá zāng pǐ）：赏罚褒贬之意。

⑥裨补阙漏（bì bǔ quē lòu）：补救缺点和疏漏。裨：增益。阙：通“缺”，缺点。

⑦咨诹（zōu）善道：询问治国的好道理。诹：询问。善：好，优质的。

⑧馘（guó）：古代战争中斩杀敌人后，割取敌人的左耳以计数献功。

⑨爰（yuán）：于是；更换。

⑩元恶未枭（yuán è wèi xiāo）：指没有惩治首恶。挹（yì）损：意思是减少，缩小；贬抑，谦逊。

⑪沔（miǎn）阳：古称复州，现今为湖北省仙桃市，地处江汉平原。

【译文】

建安十六年（211），益州牧刘璋派遣法正来迎先主刘备，让他去攻打黄巾贼张鲁。当时诸葛亮和关羽镇守荆州。后来先主刘备从葭萌往回攻打刘璋，同时诸葛亮和张飞、赵云等人率领大军逆流而上，分别平定了沿途的各郡各县，与先主刘备共同包围了成都。成都平定以后，刘备任命诸葛亮为军师，代理左将军府的事情。先主刘备带兵出去打仗的时候，常常是由诸葛亮镇守成都，在诸葛亮的操持下，总能保证军需供应的粮食充裕，兵力充足。建安二十六年（221），许多部属都劝刘备改称帝王尊号，刘备不答应。诸葛亮说：“从前吴汉、耿弇（yǎn）等人刚开始劝说世祖即位称帝时，世祖辞谢推让，前后经历三四次也不同意，后来耿纯进言说：‘天下英雄豪杰都仰慕您，都希望从此跟随您打天下。如果您还不听从大家的建议，士大夫只好散去，各自另寻主君，到那时就没有人跟随主公您了。’世祖听后，觉得耿纯的话非常深切中肯，于是答应了。如今曹氏篡夺了汉朝的江山，天下已经没有了大汉的君主，而大王您是刘氏的后代，本就应该继承世系而起，所以现在只有您登上帝位，才是最合时宜的。士大夫们跟随主公您的时间很久了，都是勤勉辛苦之人，也都希望立下尺寸之功得到封赏，众人景仰归向之心就像耿纯所说的那样啊。”刘备因此答应即位称帝，并册封诸葛亮为丞相，然后下诏说：“朕遭逢家门不幸，如今奉承天命，登上天子之位传承大统，定当兢兢业业，只为天下苍生，不敢稍有懈怠而去求取安逸，心中思虑如何安定百姓的生活，但尽管如此，还是担心不能如愿以偿。呜！只怕无法安心啊！诸葛丞相，你一定要明白朕的心意，要不可懈怠地辅正朕的缺点，帮助我宣扬汉朝累世的光辉德业，以此来照耀普天之下，丞相你要时刻勉励我啊！”从此，诸葛亮便以丞相的职位总管尚书事务，可以拿着符节督军镇守，处斩犯人。张飞死后，他又开始兼领司隶校尉的职务。

章武三年（223）的春天，先主刘备在白帝城的永安宫病重，传旨将诸葛亮从成都召回来，将死后的后事嘱托给他，对诸葛亮说：“先生您的才智超过曹丕十倍，一定能安定国家，最后完成统一天下的大业。如果我儿刘禅可以辅佐的话，你就尽力辅佐他；如果他不成才，你可以自己做主取而代之。”诸葛亮流着眼泪说：“臣岂敢怠慢，一定会竭尽所有的能力加以辅佐，一生忠贞为国，死而后已！”刘备又下诏教悔后主刘禅说：“今后你和丞相一起处理国家事务，要像侍奉亲生父亲一样恭顺。”建兴元年（223），刘后主封诸葛亮为武乡侯，允许他可以开设官府，管理大小事情。不久后，诸葛亮又兼领益州牧的职务。国家政事不分大小，都由诸葛亮裁决。这时，南方有好几个郡县同时叛乱，但诸葛亮因为刘备刚刚去世，正是举国大丧之时，所以不适宜立刻出兵去讨伐，只好暂时派遣使者带着礼物出使东吴，趁机和东吴议和，并结为亲家，于是双方结成了盟国。

建兴三年（225）的春天，诸葛亮率军南征，当年秋天就将叛乱全部平定。战争所需要的军费都由这几个郡供应，蜀国因此而逐渐富足起来，于是诸葛亮开始训练军队、讲习武备防御，储备力量，等待大举出兵北伐。建兴五年（227），诸葛亮率领各军向北进发，暂且驻扎在汉中。临出发前，他呈上一道奏疏《出师表》说："先帝创业还没有完成一半，就中途去世了，如今天下分为三国，而我们益州人力物力缺乏，民生凋敝，这真是危急存亡的时刻啊！虽然如此，我们的侍卫臣僚在朝中依旧勤劳不懈，忠心的将士舍生忘死戍守

在朝廷之外，这都是因为他们追念先帝的恩遇，想报答在陛下您的身上啊。您应该广泛听取臣下的意见，以发扬光大先帝遗留下来的美德，以此激发志士的勇气，不应当妄自菲薄，援引不恰当的譬喻，以防堵塞忠言进谏的道路。至于宫禁中的侍卫、各府署的臣僚，都是一个整体，对于他们的赏罚褒贬，不应当有所不同。如果发现有作恶违法以及行为忠善的人，都应该交付给主管部门去评定他们的功过，然后再进行赏罚，以便昭示陛下处理国事公正严明，对任何人都不应有所偏爱袒护，以至于造成宫内宫外执法有所不同。侍中、侍郎郭攸（yōu）之、费祎（yī）、董允等人，这些都是善良诚实、心志忠贞淳朴的人，所以先帝特意选拔出来留给陛下。我认为宫中之事，无论大小，陛下都要亲身去咨询他们，然后再予以施行，就一定能补救缺点和疏漏之处，并能得到广泛增益。将军向宠，既心性品德善良平和，又通晓军事，过去经过试用，先帝称赞他很有才能，因此众人商议推举他为中部督。我认为禁军营中的事都要去咨询他而后定夺，必能使军中行事顺畅，团体和睦，可使怀有不同才能的人各得其所。亲近贤臣，疏远小人，这是前汉之所以兴盛的原因；亲近小人，疏远贤臣，这是后汉之所以颓废衰败的原因。先帝在世时，每次与臣谈论这事，总是叹息痛恨桓帝、灵帝太过于昏聩了。侍中、尚书、长史、参军，这些人都是忠贞善良、守节不渝的大臣，希望陛下亲近他们并且信任他们，那么汉朝的复兴，就会指日可待了。

“臣原本是一个平民，在南阳依靠自己耕田为生，只想在那乱世里苟且保全自己的性命，不求在诸侯之中闻名显达。感念先帝不因我的身份地位低微卑贱，委屈自己皇叔的身份，枉驾屈就，亲自到草庐中来拜访我三次，向微臣询问当世天下之事，因此使我感动万分，于是答应先帝从此以毕生才智奔走效力。后来遭遇失败，我在军事失利之际接受任命，奉命奔走于形势危急之间，从那以后，至今已经有二十一年了。先帝知道我做事谨慎，所以临终前便将国家大事托付给我。自从接受遗命以来，我日夜忧虑叹息，唯恐托付的事不能有效完成，因而有损于先帝的英明，所以决定五月渡泸南征，深入不毛之地。现在南方已经平定，兵器铠甲已经充足，我应当鼓舞并率领三军，向北方进发平定中原，希望竭尽全力贡献出自己拙劣的才能，铲除奸邪凶恶的曹魏政权，复兴汉室，让陛下迁都回到大汉原来的都城洛阳。这是微臣用以报答先帝，并且以此尽忠陛下的职责所在啊。至于斟酌朝廷日常之事，决定损失和利益的取舍，毫无保留地贡献忠言，那都是郭攸之、费祎、董允的责任了。希望陛下把讨伐汉贼、兴复汉室的任务交给我去完成；若不能完成，就治我的罪，以此禀告先帝的英灵。如果没有复兴先帝美德的忠言进谏，那就要责罚郭攸之、费祎、董允的懈怠轻慢了，以表明他们的过失。陛下也应当谋求

自强，善于询问治国的好道理，考察并采纳雅正的言论，深刻追思先帝的遗诏。臣蒙受先帝知遇之恩，不胜感激。现在即将离开陛下远征，面对表奏，一边书写，一边流泪，真不知该说些什么。”诸葛亮递交《出师表》后，率领军队出发，驻扎在沔阳县。

建兴六年（228）的春天，诸葛亮扬言说要从斜谷道去攻打眉县，同时暗地里安排赵云、邓芝故作疑兵，占据箕谷，魏明帝曹叡（ruì）则派大将军曹真率领大量兵马前来迎战。诸葛亮亲身率领各路军队攻打祁山，军队阵容整齐，赏罚分明，纪律严肃而且号令清晰明白。南安、天水、安定三郡都开始背叛魏国而投奔诸葛亮，因此关中大为震惊。这时，魏明帝立即西迁坐镇长安，命令大将张郃抵御诸葛亮，随后诸葛亮派马谡督率各军在前阵当先锋，与张郃交战在街亭。可是，马谡违背诸葛亮事先警告他安营扎寨的禁忌，终因布置失当，被张郃大败，致使街亭失守。诸葛亮攻陷西县千家之后，只好率军撤回汉中，诸葛亮在汉中挥泪斩杀马谡以谢三军，并上奏疏说："臣凭着微弱的才能，窃居着不该占据的高位，亲手掌握斧钺生杀大权，严格治理三军，但是因为不能训练有素、宣扬军令、训明法度，遇到事情而不够谨慎，以至于有了马谡在街亭违背命令而败阵的过错以及箕谷警戒不严的失误，这所有的过错都在于我授任官职不当而造成的。我知道这是因为我不善于识人，考虑问题不够聪明，《春秋》中记载，军队战败应该责罚主帅，而我的职位正当受此责罚，所以我自请贬职三级，以此来责罚我的罪过。”于是，刘后主就将诸葛亮贬为右将军，兼职执行丞相的事务，所总领的职务和从前一样。

建兴六年（228）冬，诸葛亮又从散关出兵，围攻陈仓。当时曹营的曹真率兵来抵御，诸葛亮因为粮草用尽而不得不班师回朝。魏国将军王双率领骑兵追击诸葛亮，诸葛亮只好反身与他交战，因此打败魏军，斩杀了王双。建兴七年（229），诸葛亮派遣陈式攻打武都、阴平二郡。魏国雍州刺史郭淮率领大军想去攻打陈式，诸葛亮亲自率军出征，到达建威，郭淮败退而归，于是诸葛亮又平定了武都、阴平二郡。因此，刘后主下诏书对诸葛亮说："街亭之战失败，全都是马谡的罪过，而先生您却因此引咎自责，深深地贬损自己，当时朕很难违逆您的心意，所以就勉强听从了您所坚持的意见。前年您斩杀了魏将王双，就此显耀了我蜀国军威；今年您调整队伍再度北伐，使魏将郭淮战败；您降服了氐、羌蛮族，收复了武都、阴平二郡，威势震动了凶暴的敌人，功勋赫赫然显扬于天下。如今天下骚乱动荡，首恶尚未遭到惩治，您承受着国家的大任，担当着国家的重责，却长久贬损自己，这就不是弘扬巨大功勋的办法了。现在朕决定恢复您丞相的职位，您就不要推辞了。"

建兴九年（231），诸葛亮再度出兵于祁山，使用他研制的木牛运送军需物资，粮食用尽了以后，只好班师回朝，正好与魏将张郃相遇，交战中，

蜀军射死张郃，曹军大败。建兴十二年（234）春，诸葛亮带领所有军队从斜谷出发，使用流马运送军粮，占据武功五丈原，与司马宣王（懿）对战在渭水南岸。诸葛亮常常忧虑粮食接济不上，因而使自己的壮志无法伸展，于是命令士兵就地分别屯兵营田，作为长久驻扎的战备基础。耕田的士兵混杂在居住渭水边的百姓之中，因而百姓都能安居乐业，军队却不曾侵扰百姓。两军对峙了一百多天。这年八月，诸葛亮患了重病，死在军中，终年五十四岁。等到蜀军撤退以后，司马宣王（懿）去巡察诸葛亮所设的军营堡垒处所，不禁赞叹道："诸葛亮真是天下奇才啊！"

遵照诸葛亮的遗命，将他安葬在汉中的定军山，依着这里山势建造坟墓，坟冢只需足够容得下棺木就行，穿着当时的衣服入殓，不需要其他器物作陪葬。刘后主颁发诏令说："您具备了文才和武略，聪明睿智，忠诚笃实，承受遗命，受主托孤，匡辅联躬，延续绝世，兴复弱国，矢志不渝，平定祸乱。于是您整顿六军，年年北伐出征，神明勇武而又功勋显赫，威势震动四方八荒，就要在汉之季世建下伟大的功业，参照伊尹、周公的伟大勋业，可与之比肩。可就在事业即将面临成功的时候，却让您得病离世！朕因此悲痛万分，伤心哀悼，心肝如同割裂一般。尊崇德操，序次功劳，记载高行，赐给谥号，这些都是用来光耀后代，记录您不朽功业的。现在朕派遣使持节左中郎将杜琼，赐给您丞相武乡侯的印绶，赐给您的谥号是'忠武侯'。若您的灵魂有知，应该会喜欢这些尊宠的荣誉。唉！真是令人哀痛啊！唉！真是令人哀痛啊！"

起初，诸葛亮自己曾向刘后主上表说："臣在成都拥有八百棵桑树，贫瘠的田地十五顷。我的子孙们穿衣吃饭之外，尚有剩余。至于臣在外任职当官，没有聚敛其他财物用度，随身的衣物和饮食，完全依赖于官职俸禄供给，也没有另外经营生计来私自增长自己丝毫的利益。微臣这样做，是

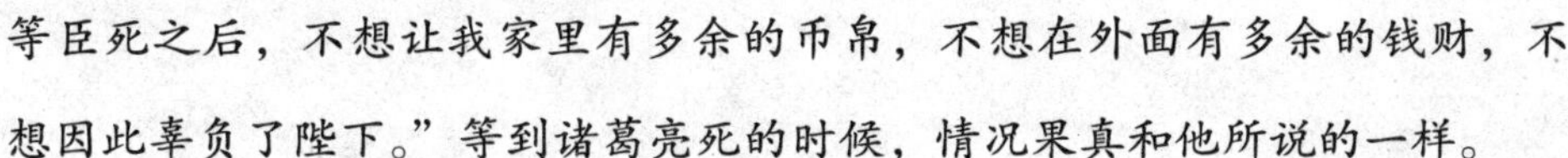

等臣死之后，不想让我家里有多余的币帛，不想在外面有多余的钱财，不想因此辜负了陛下。”等到诸葛亮死的时候，情况果真和他所说的一样。

诸葛亮天性聪颖，擅长巧思，所以经他增减优劣，设置改进了连弩，制作了木牛和流马，这些都是出自他的巧妙构思；另外，他善于推敲演练兵法，因此创作了《八阵图》，这些都得益于他精到的兵法要领。诸葛亮的言论、教谕、书疏、奏议很多，都值得阅读，另外集结编著成一部书。

景耀六年（263）春，刘后主下诏为诸葛亮建庙，地址选在沔阳。这年秋天，魏国镇西将军钟会征伐蜀国，到达汉水时，他前去祭拜诸葛亮庙，并命令士兵不许在诸葛亮坟墓附近割草、牧马、砍柴。诸葛亮的弟弟诸葛均，官至长水校尉。诸葛亮的儿子诸葛瞻，继承了父亲诸葛亮的爵位。